Kodex 1 · 2011

Kodex

Jahrbuch der Internationalen
Buchwissenschaftlichen Gesellschaft

Herausgegeben von
Christine Haug und Vincent Kaufmann

1 · 2011

Die Digitale Bibliothek

Harrassowitz Verlag · Wiesbaden

Manuskriptangebote bitte an
Prof. Dr. Christine Haug, christine.haug@germanistik.uni-muenchen.de
Prof. Dr. Vincent Kaufmann, vincent.kaufmann@unisg.ch

Redaktion: Dr. Slávka Rude-Porubská, slavka.rude-porubska@lmu.de

Bibliografische Information der Deutschen Nationalbibliothek
Die Deutsche Nationalbibliothek verzeichnet diese Publikation in der Deutschen
Nationalbibliografie; detaillierte bibliografische Daten sind im Internet
über http://dnb.d-nb.de abrufbar.

Bibliographic information published by the Deutsche Nationalbibliothek
The Deutsche Nationalbibliothek lists this publication in the Deutsche
Nationalbibaliografie; detailed bibliographic data are available in the internet
at http://dnb.d-nb.de.

Informationen zum Verlagsprogramm finden Sie unter
http://www.harrassowitz-verlag.de

© Otto Harrassowitz GmbH & Co. KG, Wiesbaden 2011
Das Werk einschließlich aller seiner Teile ist urheberrechtlich geschützt.
Jede Verwertung außerhalb der engen Grenzen des Urheberrechtsgesetzes ist ohne
Zustimmung des Verlages unzulässig und strafbar. Das gilt insbesondere
für Vervielfältigungen jeder Art, Übersetzungen, Mikroverfilmungen und
für die Einspeicherung in elektronische Systeme.
Gedruckt auf alterungsbeständigem Papier.
Satz: Julian Paulus, Wiesloch
Druck und Verarbeitung: Memminger MedienCentrum AG
Printed in Germany
ISSN 2193-4983
ISBN 978-3-447-06485-9

Inhalt

Vorwort VII

THOMAS STÄCKER
Die Digitale Bibliothek – auf der Suche nach einem Phantom. Zugleich der
Versuch einer Einführung 1

FRIEDER SCHMIDT
Das Buch aus intermedialer Sicht 9

STEFAN MÜNKER
Philosophie der Digitalisierung – Digitalisierung der Philosophie 31

VINCENT KAUFMANN
Sind die Geisteswissenschaften digitalisierbar? 43

ERNST FISCHER
Culturomics. Digitale Bibliotheken als Basis für quantitative Kulturanalysen 55

GERHARD LAUER
Bibliothek aus Daten 79

UWE JOCHUM
Hand und Wort. Eine phänomenologische Reminiszenz zum digitalen Ende
der Bibliotheken 87

ERIC W. STEINHAUER
Das Urheberrecht als Benutzungsrecht der digitalisierten Bibliothek 103

ANKE VOGEL
Das virtuelle Regal in der Handtasche – Private digitale Bibliotheken als
Forschungsobjekte 115

DIETRICH OLMS
Schöne neue Welt – Der Digitalismus und die Verlage. Konsequenzen im
21. Jahrhundert 129

BOZENA I. MIERZEJEWSKA
›Academic Journals‹ – die komplexe Tätigkeit von Wissensgenerierung und
Distribution 139

Vorwort

Kodex. Jahrbuch der Internationalen Buchwissenschaftlichen Gesellschaft (IBG) wird fortan einmal jährlich erscheinen (und für Mitglieder der IBG als Jahresgabe kostenlos sein). Die Idee, ein neues Jahrbuch zu begründen, entwickelte sich vor dem Hintergrund, dass es zwar bestens eingeführte Publikationsforen zur Buchhandels- und Verlagsgeschichtsschreibung gibt, denkt man nur an das *Gutenberg-Jahrbuch*, an das *Archiv für Geschichte des Buchwesens*, an die *Wolfenbütteler Notizen zur Buchgeschichte*, an das *Leipziger Jahrbuch zur Buchgeschichte* oder die *Mitteilungen der Gesellschaft für Buchforschung in Österreich*, doch – so zumindest im deutschsprachigen Raum – kaum Publikationsplattformen, die aktuellen Fragen zur Entwicklung der gegenwärtigen und zukünftigen Buch- und Medienwelt Raum gewähren.

Kodex wird ab 2011 von Christine Haug (Studiengänge Buchwissenschaft an der *Ludwig-Maximilians-Universität München*) und Vincent Kaufmann (Institut für Medien- und Kommunikationsmanagement an der *Universität St. Gallen*) herausgegeben. Jede Nummer wird unter einem besonderen Themenschwerpunkt, wie zum Beispiel Strukturwandel in der Medienbranche, Literaturpreise, Autorschaft im Zeitalter der Digitalisierung u. ä. erscheinen. Ziel von *Kodex* ist es, dieses publizistische Medium der IBG in den Buchwissenschaften und benachbarten Disziplinen sowie in der Fachöffentlichkeit als anerkanntes Fachorgan zu positionieren, es als Veröffentlichungs- und Diskussionsplattform nutzbar zu machen und es als Archiv für die Auseinandersetzung mit Themen und Gegenständen, Methoden und Theorien, Handlungsfeldern und aktuellen Trends des Mediums Buch zur Verfügung zu halten. *Kodex* greift gegenwärtige Themen und Fragen, Tendenzen und Probleme des Mediums Buch – insbesondere im Kontext des digitalen Medienwandels – auf. Das Periodikum ist offen für Theorien, Methoden und Untersuchungsbereiche unterschiedlicher Disziplinen sowie für Berichte und Überlegungen aus der Praxis; denn der Sprach- und Bildzeichenträger Buch wird hier im Hinblick auf seine gestalterischen, wirtschaftlichen, rechtlichen und kulturellen Aspekte behandelt.

Die erste Ausgabe von *Kodex* widmet sich dem Thema ›Die Digitale Bibliothek – auf der Suche nach einem Phantom‹ und nimmt zugleich die Beiträge der gleichnamigen jährlichen *Internationalen Buchwissenschaftlichen Tagung 2010* auf, die – gemeinsam von Dr. Thomas Stäcker (Herzog August Bibliothek Wolfenbüttel) und Prof. Dr. Wolfgang Schmitz (Stadt- und Universitätsbibliothek Köln) ausgerichtet – vom 26. bis 27. Oktober 2010 in Wolfenbüttel stattgefunden hat.

In der *Bibliotheca Augusta* fanden sich neben zahlreichen interessierten Tagungsteilnehmern 10 Referenten aus den Kultur- und Medienwissenschaften, aus wissenschaftlichen Bibliotheken sowie aus der Verlagsbranche zusammen, um sich dem Phantom und Phänomen der ›Digitalen Bibliothek‹ aus unterschiedlichen Perspektiven anzunähern. Die ›Digitale Bibliothek‹, eine ebenso populäre wie unscharfe Begriffsbildung, vermag einerseits die Vision virtueller und zutiefst demokratischer Weltbibliotheken zu stimulieren, stellt aber auch in technischer und organisatorischer Hinsicht ein beachtliches Novum dar. Öffentliche Bibliotheken wie auch kommerzielle Dienstleister werden vor gänzlich neue Herausforderungen gestellt, verlangt doch die ›Digitale Bibliothek‹ nach völlig neuen Repräsentationsformen von Wissen und fordert gleichzeitig dem Gesetzgeber eine Neugestaltung der Urhebergesetzgebung ab. Für die Drucklegung wurden weitere Beiträge eingeworben, die einerseits den Medienwandel in seiner historischen und gesellschaftlichen Dimension beschreiben, aber auch die Sinnfrage nach der ›totalen‹, allumfassenden ›Digitalen Bibliothek‹ stellen. Die ›Digitale Bibliothek‹ wirft also in vielerlei Hinsicht gänzlich neue Fragen auf, die in dieser ersten Ausgabe von *Kodex* längst noch nicht erschöpfend beantwortet werden.

Christine Haug und Vincent Kaufmann   München und St. Gallen, im September 2011

Die Digitale Bibliothek – auf der Suche nach einem Phantom
Zugleich der Versuch einer Einführung

Thomas Stäcker

Herzog August Bibliothek Wolfenbüttel

Über eine dieserart Kette oder magnetisches Seil, das für unsere Schwachheit auf die Erde herabgelassen wurde, steigt der Geist oder unsere intellektuelle Seele von einer göttlichen Kraft angezogen durch die Ordnung der Schöpfung vom untersten über das mittlere bis zum außer dieser Welt selbst stehenden Schöpfer der Dinge hinauf…[1]

Myths are stories that animate individuals and societies by providing paths to transcendence that lift people out of the banality of everyday life. They offer an entrance to another reality, a reality once characterized by the promise of the sublime.[2]

Der magnetische Aufstieg durch die mit Arthur Lovejoy gesprochene »Great Chain of Beings« und die mythischen Verheißungen des Cyberspace weisen eine vielleicht auf den ersten Blick nicht gleich sichtbare Parallelität auf. Sowohl bei Athanasius Kircher als auch den Enthusiasten des Internets herrscht der unverbrüchliche Glaube, dass die Welt dort, das Internet da, eine Heilsgeschichte beinhaltet, die im jeweiligen Raum angelegt ist. Der Magnetismus der Dinge ähnelt der hypertextuellen Verkettung und Durchdringung von allem mit allem. Gleich wie bei Kircher scheint der neue virtuelle Raum den Enthusiasten des Internets eine höhere Existenz jenseits des Raumes und der Zeit zu verheißen. Anders als bei Kircher hat dieser Mythos aber seine zentrale Bestimmung verloren, denn im Internet gibt es keinen höchsten Magneten, wie Kircher es nennt, nämlich Gott, der seine Kraft allen Wesenheiten mitzuteilen vermöchte. Dem Mythos der Gegenwart ist dieser zentrale Bezugspunkt verloren gegangen und die Verkettung des allen mit allem beginnt sich in endlosen Räumen zu verlieren, wie Gilles Deleuze und Félix Guattari es formulierten: ein wucherndes Rhizom, ohne aber dass das sich hier ausbreitende Wissensgewebe seine Faszination eingebüßt hätte.[3] Das ganze Wissen der Menschheit in einer durch Hypertexte konstituierten ›Digitalen Bibliothek‹ ist eine faszinierende und beunruhigende Vorstellung zugleich und trägt alle Anzeichen eines modernen Mythos, indem sie sich, je nachdem, mit Erwartungen des Heils

---

1 »Per huiusmodi catenam, seu restem magneticam coelitus fragilitati nostrae demissam in terram, mens seu anima nostra intellectualis ope divina per creaturarum ordinem ab imis ad media et per haec extra mundum ad ipsum rerum opificem attracta ascendit.« Athanasius Kircher, *Magnes sive de arte magnetica* (Köln, 1643) 54. Online zugänglich über die *Wolfenbütteler Digitale Bibliothek* unter http://diglib.hab.de/drucke/218-25-quod-1/start.htm?image=0088 (12. September 2011).
2 Vincent Mosco, *The Digital Sublime. Myth, Power, and Cyberspace* (Cambridge, MA: The MIT Press, 2005) 3.
3 Vgl. Gilles Deleuze und Félix Guattari, *Rhizom*. Übers. Dagmar Berger (Berlin: Merve, 1977).

der Menschheit oder des Untergangs des Abendlandes verbindet. Versucht man aber einen klareren Begriff dieser gleichsam virtuellen ›Bibliothek von Babel‹ zu gewinnen, verlieren sich die Konturen schnell und man gerät unversehens in die Suche nach einem Phantom, einem nur diffusen Schemen.

In kundigen Kreisen der Informationsgesellschaft gibt es wenige Begriffe, die sich einer ähnlichen Popularität erfreuen, wie der der ›Digitalen Bibliothek‹, und zugleich so vage bleiben. Wenn man an der Wiege solcher Begriffe und Kunstworte wie ›Metadaten‹, ›Digitalisat‹ und eben ›Digitale Bibliothek‹ gestanden hat, wundert man sich im Nachhinein, wie es eigentlich dazu gekommen ist und wie sich Begrifflichkeiten entwickelt und etabliert haben. Sicher, da gab es eine neue Sache, die ihren Begriff suchte, doch war sich wohl kaum einer seinerzeit bewusst, was man eigentlich genau damit sagen wollte. Die Sprache bietet uns die Möglichkeit, Dinge zu bezeichnen, die wir noch nicht genau kennen. Erst im kreativen Weiterentwickeln des Begriffs und zugleich Rückblick auf die Anfänge schärft sich die Vorstellung und festigt sich der Konsens über die Bedeutung eines Wortes.

Wenn man zurückdenkt, waren seinerzeit zwei Begriffe im Kurs. Zum einen die ›elektronische‹, zum anderen die ›digitale‹ Bibliothek. Die digitale hat bei der Bibliothek das Rennen gemacht, während es z. B. bei den Editionen immer auch noch die elektronischen gibt. Trotz der sich darin anzeigenden Beliebigkeit der Begriffe zeigt sich doch hier die Ursprungsbedeutung der ›Digitalen Bibliothek‹ als einer Bibliothek, die technisch spezifiziert, eben digital oder elektronisch ist. Insofern hat die Definition der englischen *Wikipedia* zwar Wesentliches getroffen: »A digital library is a library in which collections are stored in digital formats […] and are accessible by computers«[4], jedoch zugleich übersehen, dass der Medienwandel nicht nur eine technische, sondern auch eine qualitative Dimension hat, denn, wie Marshall McLuhan pointiert darlegte, das Medium ist nicht gleichgültig gegen die ›Message‹[5]. Mit dem Wechsel des Mediums ändert sich auch die Bibliothek. Sie bezeichnet nicht mehr nur nach der immer noch brauchbaren Definition von Justus Lipsius »das Gebäude, den Schrank und die Büchersammlung«[6], einen Ort, wo handschriftliche oder gedruckte Werke auf Pergament oder Papier aufbewahrt werden, sondern auch etwas anderes. Dennoch haben wir es mit einer Bibliothek zu tun. Gemeint ist, dass die digitale genauso wie die traditionelle Bibliothek typische Funktionen wie Erwerbung, Erschließung und Benutzung ausübt. Das *DELOS Digital Library Reference Model* bietet neben der technischen eine weiterführende, eher auf die organisatorischen Belange hin ausgerichtete Definition einer digitalen Bibliothek, sie sei:

---

4 *Wikipedia*-Eintrag »Digital Library«, http://en.wikipedia.org/wiki/Digital_library (12. September 2011).

5 Vgl. hierzu Marshall McLuhan, *Understanding Media. The Extensions of Man*. 1964 (London: Routledge, Reprint 2006).

6 Justus Lipsius, *Sytagma de bibliothecis* (Antwerpen, 1602) 9. Online zugänglich über die *Wolfenbütteler Digitale Bibliothek* unter http://diglib.hab.de/drucke/qun-59-9-1/start.htm?image=00011 (12. September 2011). Lipsius greift hier wahrscheinlich eine aus den Digesten (D.32.52.7) stammende Definition auf.

> An organisation, which might be virtual, that comprehensively collects, manages and preserves for the long term rich digital content, and offers to its user communities specialised functionality on that content, of measurable quality and according to codified policies.[7]

Dies klingt zunächst wie eine fast klassische Definition von einer Bibliothek, die in organisierter Form für Erwerbung, Katalogisierung und Benutzung sorgt, wäre da nicht die Wendung »which might be virtual«. In diesem kleinen Zusatz liegt Zündstoff, denn er bedeutet, dass eine Bibliothek nicht mehr wie bisher auf örtlich definierte Räume beschränkt sein muss, wenn sie eine digitale ist.

Die *Deutsche Forschungsgemeinschaft* (DFG) hatte mit ihrem Ende der 1990er Jahre initiierten Programm *Verteilte Digitale Forschungsbibliothek* zur Entwicklung der Digitalisierung und von elektronischen Angeboten in Deutschland diese Virtualisierung im Sinn, als sie eine *Verteilte Digitale Forschungsbibliothek* aus der Taufe hob und sich, wie man im Nachhinein sagen muss, darin verstrickte, da Probleme der Organisation und Standardisierung unterschätzt wurden. Doch die Idee war bestechend. Der wissenschaftliche Nutzer sollte vom heimischen Schreibtisch aus alle ihn interessierenden Materialien ungehindert, unabhängig vom Ort, zu jeder Tages- und Nachtzeit aufrufen und einsehen können. Die Bibliothek der physischen Bücher war tot, die digitale sollte die Bühne betreten. Allerorten wurde eine eilige, mitunter überhastete Reform eingeleitet. Neben die klassischen traten neue Dienstleistungen: E-Mailauskunft, Digitalisierung der Bestände, Erwerbung von E-Books, Aufbau von elektronischen Publikationsplattformen usw. Mit dem Begriff der ›Virtuellen Bibliothek‹, die ihre Vollkommenheit nicht mehr aus sich selbst, sondern nur im Verbund mit anderen ›Anbietern‹ konzipieren kann, indem sie – in der Realität mehr und mehr ortlos – im Internet einen idealen virtuellen Ort bildet, wurde aber zunehmend auch die organisatorische Struktur der Institution Bibliothek, ja diese selbst in Frage gestellt. Ist nicht das Internet selbst eine Art Bibliothek? Gerade angesichts von *Google Books* oder Produkten wie *Wikipedia*: Sind nicht alle Bücher, ist nicht alles Wissen irgendwie auch im Internet verfügbar, bildet nicht das Internet selbst als Gesamtheit die ›Digitale Bibliothek‹ der Menschheit? Auf einmal stehen die traditionellen Bibliotheksaufgaben auf dem Prüfstand. Erwerbung? – *Google Books* digitalisiert weltweit alle Bücher oder *Amazon* liefert sie umgehend elektronisch an den Endnutzer! Erschließung? – mit *Google* findet man es leichter! Benutzung? – die Community des Internets hält auf alles eine Antwort parat! Die ›Virtuelle Bibliothek‹, verstanden als das Internet selbst, scheint die traditionelle Institution Bibliothek überflüssig zu machen. Diese in den Anfangszeiten gelegentlich schwärmerisch vorgetragene These verliert mit der fortschreitenden Kommerzialisierung des Netzes und der Monopolisierung des Zugangs zu ihm zusehends ihren Nimbus. Zugleich lässt dieser Prozess aber auch Funktionen konturierter hervortreten, die ebenfalls mit der Institution Bibliothek verbunden sind. Vor allen anderen die, dass die Bibliothek als öffentliche Institution kein Interessenbetrieb ist. Wer ihr Benutzer

---

7 Vgl. »DELOS«, http://www.delos.info/files/pdf/ReferenceModel/DELOS_DLReferenceModel_0.98.pdf (12. September 2011).

ist und welche Interessen er verfolgt, muss ihr im Großen und Ganzen gleichgültig sein, weil jede Person das Recht hat sich aus ihren Beständen ungehindert zu informieren. Wie aber steht es mit den großen Suchmaschinen? Eli Pariser hat in seiner Studie *The Filter Bubble: What the Internet Is Hiding from You* gezeigt, wie brüchig die Vorstellung ist, *Google* & Co würden dem Suchenden ein objektives Bild der (virtuellen) Realität bieten.[8] Personalisierte Filter vermögen sehr effizient die Suchergebnisse und Anzeige zu steuern. Je mehr das System vom Benutzer weiß, desto präziser werden die ›angepassten‹ Ergebnisse. Es geht nicht mehr darum, umfassende Sachinformationen zu einer Anfrage zu ermitteln, sondern darum, Treffer anzubieten, die zum Anfragenden ›passen‹, die er positiv bewertet oder in der Vergangenheit angeklickt hat. Die wenigsten Menschen sind sich dieses Umstandes bewusst und glauben, dass die Treffer, die sie erhalten, den vorhandenen Informationen entsprechen. Tatsächlich finden sie aber nur ihre Vorlieben und Interessen bestätigt, das Andere und Neue, so wichtig für die Wissenschaft, wird ausgeblendet. Ein Einfluss auf das Rankingverfahren oder gar Einblick in seine Funktionsweise hat der Suchende nicht; gehört es doch zu den bestgehütetsten Geheimnissen der Suchmaschinenbetreiber. Dass es so ist und sich in Zukunft vermutlich noch verstärken wird, ist nicht grundsätzlich zu kritisieren. Im Sinne eines neutralen, nicht kommerziellen und freien Zugangs zu den Werken der Wissenschaft und Kunst bedarf es aber objektiver, nicht interessengeleiteter Zugangswege. Wer, wenn nicht die ›Digitale Bibliothek‹ in öffentlicher Trägerschaft, könnte diese sicherstellen? Doch stehen dem heute große Hürden im Weg. Es beginnt damit, dass die wissenschaftlichen Bibliotheken, wie Robert Darnton in einem *Google*-kritischen Beitrag in der *New York Review of Books* beklagt, es versäumt haben, die Digitalisierung der in Bibliotheken aufbewahrten Literatur selbst in die Hand zu nehmen und das Feld gerade bei der neueren Literatur nahezu vollständig *Google* überlassen haben.[9] So entsteht mit *Google Books* eine Bibliothek von Alexandria, deren Zugangsbedingungen bei aller Faszination für den Gedanken einer Weltbibliothek ›at your fingertipps‹ prekär bleiben. Wer wird den ungehinderten und vor allem ungefilterten Zugang zu den digitalen Werken in Zukunft sichern? Trotz der beeindruckenden Fortschritte von *Google Books* tun daher die Bibliotheken gut daran, die Digitalisierung auch in Eigenregie zu betreiben, möglicherweise sogar mit Hilfe von *Google* als Dienstleister, zumindest dann, wenn die Rechte an den digitalen Werken bei den Bibliotheken verbleiben. Zugleich sollten aus dem gleichen Grund öffentlich rechtliche Aggregatoren wie die *Deutsche Digitale Bibliothek* und die *Europeana* unterstützt und durch die öffentliche Hand nachhaltig gefördert werden, um der Monopolisierung und vor allem Kommerzialisierung der Zugangswege entgegenzuwirken.[10] Doch den Bibliotheken drohen nicht nur Gefahren von außen, sondern auch

---

8 Eli Pariser, *The Filter Bubble: What the Internet is Hiding from You* (New York: The Penguin Press, 2011).
9 Robert Darnton, »Google & the Future of Books«, *The New York Review of Books* 56.2 (12. Februar 2009): 9–11. Der Beitrag ist online zugänglich unter http://www.nybooks.com/articles/archives/2009/feb/12/google-the-future-of-books/ (12. September 2011).
10 Z.B. hat *Facebook* jüngst alle RSS Feeds beseitigt, die eine von *Facebook* unabhängige Aggregation von Informationen ermöglicht hätten.

von innen. Es zeugt von einer erschreckenden, ja für die Demokratie gefährlichen Blindheit, dass es die Politik nicht nur in Deutschland versäumt die Interessen der Öffentlichkeit z. B. durch angemessene Schrankenbestimmungen im Urheberrecht gegen rein kommerzielle Interessen in Schutz zu nehmen und individuelles Gewinnstreben mit dem öffentlichen Wohl in Balance zu bringen. Durch die derzeit herrschende Wissenschaftsfeindlichkeit in der Urhebergesetzgebung ist der Archivauftrag, den viele Bibliotheken in der Vergangenheit selbstverständlich wahrgenommen haben, in hohem Maße gefährdet. Mit bedenklichen Folgen für die Zukunft: »If we get the balance wrong at this moment, private interests may outweigh the public good for the foreseeable future, and the Enlightenment dream may be as elusive as ever.«[11] Wenn es Verlage Bibliotheken untersagen können, Bücher, die sie nicht mehr kaufen, sondern nur noch lizenzieren können, selbst zu speichern, ist die Gefahr sehr real, dass der Zugang zu diesen Büchern nicht mehr durch die Bibliotheken selbst gewährleistet werden kann. Überraschend naiv zeigen sich vor diesem Hintergrund auch viele Bibliothekare, wenn sie darauf verweisen, dass man doch von den Verlagen ein dauerhaftes Nutzungsrecht erworben habe und sich daher um die Zugänglichkeit nicht weiter kümmern müsse. Verlage gehen unter, Konditionen können sich ändern, die ›Digitale Bibliothek‹ aber muss auf Dauer angelegt sein. Angesichts der Situation bedarf es eines breiten Konsens in den Bibliotheken, elektronische Werke, gleich ob Monographien oder Zeitschriften, auch als Kopien an den jeweiligen Orten vorhalten zu wollen, nicht nur um deren Verfügbarkeit an vielen Orten sicherzustellen[12], sondern auch, um die Indexierung dieser Werke und damit die Art des Zugangs zu ihnen steuern zu können. Werke, die diese Bedingungen nicht erfüllen, sollten mit Blick auf die Bibliothek als sammelnde und archivierende Einrichtung eigentlich nicht erworben werden. Die Realität sieht – nicht selten erzwungenermaßen – anders aus. So zeigt sich, dass die Vorstellung, das Internet sei die ›Digitale Bibliothek‹ der Zukunft, in vielerlei Hinsicht problematisch ist, zumal dann, wenn es nicht gelingt, die Kommerzialisierung des Wissens im Internet im Interesse des öffentlichen Gutes zu begrenzen.

Dennoch ist das Internet aus der ›Digitalen Bibliothek‹ nicht wegzudenken und es ist unübersehbar, dass die ›Digitale Bibliothek‹ im Sinne eines Ortes der Erwerbung, Erschließung und Benutzung digitaler Medien auch organisatorisch ein Teil des Internets geworden ist und als virtuelle Bibliothek heute, und wohl mehr noch in Zukunft, in der sich neu formierenden Wissensgesellschaft eine andere Rolle spielen wird als bisher. Wie sich diese nach der Definition von *DELOS* ›virtuelle‹ Bibliothek im Einzelnen entwickeln wird, ist noch weitgehend offen. Der derzeit vielversprechendste Weg ist das sogenannte ›Semantic Web‹, das es erlaubt bedeutungsvolle Netze über die verschiedenen Angebote zu spannen, um den Forschenden nicht nur sachlich differenzierte Zugänge zu den verschiedenen Daten zu

---

11 Robert Darnton, »Google & the Future of Books« (2009): 11.
12 Redundanz hatte in der Tradierung der Schriftkultur immer eine große Bedeutung und sollte auch im digitalen Zeitalter ernst genommen werden. Hinzu kommt, dass nicht alle alles sammeln und gerade in der Diversität der Angebote ein wichtiges Moment der Wissenschaftsentwicklung liegt.

eröffnen, sondern auch Nachnutzungsszenarien für diese Daten zu entwickeln, die es erlauben sie in neuen Kombinationen und gegebenenfalls ad hoc zu neuen Bibliotheken und Datensammlungen zu verbinden: »The Semantic Web provides a common framework that allows data to be shared and reused across application, enterprise, and community boundaries.«[13] Wenn man diese Entwicklung konstitutiv für die ›Digitale Bibliothek‹ nimmt, erhält sie eine weit anspruchsvollere Aufgabe als ihr Vorgänger, sie muss nämlich ihre ›Daten‹ in einer Weise aufbereiten und anbieten, dass ihr ›Benutzer‹ nicht nur einen analogen, in der Regel lesenden Zugang zu ihr hat, sondern auch einen technischen, im Sinne der semantischen Verarbeitungsmöglichkeiten für ihre Daten. Daten sind dabei nicht mehr nur die klassischen Metadaten, vulgo der Katalog, sondern alle Texte, die in der Bibliothek enthalten sind. ›Digitale Bibliothek‹ ist dann nicht mehr nur eine Bibliothek der elektronischen Kataloge, der digitalen Images ihrer Altbestände, nicht einmal mehr der maschinenlesbaren Volltexte, sondern auch ein semantisch organisiertes Netz der Texte untereinander, wobei, wie die *W3C*-Definition sagt, die Grenzen der Einrichtungen und Sammlungen übersprungen werden und sich mit anderen Angeboten verbinden. Als ein erstes erfolgreiches Beispiel einer solchen Aktivität ist im Bibliothekskontext die als ›linked open data‹ zugängliche gemeinsame Normdatei der *Deutschen Nationalbibliothek* (DNB) zu sehen[14], die bereits zu vielfältigen Verknüpfungen und zu produktiven Nachnutzungen geführt hat.

Nicht zuletzt zeichnet sich hier ab, dass die ›Digitale Bibliothek‹ nicht nur in technischer und organisatorischer Hinsicht ein Novum darstellt, sondern dass auch ihre Inhalte, die in digitaler Form vorliegenden Bücher, die Bibliothek als Sammlung nach dem Diktum des Lipsius', neue Fragen aufwerfen. Das elektronische Medium erlaubt, ja erzwingt sogar in gewissem Maße neue Repräsentationen, die mit dem historischen Wechsel von der Rolle zum Kodex durchaus vergleichbar sind, und die durch elektronische Inkunabeln wie PDFs derzeit noch verschleiert werden. Bereits an vielen Stellen diskutiert wird das Problem der Abgeschlossenheit und Authentizität elektronischer Texte, das sich aus deren leichten Veränderbarkeit ergibt. Identitäten von Dokumenten können sich gerade in multiauktorialen Gebilden wie *Wikipedia* schnell wandeln. Was sind hier noch Exemplare, was Ausgaben? Am ehesten ist dem in der literaturwissenschaftlichen Zunft zu Unrecht verpönten Begriff des ›Werkes‹ noch eine Zukunft zuzutrauen und mit Recht haben ihm die neuen Katalogisierungsregeln der *RDA*[15] einen prominenten Platz zugewiesen.

Ebenso dürfte sich das Verhältnis von Leser zu Autor mit Blick auf die vielfältigen Interaktionsmöglichkeiten verändern, denn auch der Leser bekommt zunehmend Autorfunktionen, indem er aus den angebotenen Materialien ›seinen‹ Text zu formen vermag. Insofern scheint es geboten, den von Robert Darnton in *What is the History of Books* formulierten

---

13 »Semantic Web«, http://www.w3.org/2001/sw/ (12. September 2011).
14 Vgl. »Dokumentation des Linked Data Services der DNB«, https://wiki.d-nb.de/display/LDS/Dokumentation+des+Linked+Data+Services+der+DNB (12. September 2011).
15 Vgl. »Ressource Description & Acces (RDA) Toolkit«, http://www.rdatoolkit.org/ sowie »RDA Work: Core Elements«, http://www.rdatoolkit.org/backgroundfiles/Work_6_1_09.pdf (12. September 2011).

»communications circuit«[16] wiederum zu durchschreiten und die Produktionskette vom Autor über den Verleger, Drucker, Versender, Verkäufer bis zum Leser unter den gewandelten Medienbedingungen erneut in den Blick zu nehmen, um das elektronische oder digitale Buch unter intellektuellen, ökonomischen, rechtlichen und politischen Aspekten in dem ihm angemessenen Rahmen zu interpretieren und in seinen geistes- und kulturgeschichtlichen Kontext einzuordnen. Mit einem besseren Verständnis dessen, was ein digitales Buch oder E-Book ist, wird auch deutlicher werden, was am Ende eine ›Digitale Bibliothek‹ ausmacht, sodass die Buch- wie die Bibliothekswissenschaft gleichermaßen gefordert sind, sich des Themas der ›Digitalen Bibliothek‹ anzunehmen.

Bilanzierend muss man feststellen, dass zwar die ›Digitale Bibliothek‹ als Teil des Internets längst in den Alltag eingezogen ist, doch die Banalität der Praxis mit einer noch weithin dunklen Vorstellung darüber korrespondiert, welche Veränderungen und Folgen das Internet und die neuen Medien für den einzelnen Forscher und die Wissensgesellschaft haben. Gerade am Begriff der sogenannten ›Digitalen Bibliothek‹ wird die Heterogenität der Vorstellungen sichtbar. Während z. B. die einen das ganze Internet als ›Digitale Bibliothek‹ sehen, erkennen die anderen in ihr nur eine andere Art von Bibliothek oder gar nur eine unwesentliche Erweiterung der bestehenden. Unterstellt man einmal, dass die ›Digitale Bibliothek‹ eine besondere neue Form von Bibliothek ist, welche Rolle wird sie in der und für die Wissensgesellschaft spielen? Nur alter Wein in neuen Schläuchen oder steht mehr auf dem Spiel, wie sich in Schlagworten wie ›freie Zugänglichkeit zum und Demokratisierung des Wissens‹ oder ›Hypertextualität, Virtualität und Entmaterialisierung‹ andeutet?

Die Beiträger dieses Bandes haben versucht, sich diesem komplexen und vielschichtigen Begriff ›Digitale Bibliothek‹ aus verschiedenen Blickwinkeln zu nähern, aus geistes- und kulturwissenschaftlicher, medientheoretischer, ökonomischer, rechtlicher sowie buch- und bibliothekswissenschaftlicher Perspektive und erste Schneisen in das Dickicht dieses komplexen Themas geschlagen. Die Jagd auf das Phantom ist eröffnet.

---

16 Robert Darnton, »What is the History of Books?«, *The Kiss of Lamourette. Reflections in Cultural History* (London/Boston: Faber and Faber, 1990) 107–135, 111.

Das Buch aus intermedialer Sicht

Frieder Schmidt

Leipzig

Im Herbst 1956 wurden William B. Shockley (1910–1989), John Bardeen (1902–1987) und Walter H. Brattain (1908–1991) mit dem Nobelpreis für Physik ausgezeichnet, und zwar »for their researches on semiconductors and their discovery of the transistor effect«[1], wie die Begründung der *Königlich Schwedischen Akademie* lautete. Ein halbes Jahrhundert später haben die nicht zuletzt auf Basis dieser wissenschaftlichen Leistungen entwickelten Technologien alle Bereiche des menschlichen Lebens, Arbeitens und Kommunizierens grundlegend verändert und die Welt – sei es per Kabel, sei es funk- und satellitengestützt – annähernd mit dem Tempo der Lichtgeschwindigkeit vernetzt. Eine auf sieben Milliarden Erdenbürger gewachsene Weltbevölkerung erlebt die gemeinsame Existenz auf einem Planeten zunehmend als alltägliche Tatsache. Digital produzierte Daten – Börsendaten, Wetterdaten, Flugüberwachungsdaten, Nachrichten aus Sport und Politik, Bilder, Songs und Videos – erlauben die Teilhabe am Glück und am Unglück, an der Kultur und dem Leben der Anderen, weil *Der Computer als Medium*, so der Titel der Dissertation von Bernhard Robben[2], das Zusammenspiel aller Medien dieser Welt gründlichst verändert hat.

Wo bleibt in einer solchen Welt des Wandels das Buch als Medium des Wahren, Schönen und Dauerhaften schlechthin? Die folgenden Ausführungen suchen hierüber Rechenschaft abzulegen und sind dabei von der Fragestellung geleitet, was im Laufe der Zeit alles der Welt des Buchs zugeordnet wurde und in welchen Lebenszusammenhängen sich insbesondere die Kodexform als informations- und wissensorganisierende mediale Ausprägung bewährt und durchgesetzt hat. Zugleich wird aus sehr gegenwärtiger Sicht gefragt, was davon in der heutigen Zeit noch übrig geblieben ist, in der immer noch jede Menge Bücher veröffentlicht und zum Kauf angeboten werden, gleichzeitig aber viele privat oder als öffentliche Verzeichnisse geführte Bücher elektronischen Datenbanken oder einschlägigen Internet-Applikationen – seien es ›Wikis‹, seien es ›Blogs‹ – gewichen sind.

Bücher gibt es in dieser Welt des frühen 21. Jahrhunderts weiterhin zu erwerben – in der Buchhandlung, im Museumsshop, in der Geschäftsstelle des Automobilclubs oder im Internet-Versandhandel. Irgendwie gleichen die neu publizierten Titel noch immer weitgehend denjenigen, die man in Antiquariaten und auf Flohmärkten finden kann. Ein Bucheinband aus Karton oder Pappe, bezogen mit (bedrucktem) Papier, seltener mit Gewebe, manchmal

---

1 »The Nobel Prize in Physics 1956«, http://nobelprize.org/nobel_prizes/physics/laureates/1956/ (9. April 2011).
2 Vgl. Bernhard Robben, *Der Computer als Medium. Eine transdisziplinäre Theorie* (Bielefeld: transcript, 2006).

mit einem werbewirksamen Schutzumschlag umhüllt, umfasst einen Buchblock, der vorne mit einem Titelblatt beginnt und dann lauter nummerierte Seiten folgen lässt, links die geraden, rechts die ungeraden Seitenzahlen. Je nach Gattung und Inhalt des Buches sind die Seiten ausschließlich mit Text bedruckt oder sie zeigen zusätzlich Abbildungen wie Strichzeichnungen, Landkarten, Fotografien etc., halten in langen Tabellen Sachverhalte fest oder verweisen in ausführlichen Literaturverzeichnissen auf viele andere Bücher und Aufsätze.

Wer heute die Entstehung, die Herstellung, den Vertrieb der Bücher bis hin zu ihrer Benutzung im Detail verfolgt, wird zu der Feststellung gelangen, dass praktisch alle Stufen der Wertschöpfungskette rechnergestützt sind.[3] Gewiss, es gibt noch den Journalisten, der alles seinem Notizblock anvertraut, Schriftsteller wie Martin Mosebach, dessen Texte Zeile um Zeile das handbeschriebene Blatt füllen[4], oder wie John Irving, der seine Romane ebenfalls handschriftlich verfasst und erst bei der Textüberarbeitung nicht auf seine schwere Büroschreibmaschine verzichten mag.[5] Doch in der Regel sind Autoren heute gehalten, ihre Texte nicht als Manuskripte oder Typoskripte, sondern nach vorgegebenen Formatierungsanweisungen gegliedert und gestaltet als maschinenlesbare Dateien abzuliefern. Die redaktionelle Bearbeitung von Texten erfolgt ebenso per Computer wie das komplette Layout, die Erstellung von Inhaltsverzeichnissen und Registern. Die Kommunikation zwischen den beteiligten Personen erfolgt per E-Mail oder über ftp-Server[6]; was früher Fahnenkorrektur war, ist heute der Abgleich satzfertiger Dateien im ›Portable Document Format‹ (PDF).[7] Zum Druck freigegebene Werke können, in entsprechend eingerichteten Betrieben mit einem Ausschießprogramm, direkt auf Druckplatten belichtet werden.[8] Rechner überwachen die Steuerung und die Auslastung der Offsetdruckmaschinen. Vollautomatisierte Sammel- und Bindestrecken sorgen für die Fertigstellung des Buchblocks. Die ganze Marketingabteilung arbeitet computergestützt, alle Werbemittel sind am Bildschirm gestaltet, Probekapitel, kurze Statements des Autors bzw. der Autorin werden auf der Website des Verlags bereit gestellt. Das betriebliche Rechnungswesen läuft auf Basis exakt zugeschnittener Software. Alle Bücher sind mit dem EAN- bzw. dem GTIN-Code[9] versehen, damit Barcodescanner

---

3   Vgl. Hans-Heinrich Ruta, *Basiswissen Herstellung für Buchhändler. Produktplanung und Kalkulation, Druckschriften, Layout und Typografie, Satzverfahren, medienneutrales Datenmanagement, Reproduktion, Papier, Druck- und Bindeverfahren* (Frankfurt a. M.: Bramann, 2010).

4   Vgl. Martin Mosebach, »Zum Anfang eine Papiergirlande«, *Von der Rolle des Papiers*. Hrsg. Georg Küffner (München: Deutsche Verlags-Anstalt, 2007) 8–17.

5   »›Ich will mich fürchten‹: Der amerikanische Schriftsteller John Irving über das Altern von Athleten und Autoren, das Geheimnis der letzten Sätze und seinen neuen Roman ›Letzte Nacht in Twisted River‹«. *Der Spiegel* 20 (2010): 146–149, 149.

6   Thomas Zimmer, »File Transfer Protocol (FTP)«, *Reclams Sachlexikon des Buches*. 2. Aufl. Hrsg. Ursula Rautenberg (Stuttgart: Reclam, 2003) 215.

7   Thomas Zimmer, »Portable File Format (PDF)«, *Reclams Sachlexikon des Buches*. 2. Aufl. Hrsg. Ursula Rautenberg (Stuttgart: Reclam, 2003) 400–402.

8   Thomas Zimmer, »Computer to Plate«, *Reclams Sachlexikon des Buches*. 2. Aufl. Hrsg. Ursula Rautenberg (Stuttgart: Reclam, 2003) 138.

9   EAN = European Article Number bzw. GTIN = Global Trade Item Number.

und Ladenkassen den richtigen Preis erfassen, einen exakten Kaufbeleg produzieren und das buchhandlungsinterne Lagerverwaltungssystem auf Stand halten, um gegebenenfalls rechtzeitig nachzubestellen. Der Internetbuchhandel erlangt immer größere Marktanteile, auch der Handel antiquarischer Bücher ist ohne Katalogdatenbanken und Internetshops, die digitalen Zahlungsverkehr anbieten, nicht mehr vorstellbar.

Befasst man sich mit Fachliteratur aus der ersten Hälfte des 20. Jahrhunderts, als Bücher noch per Buchdruck, nicht per Offsetdruck vervielfältigt wurden, so wird deutlich, dass damals – ›damals‹ ist wirklich die zutreffende Vokabel, um den eingetretenen Abstand richtig zu benennen – bei der Produktion von Büchern ganz andere Techniken zum Einsatz kamen, ganz andere Methoden vorherrschten. Man nehme sich die Zeit und lese in den Arbeiten von Arthur W. Unger[10], Otto Säuberlich[11] und Fritz Schröder[12] oder setze sich mit dem Filmprojekt *Geist und Maschine*[13] auseinander. Vorbei sind die Zeiten, in denen tonnenweise Letternmetall in Kellergewölben lagerte und Klischees in Säurebädern geätzt wurden. Arbeitsmedizinische Vorsorge gilt nicht mehr potenziellen Bleivergiftungen, sondern das Einatmen von feinen Toner-Partikeln aus Laserdrucker-Kartuschen muss vermieden werden. Alle Schritte der Druckvorstufe lassen sich heute viel leichter, viel eleganter realisieren, die eigentlichen Produktionszeiten haben sich insgesamt sehr verkürzt. Betriebe, die sich auf ›Print on Demand‹ (POD) spezialisiert haben, drücken ihren potenziellen Kunden eine Gebrauchsanleitung in die Hand, wie diese selbst in einer sehr überschaubaren Abfolge von Schritten ein eigenes Werk vervielfältigen lassen können, das innerhalb kurzer Zeit zur Auslieferung bereit steht.[14]

Gleichzeitig hat das Buch in unserer heutigen Lebenswelt – sieht man von einigen Nischen wie dem Gesangsbuch in der Kirche oder dem Erstlesebuch in der Grundschule ab – seine hervorgehobene, über eine längere Periode hinweg sogar einzigartige Rolle verloren. Der Text als schriftlich fixierter Gedanke, das Bild als aufgezeichnete bzw. gemalte Vorstellung oder als Fotografie entstandenes Dokument, die Graphik als visualisierte Idee, die Karte/der Lageplan als dauerhafte Orientierungshilfe hatten im Buch ihren stabilen, jederzeit auffindbaren Platz eingenommen, der sich eindeutig benennen und zitieren ließ. Nicht einmal mit anderen Printmedien wie der Zeitung oder der Illustrierten musste sich das Buch diese hervorgehobene Position im geistigen und kulturellen Leben von per Schulpflicht alphabetisierten Menschen teilen; zielten diese doch auf die Schnelllebigkeit und waren nicht auf alterungsbeständigen

---

10 Arthur Wilhelm Unger, *Wie ein Buch entsteht*. 6. Aufl. (Leipzig: Teubner, 1927); Arthur Wilhelm Unger, *Die Herstellung von Büchern, Illustrationen, Akzidenzen usw.* 3. Aufl. (Halle a. S.: Knapp, 1923).

11 Otto Säuberlich, *Buchgewerbliches Hilfsbuch. Darstellung der buchgewerblich-technischen Verfahren für den Verkehr mit Druckereien und buchgewerblichen Betrieben*. 5. Aufl. (Leipzig: Oscar Brandstetter, 1927).

12 Fritz Schröder, *Die Herstellung von Büchern und Zeitschriften* (Leipzig: C. E. Poeschel, 1930).

13 Vgl. Richard Brodführer, *Geist und Maschine. Vom Manuskript zum fertigen Buch. Ein buchgewerblicher Großfilm der Döring-Film-Werke, Hannover* (Leipzig: Bibliographisches Institut, 1926).

14 Vgl. z. B. das Musterbuch *Wir lieben Bücher* der buchdruckerei24.de Plauen. Online verfügbar unter http://www.buchdruckerei24.de/fileadmin/buchdruckerei24/content/service/buch_buchdruckerei24.pdf (12. September 2011).

Materialien gedruckt. Diese Einzigartigkeit der gedruckten Medien im Allgemeinen, der Bücher in ihrer traditionellen materialen Form im Besonderen, ist jetzt aber in etwa mit demselben Tempo am Abschmelzen, wie das Eis jenseits des nördlichen Polarkreises.[15]

Die Autoren, Verleger und Leser belletristischer Werke, schön und aufwändig gestalteter Kunstbände und Ausstellungskataloge, sehr lebendig und ansprechend gestalteter Kinderbücher, spannender Kriminalromane und auch und gerade jugendliche Leser begeisternder Mangas, werden eine solche Einschätzung nicht teilen wollen, auch der *Börsenverein des Deutschen Buchhandels* wird unter Verweis auf die Umsatzzahlen seiner Mitgliedsunternehmen die Stabilität des Mediums Buch betonen (gleichzeitig aber mit großem Interesse die Marktentwicklung der Sektoren Hörbuch und E-Book verfolgen). Doch wie steht es tatsächlich – aus intermedialer Perspektive betrachtet – um das Medium Buch, welche kulturelle Dominanz kam ihm zu verschiedenen Zeiten und in unterschiedlichen kulturellen Sphären zu und wie verhält es sich heute damit?

Dies ist eine Fragestellung, für die sich zum einen die Buchwissenschaft, zum anderen, und zwar in erheblich geringerem Maße, die Medienwissenschaft (die Medienwissenschaften?) zuständig fühlen.[16] Für die Buchwissenschaft in Deutschland wurde 2009 eine Übersicht über den Stand der Forschung, der Fragestellungen und der sich damit befassenden Institutionen vorgelegt. In der Einleitung zu diesem Werk benennt die Herausgeberin Ursula Rautenberg als »die zentralen buchwissenschaftlichen Forschungsinteressen: die Verlags- und Buchhandelsgeschichte, Lesen, Leser und Zensur«.[17] Die Frage, was ein Buch denn sei, hatte Rautenberg bereits mehrere Jahre zuvor in einem Band der Reihe *Grundlagen der Medienkommunikation* so beantwortet:

> Vordergründig lässt sich unter einem Buch ein materielles Objekt der Alltagskultur begreifen, das aus einer Anzahl von zweiseitig bedruckten Blättern meist aus Papier besteht, die durch Bindung, Heftung oder Klebung mit einem Einband oder Umschlag verbunden sind.[18]

Diese Definition basiert letztendlich ganz auf der Materialität und der Machart des gemeinten Gegenstandes, nur durch die Zuordnung zur Alltagskultur ist eine soziologische, volkskundliche und medienwissenschaftliche Dimension in sie eingebunden.

Vergleichen wir diese Definition mit jener, die im Vormärz den Lesern durch die *Brockhaus'sche Encyklopädie* nahe gebracht wurde: »Buch, im Lateinischen liber, nennt man

---

15 Vergleichbar ist auch der jahreszeitliche Zyklus mit deutlich verstärktem Auftreten im Winter: Das Weihnachtsgeschäft ist von großer Bedeutung für den Buchmarkt, man sagt, etwa ein Drittel der Bücher wird von den Käufern nicht zum Lesen, sondern zum Verschenken erworben.
16 Vgl. Helmut Schanze, »Medienwissenschaften – Medienwissenschaft«, *Grundkurs Medienwissenschaften*. Hrsg. Helmut Schanze, Gregor Schwering und Henning Groscurth (Stuttgart: Klett, 2009) 10–51.
17 Ursula Rautenberg, »Buchwissenschaft in Deutschland. Einführung und kritische Auseinandersetzung«, *Buchwissenschaft in Deutschland. Ein Handbuch*. 2 Bde, Bd. 1: Theorie und Forschung. Hrsg. Ursula Rautenberg (Berlin/New York: De Gruyter Saur, 2009) 3–64, 6.
18 Ursula Rautenberg und Dirk Wetzel, *Buch* (Tübingen: Niemeyer, 2001) 1.

mehrere zu einem Ganzen verbundene Blätter oder Bogen Papier.«[19] Weder die zweiseitige Nutzung der Blätter, noch das Bedrucktsein werden hier also vorausgesetzt, gleichzeitig wird der Aspekt der Ganzheitlichkeit betont. An der angegebenen Stelle heißt es des Weiteren:

> Die Bücher der Alten bestanden meist aus einem sehr langen um einen Stab gerollten Streifen; doch war auch die gegenwärtige Form des Einbandes nicht unbekannt; jene nannte man volumina, diese aber codices.[20]

Ergänzend werden die vorherrschenden Beschreibstoffe der Antike – Papyrus und Pergament – erwähnt. Folgte man dem Verweis auf die ›codices‹, so findet sich dort folgende Angabe:

> Codex hieß bei den Alten das unter der Rinde befindliche Holz eines Baumes. Da man vor Erfindung des Papiers auf hölzerne, mit Wachs überzogene Tafeln schrieb und diese, in Form eines Buchs zusammengelegt, Codex nannte, so wurde das Wort für die Folge, wo man auf Papier schrieb, beibehalten, um damit jedes große Buch zu bezeichnen. Nach Erfindung der Buchdruckerkunst verblieb der Name Codex allen geschriebenen alten Büchern ohne Rücksicht auf ihre Größe und ihren Umfang; doch fügte man gewöhnlich noch manuscriptus hinzu.[21]

Meyers Lexikon definierte das Buch 1925 hingegen als »mehrere zu einem Ganzen verbundene leere oder beschriebene Blätter oder Bogen, besonders ein Band von bedruckten Blättern.«[22] Das von der modernen Buchwissenschaft definierte Buch – der Band mit beidseitig bedruckten Blättern – ist im Lichte dieser Definition also nur eine Teilmenge der mit dem Begriff Buch bezeichneten Objekte.

In der Buchkunde als bibliothekswissenschaftlicher Teildisziplin wurde das Buch von Fritz Funke funktional gesehen:

> Seine Hauptfunktion ist, schriftliche Aufzeichnungen, Literaturgut, Texte und bildliche Darstellungen verschiedener Art aufzunehmen, zu überliefern und zugänglich zu halten. Es ist Wissensspeicher für alle Wissensgebiete und kann künstlerisch gestalteter Gegenstand sein. […] Seine Form, seine Herstellung und seine Ausstattung sind vom jeweiligen technischen, ökonomischen, sozialen und kulturellen Entwicklungsstand der Gesellschaft abhängig.[23]

Ausgehend von dieser Betrachtungsweise sieht Funke die Tontafel, die Buchrolle und den Kodex als gültige Buchformen an, die historisch nacheinander aufgetreten sind. Seit dem vierten nachchristlichen Jahrhundert erlangte die Kodexform die Dominanz und behielt

---

19 »Buch«, *Allgemeine deutsche Real-Encyklopädie für die gebildeten Stände. Conversations-Lexikon*. 15 Bde., Bd. 2: Balde bis Buchhandel. 9. Originalaufl. (Leipzig: F. A. Brockhaus, 1843) 742.
20 Ebd.
21 »Codex«, *Allgemeine deutsche Real-Encyklopädie für die gebildeten Stände. Conversations-Lexikon*. 15 Bde., Bd. 3: Buchholz bis Czongrad. 9. Originalaufl. (Leipzig: F. A. Brockhaus, 1843) 528.
22 »Buch«, *Meyers Lexikon*. 12 Bde., Bd. 2: Bechtel–Conthey. 7. Aufl. (Leipzig: Bibliographisches Institut, 1925) Sp. 992–994.
23 Fritz Funke, *Buchkunde. Ein Überblick über die Geschichte des Buches*. 5. Aufl. (München: Saur, 1992) 65.

diese bis in unsere Gegenwart. Wieder lassen sich funktionale Gründe benennen, warum diese Buchform für den angestrebten Zweck die optimale Variante ist:

> Während bei der Rolle das Schreibmaterial eine fortlaufende Bahn bildet, besteht der Kodex aus einzelnen Bogen, die gefaltet, zu einer Lage ineinandergelegt und zusammengeheftet sind. Der Kodex stellt somit die Form des Buches dar, in dem [!] man blättern kann, und bietet der Rolle gegenüber den Vorteil besserer Handlichkeit und Nachschlagemöglichkeit. Außerdem sind seine Blätter bei gleichem Format übersichtlich, und man kann sie von beiden Seiten beschreiben, wodurch der Beschreibstoff besser genutzt wird als in der gewöhnlich einseitig beschriebenen Rolle.[24]

Im Folgenden wird der Versuch unternommen, mit einer nicht vorschnell ausgrenzenden Weitwinkelperspektive die mit den sich in historischer Zeit wandelnden Begriffen Buch und Kodex gemeinten Sachverhalte aufzugreifen und in mediale Zusammenhänge zu stellen. So haben z. B. die vorstehend beschriebenen Eigenschaften der Buchformen Rolle und Kodex hohe Ähnlichkeit mit denen der Mikroformen Mikrorollfilm und Mikroplanfilm (Mikrofiche), oder mit denen der digitalen Speichermedien Magnetband und Festplatte. In der Zeit nach dem Ersten Weltkrieg entwickelte sich im Rahmen der ›Neuen Sachlichkeit‹, die als gestalterisches Prinzip Eingang in Architektur und Graphik- bzw. Produktdesign fand, auch der Begriff der ›Zweckform‹.[25] Im engen Sinne ist dieser sehr zeitgebunden, doch man kann ihm auch eine erweiterte Bedeutung geben: Es handelt sich um eine Form, die zweckgebunden, also zweckdienlich und zielführend ist. Es geht um adäquate Mittel zur Erfüllung von Zielen. Letztere liegen nicht im Mittel selbst, doch gleichzeitig gilt seit Aristoteles: »Ziele sind nur ins Auge zu fassen, wo es M[ittel] gibt, sie zu verwirklichen.«[26]

Welches sind also die kommunikativen Gegebenheiten und Handlungszusammenhänge, in denen die Zwecke oder Ziele die Mittel formten und formen, welche Ziele ließen und lassen sich mit den so entwickelten Mitteln darüber hinaus erreichen (obwohl sie ursprünglich gar nicht im Fokus der Entwicklung standen)? Welche Formung geben diese geformten Mittel ihren Produzenten, welche ihren Rezipienten?[27] Gelten hier dieselben Beziehungen zwischen Form und Inhalt, wie sie zum Beispiel in der Ästhetik formuliert werden:

> Form ist die äußere Seite des Kunstwerks: seine Struktur, die Gesamtheit seiner Elemente und ihrer Beziehungen zueinander, durch die sein Inhalt zum Ausdruck gebracht wird, der aber auch, losgelöst vom Inhalt ein (relativer) Selbstzweck zugesprochen werden kann.[28]

---

24 Ebd. 70.
25 Vgl. Barbara Mundt und Babette Warncke, *Form ohne Ornament? Angewandte Kunst zwischen Zweckform und Objekt* (Berlin: Nicolai, 1999).
26 Jörg Zimmer, »Zweck/Mittel«, *Europäische Enzyklopädie zu Philosophie und Wissenschaft*. 4 Bde., Bd. 4. Hrsg. Hans-Jörg Sandkühler (Hamburg: Meiner, 1990) 997–1006, 998.
27 Marshall McLuhan brachte es 1964 in seinem Buch *Understanding Media. The Extensions of Man* auf die Formel: »We shape our tools and thereafter our tools shape us«.
28 Konrad Lotter, »Form«, *Lexikon der Ästhetik*. 2. Aufl. Hrsg. Wolfhart Henckmann und Konrad Lotter (München: C. H. Beck, 2004) 106–111, 106.

Worin besteht der relative Selbstzweck des Buches? Welche Rolle spielt dabei die spezifische Buchform – die Tontafel, die Buchrolle, das durch Fäden zusammengehaltene Palmblattbuch[29], das leporelloartige Faltbuch, der Kodex?

1. Historische Rückgriffe

Ritzungen an Felswänden lassen sich bis in die Steinzeit zurück verfolgen, jungsteinzeitliche Gefäße sind mit einer Vielzahl unterschiedlicher Ornamente ausgestattet.[30] Die Archäologin Denise Schmandt-Besserat hat durch ihre intensiven Nachforschungen im Zweistromland deutlich gemacht, welche Rolle die ›Tokens‹ oder ›Calculi‹ beim Aufkommen der Schrift spielten, und hat diese in umfangreichen Katalogen aufgelistet.[31] Studien zur Frühgeschichte der Keilschrift haben die enge Beziehung der frühen Schrift und bestimmter Techniken der Wirtschaftsverwaltung deutlich gemacht.[32] Die ›Quipus‹ oder Knotenschnüre der Inkas sind in ähnlicher Weise Verwaltungshilfsmittel gewesen, keine Schrift, die zur Fixierung der Sprache in ihrer ganzen Komplexität diente.[33]

Ausführliche Texte, die nicht nur Auflistungen von Gegebenheiten sind, sondern über den Verlauf von Vorgängen in geordneter Weise berichten, finden sich dann als in Stein gemeißelte Inschriften oder in Keilschrift fixiert auf Tontafeln oder Tonprismen (auch als Tonzylinder bezeichnet). Die Schlacht von Kadesch zwischen den Ägyptern und den Hethitern, die im 13. vorchristlichen Jahrhundert stattfand, ließ Pharao Ramses II. u. a. durch Inschriften in den Tempeln von Karnak und Luxor oder in Abu Simbel so darstellen, dass man in ihm den Sieger sehen sollte. In der Bibliothek des Assurbanipal aus dem siebten vorchristlichen Jahrhundert, in der man in Ninive etwa 25.000 Tontafeln fand[34], stieß man außerdem auf 12 Tontafeln, die das viel ältere *Gilgamesch*-Epos als Keilschriftdokument überlieferten. Das Epos über den sagenhaften König von Uruk war auf Schriftträgern fixiert, die mobil waren und einzeln in die Hand genommen werden konnten, der ägyptische Schlachtbericht war

---

29 Vgl. Karen Brookfield und Laurence Pordes, *Schrift. Von den ersten Bilderschriften bis zum Buchdruck*. Übers. Christina Hartkamp (Hildesheim: Gerstenberg, 1994) 30.
30 Vgl. *Atlas der Vorgeschichte. Europa von den ersten Menschen bis Christi Geburt*. 2. Aufl. Hrsg. Siegmar von Schnurbein und Bernhard Hänsel (Stuttgart: Theiss 2010) 65.
31 Vgl. Denise Schmandt-Besserat, *Before Writing*. 2 Bde., Bd. 1: From Countig to Cuneiform; Bd. 2: A Catalog of Near Eastern Tokens (Austin, TX: University of Texas Press, 1992) sowie Denise Schmandt-Besserat, *How Writing Came About* (Austin, TX: University of Texas Press, 1996).
32 Vgl. Hans J. Nissen, Peter Damerow und Robert K. Englund, *Informationsverarbeitung vor 5000 Jahren. Frühe Schrift und Techniken der Wirtschaftsverwaltung im alten Vorderen Orient. Informationsspeicherung und -verarbeitung vor 5000 Jahren* (Hildesheim/Berlin: Franzbecker, 2004).
33 Vgl. Andrew Robinson, *Die Geschichte der Schrift*. Übers. Martin Romesch (Düsseldorf: Albatros, 2004) 55.
34 Vgl. Konstantinos Staikos, »Ashurbanipal's Library«, *The Oxford Companion to the Book*. 2 Bde., Bd. 1. Hrsg. Michael Felix Suarez und Henry R. Woudhuysen (Oxford: Oxford University Press, 2010) 486.

dauerhaft vor Ort festgehalten, doch beide Texte dienten demselben Zweck – es ging um Ruhm und Nachruhm, um Verherrlichung mythischer oder historisch belegter Herrscher.

Die Gesetzesstele des Hammurabi, 1901 in Susa gefunden und heute im *Louvre* zu Paris befindlich, ist eine Kombination plastischer und schriftlicher Darstellung. Im oberen Teil der Dioritstele empfängt Hammurabi, Herrscher des babylonischen Reiches im 18. vorchristlichen Jahrhundert, von Schamasch, dem Gott der Sonne und der Gerechtigkeit, seine Herrschaftssymbole[35], darunter befinden sich als Keilschrifttexte in akkadischer Sprache fixierte königliche Urteile.[36] Eingerahmt von einem historischen Prolog und einem lyrischen Epilog finden sich beinahe 300 verschiedene Entscheidungen zu Problemen des alltäglichen Lebens, unter anderem der Familie, der Adoption und der Vererbung sowie Bestimmungen hinsichtlich von Soldaten, Bauern und Kaufleuten. Diese Inschrift läuft unter der Bezeichnung ›Codex Hammurapi‹, doch sie hat natürlich nichts mit der Buchform des Kodexes zu tun, sondern meint das französische Wort ›Code‹ für Gesetzessammlung, entsprechend dem berühmten ›Code Napoleon‹ (ein Ausdruck, der eigentlich zwei Gesetzbücher für die Bereiche des Zivilrechts und des Strafrechts meint).

Bei den heute als ›Ägyptisches Totenbuch‹ bezeichneten Texten handelt es sich um eine Sammlung von Zaubersprüchen und liturgischen Anweisungen.[37] In diesen ging es um die Existenz nach dem irdischen Tod, um ein Leben im Jenseits, sie sollten dem Verstorbenen eine Hilfe sein. Dementsprechend wurden die Texte in der Nähe der Betroffenen bereit gestellt und auf die Innenwände der Grabkammern, dann auch auf die Särge selbst oder auf die Binden der Mumien geschrieben. Als Papyrushandschriften wurden sie in die Särge gelegt oder in die Mumien eingewickelt. Man musste als Verstorbener den Göttern des Totengerichts mit den richtigen Worten gegenübertreten können. Das Totenbuch besteht in inhaltlicher Hinsicht aus einer Vielzahl von Textelementen, deren Abfolge in den verschiedenen Exemplaren dieses literarischen Werks variiert, es gibt unterschiedliche materiale Ausprägungen, teilweise sind die Texte illustriert.

Die jüdische und die christliche Religion haben in die Liturgie ihrer religiösen Zeremonien Gebete, Gesang und Lesungen integriert. Schriftobjekte sind dabei von großer Bedeutung. Ab 1947 wurden in mehreren Felshöhlen bei Qumran etwa 15.000 Fragmente von etwa 850 Schriftrollen aus Leder und Papyrus mit religiösen jüdischen Texten gefunden, aber auch eine fast vollständig erhaltene Jesaja-Rolle. In der jüdischen Liturgie hat sich die Buchform der

---

35 Ernest Gellner betont: »Das Bemerkenswerteste an der Schrift ist, dass sie es ermöglicht, die Verlautbarung von dem, der sie macht, abzulösen.« Vgl. Ernest Gellner, *Pflug, Schwert und Buch. Grundlinien der Menschheitsgeschichte* (München: Deutscher Taschenbuch Verlag, 1993) 82. Das »entkörperlichte Wort« (ebd.) hat sich auf der Stele bereits vom lebendigen Atem des Herrschers gelöst, sein Leib ist aber als Plastik dem Leser der Inschrift immer noch vor Augen gestellt.
36 Vgl. »Louvre-Werke: Gesetzesstele«, http://www.louvre.de/gesetzesstele.htm (21. April 2011).
37 Vgl. Craig Kallendorf, »Egyptian Book of the Dead«, *The Oxford Companion to the Book*. 2 Bde., Bd. 2. Hrsg. Michael Felix Suarez und Henry R. Woudhuysen (Oxford: Oxford University Press, 2010) 69.

Rolle bis heute erhalten – die Thora-Rollen mit den ersten fünf Büchern der hebräischen Bibel sind bis heute im rituellen Gebrauch und werden noch immer von Hand geschrieben.

Kaiser Valens bestimmte im Jahr 372 für den oströmischen Herrschaftsbereich, die Inhalte von Pergamentrollen auf Pergamentkodizes zu übertragen, Kalligraphen für das Griechische und für das Lateinische hatten dafür Sorge zu tragen.[38] Wann und warum sich im Lauf der Antike bei den Büchern die Gewichte immer mehr von der Rollenform zur Kodexform verschoben haben, ist eine Frage, der sich die Kodikologie bzw. die Buchwissenschaft immer wieder angenommen hat.[39] Herbert Hunger formulierte das Anliegen so: »Zu den interessantesten, aber noch nicht restlos geklärten Kapiteln der Buchgeschichte gehört der allmähliche Sieg des KODEX über die Rolle.«[40] In einer Arbeit über byzantinische Buchkultur befasst sich derselbe Autor erneut mit »dieser epochalen Neuerung«[41] und stellt fest:

> Sobald die Kirche aus den Verfolgungen siegreich hervorgegangen war, hatte sie auch an den besseren Möglichkeiten der Buchmalerei und der Buchausstattung innerhalb eines Pergamentcodex Interesse. In der Liturgie entwickelte sich nun ein neues Repräsentationsbedürfnis.[42]

Zuvor hatten sich kleinere Papyruskodizes für die christliche Missionierung als durchaus hilfreich erwiesen, doch Pergament war auf Dauer strapazierfähiger.

Das Online-Lexikon *Wikipedia* verzeichnet in einer Liste der liturgischen Bücher, »die im Gottesdienst verwendet werden oder wurden und von der Kunstgeschichte unterschieden werden«[43], insgesamt 37 verschiedene Gattungen. Darunter befinden sich z. B. bei der römisch-katholischen Kirche in Benutzung das Evangeliar mit den kompletten Texten der vier Evangelien, das Psalterium mit den Psalmen, die Perikopen – also für die Predigt zusammengestellte Texte aus dem Alten Testament, den Evangelien und den Briefen, das Graduale für den Zwischengesang, das Messbuch oder ›Missale‹ mit den priesterlichen Gebeten, das ›Benediktionale‹ mit den Segnungen. Christlicher Gottesdienst ist Handlungsvollzug mittels Büchern, die Texte und Melodien für Gebet, Lesung, Predigt und Gesang bereitstellen. Taufe, Trauung und Begräbnisfeier folgen den schriftlich fixierten Vorgaben. Der ›Libriferar‹ ist jener Ministrant, der dem zelebrierenden Kleriker die an der richtigen Stelle aufgeschlagenen Bücher in der richtigen Reihenfolge so unterbreitet, dass dieser, wenn erforderlich, in der Körperhaltung des Gebets verbleiben kann. Die Bücher sind schützende Behältnisse für sehr

---

38 Vgl. Hans-Joachim Griep, *Geschichte des Lesens. Von den Anfängen bis Gutenberg* (Darmstadt: Wissenschaftliche Buchgesellschaft, 2005) 175.

39 Vgl. Otto Mazal, *Geschichte der Buchkultur*. Bd. 3/1: Frühmittelalter (Graz: Akademische Druck- und Verlagsanstalt, 2003) 152–153.

40 Herbert Hunger, »Antikes und mittelalterliches Buch- und Schriftwesen«, *Geschichte der Textüberlieferung der antiken und mittelalterlichen Literatur*. 2 Bde., Bd. 1 (Zürich: Atlantis, 1961) 25–147, 47.

41 Herbert Hunger, *Schreiben und Lesen in Byzanz. Die byzantinische Buchkultur* (München: C. H. Beck, 1998) 25.

42 Ebd. 26.

43 Vgl. den *Wikipedia*-Eintrag »Liste liturgischer Bücher«, http://de.wikipedia.org/wiki/Liturgische_B%C3%BCcher (21. April 2011).

alte Texte und erlauben die Weitergabe von Generation zu Generation, sie verzeichnen nicht nur den Wortlaut dieser Texte, sondern auch die Abfolge des Rituals unter Berücksichtigung des Kirchenjahres und der zu feiernden Feste.

Im Reformationszeitalter verändert sich das Verhältnis zu den Büchern in vielfältiger Weise. Die Bibel, das Buch der Bücher, rückt ganz ins Zentrum. Die Übersetzung in die Sprache der Gläubigen soll unmittelbaren Zugang verschaffen, Lesekompetenz wird wichtig, damit die Bibel im Kreis der Familie studiert werden kann. Für das religiöse Leben erlangen zwei weitere Bücher zentrale Bedeutung: der Katechismus und das Gesangbuch. Martin Luther begründet in der Vorrede zu seinem Werk *Großer Katechismus deutsch* die Notwendigkeit täglicher Lektüre, der Umgang mit Büchern und kleineren Druckschriften ist etwas für alle Tage, aber nichts Alltägliches geworden:

> Ich bin auch ein Doktor und Prediger, ja so gelehrt und erfahren, als die alle sein mögen, die solche Vermessenheit und Sicherheit haben. Dennoch tue ich wie ein Kind, das man den Katechismus lehrt, und lese und spreche auch von Wort zu Wort des Morgens, und wenn ich Zeit habe, die zehn Gebote, Glauben, das Vaterunser, Psalmen usw. Und muss noch täglich dazu lesen und studieren und kann dennoch nicht bestehen, wie ich gerne wollte, und muss ein Kind und Schüler des Katechismus bleiben und bleibs auch gerne.[44]

Doch es ist nicht nur die Welt des Religiösen, in der die Schriftkultur, die Kodizes, die Register und die Bücher immer größere Verbreitung, schließlich kulturelle Dominanz entfalten. Das Rechts- und Gerichtswesen wird immer enger mit der Welt der Schriftlichkeit und der Bücher verflochten, und die Welt der Gelehrsamkeit und der in ganz Europa aufstrebenden Universitäten ist ohne Bücher nicht vorstellbar. Die islamische Welt hat dabei eine große Vorreiterrolle gespielt.[45]

Ivan Illich hat die These aufgestellt, dass das abendländische Buch im Verlauf des 12. Jahrhunderts durch »gänzlich neue Erfindungen westlicher Schreibstuben: das Ordnen von Schlüsselwörtern nach dem Alphabet, das Sachregister und eine neuartige Gestaltung der Buchseite, die das leise Aufnehmen des Geschriebenen erleichterte«[46], qualitativ verändert wurde. Innerhalb der so organisierten schriftlichen Dokumente konnten nun – schon vor dem Aufkommen des Buchdrucks, aber erst recht auch nach diesem Zeitpunkt – immer mehr Aspekte der damaligen Welt in doppelter Weise Eingang finden. Das Buch taugte als ausgezeichnetes Organisationsmittel für Informationen vielfältigster Art.

Im Zentrum feudaler Herrschaft stand die Verwaltung der Grundherrschaft. In Gültbüchern werden die in Naturalien zu erbringenden Abgaben an den Grundherrn festgehalten.

---

44 Martin Luther, *Großer Katechismus deutsch. Nach der Fassung des deutschen Konkordienbuches* (Dresden, 1580). Online zugänglich über das Online-Archiv *Glaubensstimme – Vom Glauben unserer Vorfahren* unter http://www.glaubensstimme.de/doku.php?id=autoren:luther:grosser_katechismus (21. April 2011).

45 Vgl. Jonatan M. Bloom, *Paper before Print. The History and Impact of Paper in the Islamic World* (New Haven, CT: Yale University Press, 2001).

46 Ivan Illich, *Im Weinberg des Textes. Als das Schriftbild der Moderne entstand. Ein Kommentar zu Hugos ›Didascalicon‹*. Übers. Ylva Eriksson-Kuchenbuch (Frankfurt a. M.: Luchterhand, 1991) 100.

Urbare und Lagerbücher verzeichnen die Besitzrechte und die damit verbunden Abgaben.[47] Die Lage der einzelnen Grundstücke ist zunächst nur verbal beschrieben, die Landschaft selbst muss noch dazu dienen, durch entsprechende Markierungen die jeweiligen Nachweise zu liefern, worauf der Kunsthistoriker Martin Warnke bei seiner Analyse der politischen Landschaft verwiesen hat:

> Der Blick für diese markierten Grenzen und der Respekt vor Grenzmalen und -gebieten muss in früheren Jahrhunderten schon deshalb sehr viel ausgeprägter gewesen sein, weil es bis zur Schwelle dieses Jahrhunderts noch keine Katasterämter und entsprechende Gemarkungskarten gab. Jene Markierungen waren also authentische, letztinstanzliche Kennzeichen, die durch keine dritte Form der Registrierung zu bestätigen waren. So war die Landschaft viel unmittelbarer als in Zeiten, da Gebietsansprüche bei Behörden einklagbar wurden, Trägerin von Besitz- und Machtzeichen.[48]

Doch die Bedeutung der ›Verbuchung‹ nahm unweigerlich zu. Kaufleute fixierten Soll und Haben schriftlich, die Geschäftsbelege wurden seit dem ausgehenden Mittelalter in der doppelten Buchführung erfasst. Diese hatte jederzeit über die Entwicklung und den aktuellen Stand aller wirtschaftlichen Aktivitäten in vollständiger und nachvollziehbarer Weise Rechenschaft abzulegen. Lucca Pacioli, italienischer Franziskaner und Mathematiker, veröffentlichte diese Methode 1494 erstmals in einem gedruckten Buch und machte sie damit breiten Kreisen zugänglich. Das Buch ist das ideale Medium für diese kaufmännischen Aufzeichnungen, denn es ist selbst fortlaufend und lückenlos, erlaubt aber jederzeit – man stelle sich diese Begriffe deutlich in ihrer haptischen Dimension vor Augen – den Rückgriff und den Vorgriff auf andere Einträge. Wer diese Einträge in dicken Folianten verwaltet, ist der Buchhalter, in der Buchhaltung wird das getreue Bild des aktuellen Unternehmensstandes verwahrt.

Seit dem ausgehenden 15. Jahrhundert entstehen auch andere linear aufgebaute Dokumente, die den Charakter von Büchern annehmen. In seinem berühmten Bordbuch notierte Christoph Kolumbus die täglichen Ereignisse auf der 1492 angetretenen Entdeckungsfahrt, die ihn in die Karibik führte, um anhand dieser Notizen nach der Rückkehr dem spanischen Herrscherpaar Ferdinand und Isabella Rechenschaft über den Reiseverlauf abzulegen.[49] Albrecht Dürer hielt 1520/21 alle seine Stationen in einem Reisetagebuch fest, als er in Begleitung seiner Frau und einer Magd in die Niederlande aufbrach und unter anderem in Aachen die Krönung Karls V. erlebte. Seine Reiseeindrücke, seine Bekanntschaften sind darin schriftlich festgehalten, das Skizzenbuch nahm seine Silberstiftzeichnungen des Gesehenen auf.[50]

Die Bücher taugten so zur Organisation des persönlichen Wissens von der Welt, erwiesen sich gleichzeitig in gedruckter und vervielfältigter Form als das geeignete Medium, um als

---

47 Vgl. *Serielle Quellen in südwestdeutschen Archiven.* Hrsg. Christian Keitel und Regina Keyler (Stuttgart: Kohlhammer, 2005). Online zugänglich unter http://www.uni-tuebingen.de/uni/gli/veroeff/digital/serquell/seriellequellen.htm (19. September 2011).
48 Martin Warnke, *Politische Landschaft. Zur Kunstgeschichte der Natur* (München: Hanser, 1992) 17.
49 Vgl. Christoph Kolumbus, *Bordbuch*. Übers. Anton Zahorsky (Frankfurt a. M./Leipzig: Insel, 2005).
50 Vgl. Gerd Unverfehrt, *Da sah ich viel köstliche Dinge. Albrecht Dürers Reise in die Niederlande* (Göttingen: Vandenhoeck & Ruprecht, 2007).

›Wissensmaschinen‹ zu fungieren: »Bücher waren mehr als stumme Wissenszeugen, sie konnten ganze Welten evozieren und für deren Gegenstände begeistern«.[51] In seiner Untersuchung der Basler Augustinus-Ausgabe aus dem Jahre 1506 zeigt Peter F. Tschudin Schritt für Schritt sehr materialnah und anschaulich, unter welchen Bedingungen die Bücher damals in die Welt kamen.[52] Ein gutes halbes Jahrhundert nach der Erfindung Gutenbergs liegt bereits ein völlig ausdifferenziertes arbeitsteiliges Verfahren mit klar abgegrenzten Arbeitsschritten und Aufgabenbereichen vor.[53] Die Bücher beginnen die Welt zu verändern.[54]

Reinhard Wittmann bemerkte in seiner 1991 erstmals erschienenen *Geschichte des deutschen Buchhandels*, dass es der Reformation »ohne die mächtige Bundesgenossin der Druckerpresse« vielleicht ebenso ergangen wäre »wie noch hundert Jahre zuvor der hussitischen Bewegung«[55] – deren Funke sei damals verglommen, weil der Reformeifer noch keine schnelle Verbreitungsmöglichkeit gefunden habe. Die Ideen Luthers und seiner Mitstreiter, aber auch die seiner Widersacher, trugen kleine, nur wenige Bogen im Quart- oder Oktavformat umfassende Druckschriften in vielen, rasch aufeinanderfolgenden Auflagen in die Welt. Zu den großen Folianten waren ergänzend preiswerte und leicht transportable Buchformen hinzu getreten. Für die individuelle Kommunikation unter den Kirchenleuten selbst diente, in gleicher Weise wie bei den Wissenschaftlern der damaligen Zeit, der handgeschriebene Brief.

Doch dann trat eine Situation ein, in der sich das Buch als ein zu träges Medium erwies:

> Im 17. Jahrhundert nahmen die Naturwissenschaften eine so unerwartet rasche Entwicklung, dass die Veröffentlichung der neuesten Erfindungen und Entdeckungen nicht mehr darauf warten konnte, langsam und mühsam in Buchform zu gehen. Die Fülle neuer Erkenntnisse forderte dringend ein neues Informationsmedium, die periodisch erscheinende Zeitschrift.[56]

1665 starteten in Paris das *Journal des Sçavans* und in London die *Philosophical Transactions*, in Leipzig erschienen 1670 die *Miscellanea curiosa medico-physica academiae naturae curiosorum* und 1682 die *Acta eruditorum*. Das Buch löste sich auf in eine Abfolge von Heften

---

51 Ulrich Johannes Schneider, »Bücher als Wissensmaschinen«, *Seine Welt wissen. Enzyklopädien in der Frühen Neuzeit*. Hrsg. Ulrich Johannes Schreiber (Darmstadt: Wissenschaftliche Buchgesellschaft, 2006) 9–20, 11.

52 Vgl. Peter F. Tschudin, »Ein Blick hinter die Kulissen des alten Basler Buchdrucks. Die Augustinus-Ausgabe von 1506«, *Officina 2009: Augustinus* (Basel: Schwabe, 2009) 13–55.

53 Vgl. Michael Giesecke, *Der Buchdruck in der frühen Neuzeit. Eine historische Fallstudie über die Durchsetzung neuer Informations- und Kommunikationstechnologien* (Frankfurt a. M.: Suhrkamp, 1991) 116, Abb. 15 zum ›Ablauf der Informationstransformation und Korrekturschleifen im Typographeum: schematischer Überblick.‹

54 Vgl. *Bücher, die die Welt verändern. Eine Kulturgeschichte Europas in Büchern*. Hrsg. John Carter und Percy H. Muir. Übers. Peter de Mendelssohn. (München: Deutscher Taschenbuch Verlag, 1976).

55 Reinhard Wittmann, *Geschichte des Deutschen Buchhandels* (München: C. H. Beck, 1991) 43.

56 Gerhard Haass, Wolfgang Rhodius und Hans-Ulrich Schenker, *Dreihundert Jahre naturwissenschaftlich-technische Zeitschrift. Ausstellung in der Hessischen Landes- und Hochschulbibliothek Darmstadt im Schloss. 10. Juni bis 15. September 1978* (Frankfurt a. M.: Buchhändler-Vereinigung, 1978) 9.

mit mehreren kurzen Beiträgen, die oft über in- und ausländische Bücher und Aufsätze in anderen Zeitschriften berichteten. Durch Heftnummerierung und Seitenpaginierung war aber von vornherein angestrebt, dass die einzelnen Stücke vom Buchbinder unter Beifügen – so vorhandenen – eines Inhaltsverzeichnisses zu einem Band zusammengefügt wurden, der sich in Benutzbarkeit und Zitierbarkeit durch nichts von einem anderen Buch unterschied. Die Tatsache, dass einzelne dieser Zeitschriftenbände zum Teil sogar mehrfach nachgedruckt wurden, zeigt deutlich, wie sehr diese Publikationsform zu einem stabilen, die aktuellen Zeitläufe überdauernden Wissensspeicher geworden war.

Die Flexibilität und Anpassungsfähigkeit des Mediums Buch kommt in einigen weiteren charakteristischen Formen zum Ausdruck. Die Aufteilung eines Werkes in einen oder mehrere Textbände und einen zugehörigen Atlas ist in besonderer Weise hervorzuheben. Während der Inkunabelzeit hatte man Wert darauf gelegt, den Text und zugehörige Illustrationen nach Möglichkeit in eine Druckform zu integrieren, dies durfte sowohl beim Schöndruck als auch beim Widerdruck der Fall sein. Als Beispiel für eine solche Buchform mag Hartmann Schedels *Weltchronik* von 1493 dienen. Sobald man den Kupferstich als Illustrationsdruckverfahren bevorzugte, weil dieser große Exaktheit und imponierende Feinheit im Detail zuließ, änderte sich die Situation grundlegend. Jetzt benötigte man Papiere, die in der Lage waren, die Druckfarbe sauber aus den in die Kupferplatte geätzten Vertiefungen aufzunehmen. Zweiseitiges Bedrucken konnte da in der Regel nicht in Frage kommen. Zudem legte man oft Wert darauf, dass die Platten größer als der Satzspiegel des Textes sein konnten. Diese Rahmenbedingungen führten deshalb bei vielen Werken dazu, dass man einen kleineren hochformatigen Band im Buchdruck als reinen Textband realisierte und die zugehörigen Illustrationstafeln nicht auf ein entsprechendes Format faltete und zwischen die Textlagen oder am Ende des Bandes einfügte, sondern diese plan in einem eigenen Atlas zusammenfasste, der Querformat haben und weit größer als der Textband sein konnte.

Unterschiedliche Ausstattungen sind eine weitere Variationsmöglichkeit, die das Medium Buch bot.[57] Der Verleger Georg Joachim Göschen setzte Maßstäbe besonderer Art, vor allem seine Quartausgabe der sämtlichen Werke Christoph Martin Wielands gilt als Höhepunkt deutscher Buchausstattung im ausgehenden 18. Jahrhundert, denn nicht weniger als vier Parallelausgaben in unterschiedlicher Ausstattung wurden produziert.[58] Weitere Beispiele solcher Ausstattungsvarianten lassen sich auch bei Verlegern wie Johann Friedrich Unger oder Johann Friedrich Cotta finden.[59]

---

57 Vgl. Frieder Schmidt, »Die internationale Papierversorgung der Buchproduktion im deutschsprachigen Gebiet vornehmlich während des 18. Jahrhunderts«, *Paper History* 10.1 (2000): 2–24.

58 Alle Angaben nach Wisso Weiß, »Zum Papier der Wieland-Prachtausgabe«, *Gutenberg-Jahrbuch* 53 (1978): 26–31, 27.

59 Vgl. Frithjof Lühmann, *Buchgestaltung in Deutschland. 1770–1800*. Phil. Diss (München: Ludwig-Maximilians-Universität, 1981) 343–344, Tab. 1 mit der ›Liste von Bücherpreisen auf verschiedenen Papiersorten‹.

Seit Einsetzen frühindustrieller Entwicklungen unterliegt die Produktion von Büchern und anderer Medien in rascher Abfolge einer Vielzahl von Veränderungen.[60] Das Aufkommen der eisernen Handpressen ermöglichte gleichförmigeren und rationelleren Druck, denn jetzt konnten der Schöndruck und der Widerdruck mit je einem Bengelzug ausgeführt werden.[61] Bald darauf stand mit der von Friedrich König und Andreas Friedrich Bauer realisierten Schnellpresse eine neuartige Druckmaschine zur Verfügung, die zunächst das Zeitungsdrucken revolutionierte und bald auch den Druck von Büchern in ganz wesentlicher Weise veränderte.[62]

Das Aufkommen der maschinellen Papierfabrikation sorgte für erleichterte Papierproduktion und veränderte die Rahmenbedingungen des Buchdrucks in beeindruckender Weise:

> Testifying to the significance of the Fourdriniers' invention, the book printer George Clowes explained the knock-on result of machine-made paper for the whole of printing industry: it ›has effected a complete revolution in our business; where we used to go to press with an edition of 500 copies, we now print 5.000‹.[63]

George Clowes war ein Unternehmer gewesen, der in England wesentlich zur Einführung des Dampfantriebs im Druckgewerbe beigetragen hatte und dem Samuel Smiles 1884 in seinem berühmten Werk *Men of Invention and Industry* ein entsprechendes Denkmal gesetzt hat.[64] Im Lauf des 19. Jahrhunderts konnte sich die Papierfabrikation von den alten Rohstoffbeschränkungen lösen. Hatte man bisher fast ausschließlich auf alte Textilien zurückgegriffen – Lumpen oder Hadern standen mit etwa zwei bis drei Pfund Aufkommen pro Jahr und Einwohner zur Verfügung – erlaubten die neu entwickelten Faserstoffe, Holzschliff und chemisch aufbereiteter Zellstoff sowie verstärkter Einsatz von Altpapier, dass in weit größerem Umfang Zeitungen, Zeitschriften und Bücher, aber auch Packpapiere, Kartonnagen und andere Papierwaren produziert werden konnten.[65]

---

60 Peter Neumann, »Industrielle Buchproduktion«, *Geschichte des Deutschen Buchhandels im 19. und 20. Jahrhundert. Bd. 1: Das Kaiserreich 1870–1918, Teil 1*. Hrsg. Georg Jäger, Dieter Langewiesche und Wolfram Siemann im Auftrag der Historischen Kommission der Buchhändler-Vereinigung (Frankfurt a. M.: Buchhändler-Vereinigung, 2001) 170–181.

61 Vgl. Walter Wilkes, *Die Entwicklung der eisernen Buchdruckerpresse. Eine Dokumentation* (Pinneberg: Renate Raecke, 1983) 5.

62 Vgl. hierzu das von Friedrich König und Andreas Friedrich Bauer erstellte »Verzeichnis der bis zum 1. Juli 1827 in Deutschland und England von uns gefertigten Druckmaschinen oder Schnellpressen«, *Geschichte der graphischen Verfahren. Papier – Satz – Druck – Farbe – Photographie – Soziales. Ein Beitrag zur Geschichte der Technik*. Hrsg. Hans-Jürgen Wolf (Dornstadt: Historia, 1990) 558.

63 Alexis Weedon, »The Economics of Print«, *The Oxford Companion to the Book*. 2 Bde., Bd. 1 (Oxford: Oxford University Press, 2010) 105–114, 108.

64 Samuel Smiles, *Men of Invention and Industry* (Bremen: Europäischer Hochschulverlag, 2010).

65 Vgl. Frieder Schmidt, »Papierherstellung«, *Die Buchkultur im 19. Jahrhundert. Bd. 1: Technische Grundlagen*. Hrsg. Walter Wilkes, Frieder Schmidt und Eva-Maria Hanebutt-Benz (Hamburg: Maximilian-Gesellschaft, 2010) 413–468.

Neue Illustrationstechniken halfen ebenso, alte Grenzen zu überwinden.[66] Der Holzschnitt verlor nach einer überschaubaren Zahl von Abdrucken seine klare Kontur, einzelne dünne Grate brachen aus, die Bildqualität litt. Das Aufkommen des Stahlstichs erlaubte weitaus höhere Auflagen, auch der Holzstich, der sich die mechanischen Eigenschaften des Hirnholzes zu eigen machte, gestattete eine größere Anzahl von Abdrücken. Die Errungenschaften der Elektrochemie ermöglichten die Herstellung galvanischer Formen, neben diese Galvanos traten Zinkätzungen. Die besondere Rolle der Stereotypie ist ebenso hervorzuheben, um deutlich zu machen, dass eine Vielzahl von Innovationen im 19. Jahrhundert zusammenwirkten, um dem wachsenden Lesebedürfnis und der immer vielfältigeren Buchproduktion eine wirtschaftliche Basis zu geben. Während diese Verfahren vor allem dem Buchdruck neue Vorteile verschufen, eroberte parallel dazu der Flachdruck in Form der Lithographie eigenes Terrain, der durch beeindruckende Halbtonwiedergaben und, im ausgehenden 19. Jahrhundert, durch immer ausgefeiltere Techniken der Chromolithographie faszinierte.

Eine steigende Zahl der Titel korrespondierte mit einer steigenden Zahl der mit Buchhandel befassten Personen. Joseph Meyer und sein *Bibliographisches Institut* in Hildburghausen erwiesen sich als gewerbliches und kaufmännisches Innovationszentrum. Während an alten Buchhandels- und Buchherstellungsplätzen wie Leipzig noch strikt an der gewerblichen Trennung von Buchdruck und Buchbinderei festgehalten wurde, schuf Meyer eine vollintegrierte Buchfabrik, die ständig beschäftigt sein wollte und dementsprechend kontinuierlichen Absatz benötigte.[67] Während es vor 1848 in ganz Deutschland nur ca. 350 Städte mit Sortimentsbuchhandlungen gab, kooperierte das *Bibliographische Institut* mit andernorts ansässigen Kaufleuten, die für den Vertrieb seiner Bücher sorgten, suchte Subskribentensammler und schickte Kolporteure und Abonnementshändler über die Dörfer. Das Buch wurde zum Massenartikel, der ganz neue Leserschichten erreichen sollte. Einerseits wurden die Klassiker als Teil eines bildungsbürgerlichen Kanons vertrieben, andererseits diente das Lexikon als Mittel, alles Wissenswerte zu ›verbuchen‹. Das ›Volk ohne Buch‹[68] geriet jetzt in das Blickfeld ausgefeilter Absatztechniken. Der Sohn Herrmann Julius Meyer brachte aus Nordamerika neue Formen des Reisebuchhandels und des Versandbuchhandels mit.[69] *Meyers Lexikon* konnte nicht nur Band für Band abonniert, sondern auch in einzelnen Lieferungen erworben werden:

---

66 Vgl. Eva-Maria Hanebutt-Benz und Kristin Wiedau, »Die drucktechnische Revolution im 19. Jahrhundert«, *Bilderlust und Lesefrüchte: Das illustrierte Kunstbuch von 1750 bis 1920*. Hrsg. Katharina Krause, Klaus Niehr und Eva-Maria Hanebutt-Benz (Leipzig: Seemann, 2005) 43–58.

67 Vgl. Johannes Hohlfeld, *Das Bibliographische Institut. Festschrift zu seiner Jahrhundertfeier* (Leipzig: Bibliographisches Institut, 1926) 60–62.

68 Vgl. Rudolf Schenda, *Volk ohne Buch. Studien zur Sozialgeschichte der populären Lesestoffe 1770–1910* (München: Deutscher Taschenbuch Verlag, 1977).

69 Vgl. Heinz Sarkowski, *Das Bibliographische Institut. Verlagsgeschichte und Bibliographie 1826–1976* (Mannheim/Wien/Zürich: Bibliographisches Institut, 1976) 93.

Der Kolporteur kam in den Städten immer am Samstag, weil da der Wochenlohn ausgezahlt wurde. Auf dem Land war Sonntags Liefertermin, so war die Wahrscheinlichkeit am Größten, dass die Kunden nicht auf dem Acker arbeiteten.[70]

Die Revolutionierung der Verkehrsverhältnisse veränderte die kommunikativen Beziehungen und die Rolle der Bücher und anderer Printmedien. Kanalbau schuf in vielen Gegenden Europas effektive Inlandswasserwege, die Dampfkraft sorgte dafür, dass Segelschiffe durch Dampfer ergänzt, ersetzt und verdrängt und mehr oder weniger entfernte Regionen durch Eisenbahnlinien verknüpft wurden:

> Man konnte jetzt durch die Apenninen, durch das Zentralmassiv der Alpen und durch das schottische Hochland in Stunden statt in Tagen reisen. Ein Großteil überlieferter Lebensformen wurde aufgegeben. Die Sprachen, die Bücher, die Ideen von Paris und London begannen nun, die schon im Rückzug befindlichen Sprachgrenzen des Katalanischen, Provenzalischen, Bretonischen, Wallisischen, Gaelischen immer rascher zu durchlöchern. […] Durch die Ausweitung des Marktes stieg die Nachfrage nach Büchern. Verleger und Autor profitierten auch insofern von der Eisenbahn, als sie stille Stunden der Muße mit sich brachte, für die Bahnhofsbücherstände die erwünschte Zerstreuung lieferten.[71]

Das Medium Buch und das Reisen sind auch durch Formen wie das Logbuch, das an Bord eines Schiffs geführt wird und über den konkreten Reiseverlauf Rechenschaft ablegt, den gedruckten Fahrplan bzw. das Kursbuch, die den Reisen der Boote und Fähren, den Fahrten der Kutschen, der Eisenbahnzüge, der Seilbahnen und dann auch der Omnibusse die zeitlichen Vorgaben fixieren, miteinander verknüpft. Reiseführer wie die von Karl Baedeker greifen die neuen Reiserouten auf und vermitteln denen, die sich auf Tour begeben, das erforderliche touristische Wissen, um das unmittelbar Gesehene – einen Fluss, ein Gebirge, eine Kirche, eine Burg oder sonstige Sehenswürdigkeiten – identifizieren und einordnen zu können. Die Fahrt wird so zu einer buchvermittelten Bildungsreise, die panoramatische Erfahrung einer Dampfschifffahrt auf dem Rhein korrespondiert mit der Landschaftsdarstellung im Leporelloformat.[72]

Das Buch, die Zeitschrift, das Journal, die Zeitung durchdringen jetzt die gesamte Gesellschaft. Regionale Hindernisse, Situationen der Abgelegenheit werden durchbrochen, die Postunternehmen bzw. -behörden beliefern jeden und jede, wo die Empfänger auch leben mögen – solange sich jemand findet, der die anfallenden Kosten übernimmt.[73] Durch die Tarifgestaltung wird darauf Einfluss genommen, dass abgelegene Regionen nicht schlechter versorgt werden als kommunikativ weitaus besser eingebundene urbane Zentren. Neue

---

70 »Vom Kolporteur«, *Rundgang Meyers Konversationslexikon: Lexikonkauf 1890*, http://www.retrobibliothek.de/retrobib/meyers_lexikonkauf.html (26. Juni 2011).

71 Denys Hay, »Fiat Lux«, *Bücher, die die Welt verändern. Eine Kulturgeschichte Europas in Büchern*. Hrsg. John Carter und Percy H. Muir. Übers. Peter de Mendelssohn (München: Deutscher Taschenbuch Verlag, 1976) 11–46, 41.

72 Vgl. Elisabeth Crettaz-Stürzel, »Panorama des Rheins von Mainz bis Cöln«, *Mythos Burg. Eine Ausstellung des Germanischen Nationalmuseums Nürnberg*. Hrsg. G. Ulrich Großmann (Dresden: Sandstein Verlag, 2010) 387.

73 Zur Entwicklung der Portokosten vgl. Heinz Sarkowski, *Das Bibliographische Institut. Verlagsgeschichte und Bibliographie 1826–1976* (1976) 93.

Buchreihen wie die 1867 von Anton Philipp Reclam gegründete *Universal-Bibliothek* sorgen durch ihre Preisgestaltung für die Teilhabe weitester Kreise am kulturellen Erbe. Das Buch als Auszeichnung für hervorragende Leistungen wird zur gängigen Form des Schulpreises, Unternehmer wie der Leipziger Verleger Otto Spamer spezialisieren sich geradezu auf dafür geeignete Ausgaben und empfehlen sie den Schulaufsichtsbehörden.[74] Das Buch wird das ideale Geschenk für den jeweiligen Anlass, sei es eine Kommunion oder Konfirmation, ein Geburtstag oder ein langjähriges Jubiläum.

Das Buch wirkt einerseits als öffentliche Angelegenheit, so wird z. B. das Grundbuch 1897 im ganzen Deutschen Reich eingeführt und fixiert zusammen mit dem im Jahr 1900 in Kraft getretenen Bürgerlichen Gesetzbuch die Grundeigentumsverhältnisse, ohne die es in der bürgerlichen Gesellschaft keine Hypotheken und keine Kredite geben könnte.[75] Das Buch ist damals die verlässlichste Form, substanzielle Dinge auf Dauer zu fixieren. Gleichzeitig ist das Buch eine völlig persönliche Angelegenheit – das Sparbuch, das Impfbuch, das Mitgliedsbuch der Partei oder der Gewerkschaft. Und schließlich ist das Buch eine private Angelegenheit – das Tagebuch nimmt die persönlichsten und geheimsten Erlebnisse und Gedanken auf, das Poesiealbum dokumentiert persönliche Freundschaft und Zuneigung, das Sammelalbum ist Dokument privater Anstrengungen, Objekte unterschiedlichster Art – Briefmarken, Reklamemarken, Sammelbilder, Postkarten etc. – in mehr oder weniger großer Vollständigkeit zusammenzutragen.[76] Das Klebealbum schließlich kann die unterschiedlichsten Ausformungen annehmen.[77] Im ›Scrapbook‹ konnte alles zusammen finden, was für den Eigentümer und Gestalter desselben von besonderer Bedeutung war. Gerade in solchen Zusammenstellungen konnte das Buch seine mediale Koexistenz mit neu auftretenden Medien optimal demonstrieren. Fotos und Zeitungsausschnitte, Eisenbahnfahrscheine und Theaterkarten, Eintrittskarten für Kinovorführungen und Ausstellungen, Einladungen und Speisekarten, Reisesouvenirs wie Billets für Schlossführungen sowie Kofferaufkleber prominenter Hotels hatten darin ebenso Platz. Die ephemeren Zeugnisse erzählen gemeinsam sehr authentisch eine Geschichte, Worte ergänzen nur, was Sachzeugnisse durch unmittelbare Anwesenheit demonstrieren.

Die allgemeine Anerkennung des Mediums Buch als Träger von Dauerhaftigkeit, Beständigkeit und Gültigkeit, nicht zuletzt auch die Fundierung mehrerer großer Weltreligionen auf

---

74 Vgl. *Prämien-Katalog. Verzeichnis illustrirter zu Preisbüchern und für Schulbibliotheken geeigneter Jugend- und Bildungsschriften; Unterrichtswerke und Festgeschenk-Bücher aus dem Verlag von Otto Spamer*. Hrsg. Otto Spamer Verlag (Leipzig: Spamer, 1879).

75 Um Irritationen vorzubeugen, sei hier noch einmal auf die bereits eingangs gemachte Unterscheidung zwischen veröffentlichten, also durch Druck vervielfältigten und zum Kauf angebotenen Büchern, und den hier gemeinten öffentlichen Büchern, die bestimmte Sachverhalte wie z. B. Geburten oder Grundeigentum amtlich dokumentieren, verwiesen.

76 In Berlin hatte die Album-Industrie Ende der 1870er Jahre einen Umfang von 75 Betrieben mit über 20.000 Beschäftigten. Vgl. hierzu Heinz Schmidt-Bachem, *Aus Papier. Eine Kultur- und Wirtschaftsgeschichte der Papier verarbeitenden Industrie in Deutschland* (Berlin/Boston: De Gruyter, 2011) 406.

77 Vgl. Andrea Fix, *Das Theatrum Mundi des Justinus Kerner. Klebealbum, Bilderatlas, Collagenwerk* (Marbach a. N.: Deutsche Schillergesellschaft, 2010).

dem Buch führten dazu, das Buch als Medium politischer Heilslehren mit entsprechendem Gültigkeitsanspruch monopolistischer Art zu betrachten, man denke an Adolf Hitlers *Mein Kampf*, an die *Geschichte der Kommunistischen Partei der Sowjetunion (Bolschewiki) – Kurzer Lehrgang*, die *Worte des Großen Vorsitzenden Mao Tsetung (Mao Zedong)*, die Schriften des koreanischen Diktators Kim Il-sung (Kim Ir-sen) oder *Das Grüne Buch* des Muammar al-Gaddafi. Der Bucheinband demonstrierte die quasireligiöse Verehrung solcher systemfundierender Texte. Im Dritten Reich suchten bedeutende Buchbinder *Mein Kampf* eine weihevolle Erscheinung zu geben, in der Deutschen Demokratischen Republik wurde *Das Kapital* von Karl Marx für solche Weihen auserkoren. Solche Hypostasen des hehren Begriffs ›Buch‹ werden von Buchliebhabern gerne als sachfremde Übertreibungen beiseitegeschoben, doch sie demonstrieren in ihrer pervertierten Grenzwertigkeit bestimmte Wesenszüge, mit denen sich der Kodex als Buchform seit der Christianisierung Europas etabliert hatte – das Buch als dauerhaftes Gehäuse für Texte von unabänderlicher Gültigkeit.

2. Der Kodex wird zerlegt und er verschwindet

Im 20. Jahrhundert sind gegenläufige Entwicklungen zu verzeichnen. Durch Buchclubs, Taschenbuchreihen und Kooperationen mit Zeitungsverlagen gewinnt das Medium Buch immer wieder neue Freunde, die oft über ein ganzes Leben hinweg dem Medium treu verbundene Partner bleiben. Die Verknüpfung traditioneller und neuer Medien funktioniert da in erheblichen Teilen sehr gut. Romane erscheinen auch in Fortsetzungen in Zeitungen, Rundfunksendungen erweisen sich als wichtige Plattform für Autorengespräche, Buchbesprechungen und Lesungen, Taschenbuchverlage gestalten die Cover einzelner Bände mit Standfotos aus Filmen und Fernsehproduktionen, Schauspielergesichter besetzen in der Leserphantasie die Rollen bestimmter literarischer Figuren.

Schließt man sich der Auffassung von Marshall McLuhan an, so können durch die neuen Medien der Schall- und Bewegtbildaufzeichnung, des Radios und des Fernsehens die Künste neue Freiheiten gewinnen:

> Das gedruckte Buch hat die Künstler dazu gebracht, die Ausdrucksformen so gut wie möglich auf eine einfache, beschreibende und erzählende Stufe zu bringen, auf diejenige der Welt des Buches nämlich. Das Aufkommen der elektrischen Medien befreite die Kunst sofort aus dieser Zwangsjacke und brachte uns die Welt eines Paul Klee, Picasso, Braque, Eisenstein, der Marx Brothers und eines James Joyce.[78]

Mit dem Aufkommen des Medienzeitalters setzt auch eine Zerlegung der Printmedien ein.[79] Mit der Rolle der Zeitungsausschnitte hat sich Anke te Heesen sehr gründlich

---

78 Marshall McLuhan, *Die magischen Kanäle. Understanding Media*. Übers. Meinrad Amann (Frankfurt a. M.: Fischer, 1970) 61–62.
79 Vgl. Harro Segeberg, *Literatur im Medienzeitalter. Literatur, Technik und Medien seit 1914* (Darmstadt: Wissenschaftliche Buchgesellschaft, 2003).

befasst.[80] Aby Warburg trägt in seinem ›Mnemosyne‹-Projekt fotografische Reproduktionen aus Büchern, Zeitschriften und sonstigen Drucksachen zusammen und gruppiert sie thematisch.[81] Auswertungskarteien entstehen als Vorstufen der Datenbanken heutiger Machart.[82] Im Bibliothekswesen findet parallel dazu der Übergang vom Bandkatalog zum Zettelkatalog statt, ein Medienwechsel in der Metadatenhaltung, der sich später in der Transformation zu Offline-Datenbanken, dann zu Online-Datenbanken fortsetzen sollte. Umgekehrt finden sich bei verschiedenen Autoren ausgeklügelte Zettelkästen als Basis ihres Schreibens, man denke an Niklas Luhmann und an Arno Schmidt.

Gleichzeitig wird das Buch logisch-analytisch untersucht und als Aggregat einzelner Bausteine sichtbar. In Frankreich legte 1989 Gérard Genette seine *Paratexte* vor und behandelte die Rolle von Vorworten und Nachworten, Geleitworten, Widmungen – alles Texte, die sich im Buch um den Haupttext herum gruppieren.[83]

Eine viel grundsätzlichere Zerlegung von Texten aus Anforderungen des modernen technischen Zeitalters heraus erfolgte in den USA. Dort hatte sich in den 1960er Jahren bei der Firma IBM Charles Goldfarb und sein Team mit Forschungen zu einem integrierten rechtswissenschaftlichen Informationssystem befasst und eine ›Generalized Markup Language (GML)‹ geschaffen, aus der sich innerhalb von zwei Jahrzehnten der internationale Standard ›Standard Generalized Markup Language (SGML)‹ entwickelte.[84] Ziel war es, in einer hersteller- und vertreiberneutralen, formalen und international standardisierten Weise Informationen so aufzubereiten, dass sie in der Folge für eine Vielzahl von Nutzungen zur Verfügung stehen konnten. Dadurch sollten Investitionen langfristig geschützt und, indem Daten mit ihren jeweiligen Rollen und anderen nützlichen Identifikatoren ausgezeichnet wurden (›tagging‹), jederzeit für die Folgenutzung zur Verfügung stehen. Man zerlegte Dokumente daher in drei Typen von Information: Daten, Struktur und Format. Zu den Daten gehören Texte, Graphiken, Bilder, Multimediaobjekte, auch verborgene Bestandteile wie Urheberhinweise etc. Die Struktur beschrieb den Zusammenhang der Datenelemente, das Format zielte auf das äußere Erscheinungsbild des Dokuments. Aus solchen systematischen Überlegungen heraus sind dann die Richtlinien der ›Text Encoding Initiative (TEI)‹ entstanden, die sich mit einem Standardformat für den Datenaustausch in den Humanwissenschaften

---

80 Anke te Heesen, *Der Zeitungsausschnitt: Ein Papierobjekt der Moderne* (Frankfurt a. M.: Fischer, 2006).
81 Vgl. Ernst H. Gombrich, *Aby Warburg. Eine intellektuelle Biographie* (Frankfurt a. M.: Europäische Verlagsanstalt, 1981) 376; Ulrich Port, »›Transformatio energetica‹: Aby Warburgs Bild-Text-Atlas Mnemosyne«, *1929: Beiträge zur Archäologie der Medien*. Hrsg. Stefan Andriopoulos und Bernhard J. Dotzler (Frankfurt a. M.: Suhrkamp, 2002) 9–30.
82 Vgl. Markus Krajewski, *Zettelwirtschaft. Die Geburt der Kartei aus dem Geiste der Bibliothek* (Berlin: Kulturverlag Kadmos, 2002).
83 Vgl. Gerard Genette, *Paratexte. Das Buch vom Beiwerk des Buches*. Übers. Dieter Hornig (Frankfurt a. M./New York: Campus, 1992).
84 Vgl. Charles F. Goldfarb, *The SGML Handbook* (Oxford: Oxford University Press, 1990).

befasst.[85] Mit dem offenen Standard ›DocBook‹ ist ein Dokumentenformat entstanden, das hauptsächlich im Bereich technischer Dokumentationen zum Zuge kommt und über eine sehr umfangreiche Zahl von Beschreibungselementen verfügt.[86]

Neben der Standard-Auszeichnungssprache des Internets – ›Hypertext Markup Language (HTML)‹ – steht nun vor allem die in weitem Maße individuell anpassbare ›Extensible Markup Language (XML)‹ zur Verfügung. Die ausgefeiltesten logischen Strukturen finden in Regelwerken ihr genaues Abbild, werden programmtechnisch entsprechend umgesetzt und erlauben im Anschluss daran die Medienproduktion für die unterschiedlichsten Plattformen, die der Nutzer oder Leser als geeignet für seine Rezeptions- und Mobilitätsbedürfnisse ansieht.

Die Mathematisierung unserer Welt – so der Titel einer Abhandlung des österreichischen Philosophen Gerhard Frey[87] aus dem Jahre 1961 – hat im seither verflossenen halben Jahrhundert durch die Allgegenwärtigkeit der Computertechnik, sei es im Lenkstand der Papierfabrik, im Sendestudio der Fernsehanstalt, in der Pilotenkabine des Flugzeugs, in der städtischen Verkehrsüberwachung, im Rechenzentrum der Bank, in der zentralen Datenverwaltung der Universitätsklinik, im Konstruktionsbüro der Autofabrik oder im Filmstudio alle Poren, alle Adern und Nervenbahnen der Gesellschaft durchdrungen. Die Welt der Bücher, der Texte und Bilder, der Worte und Zeichen ist davon ebenso in vollem Umfang vereinnahmt worden.

Max Frisch lässt in seinem 1979 publizierten Roman *Der Mensch erscheint im Holozän* den aus Basel stammenden Herrn Geiser während eines Unwetters in seinem Haus in den Bergen Bücher zerlegen und an die Wand heften – ein Versuch, den mentalen und existenziellen Untergang eines alternden Mitteleuropäers noch einmal aufzuhalten. Doch was man wegen des Inhalts der einen Seite aus dem Buch ausgeschnitten hat, steht für den Kontext der Rückseite nicht mehr zur Verfügung: dieser Text »wäre vielleicht nicht minder aufschlussreich gewesen; nun ist dieser Text zerstückelt, unbrauchbar für die Zettelwand.«[88] Lebensfixierung mittels Buchwissen führt gleichzeitig zur Zerstörung der ausgeplünderten Exemplare.

Während dieses Verschwinden der Bücher in der Literatur noch metaphorischen Charakter hat, setzt gleichzeitig mit raschem Tempo der Untergang diverser lange erprobter Buchgattungen ein. Seitdem sich in den 1970er Jahren leistungsfähige Taschenrechner durchsetzten, wurden mit den Logarithmentafeln außerordentlich anspruchsvolle Druckerzeugnisse obsolet. Etwa 350 Jahre lang waren diese Rechenhilfen beinahe unverzichtbar und stellten hohe Anforderungen an Manuskripterstellung, Satz und Druck, denn jeder Fehler im Buch konnte sich an anderer Stelle in Form falscher Berechnungen äußerst störend, ja zerstörerisch bemerkbar

---

85 Frieder Schmidt, »Neuland für die Buchgeschichte – Quellenaufbereitung im Zeitalter des WWW. Hypertext Markup Language (HTML), Standard Generalized Markup Language (SGML) und die Guidelines for Electronic Text Encoding and Interchange der Text Encoding Initiative (TEI)«, *Leipziger Jahrbuch zur Buchgeschichte* 7 (1997): 343–365.
86 Vgl. »DocBook 5. The Definitive Guide«. Online zugänglich unter http://docbook.org/tdg5/en/html/docbook.html (19. September 2011).
87 Vgl. Gerhard Frey, *Die Mathematisierung unserer Welt* (Stuttgart/Berlin/Köln/Mainz: Kohlhammer, 1961).
88 Max Frisch, *Der Mensch erscheint im Holozän*. 2. Aufl. (Frankfurt a. M.: Suhrkamp, 2011) 116.

machen. Auch Zins- und Zinseszins-Tabellen wurden durch Taschenrechner und Computer verdrängt. In der Folge verloren immer mehr solcher Bücher, die vor allem als Nachschlagewerke dienten, durch die Entwicklung von Computer und Internet an praktischer Bedeutung. Noch werden Telefonbücher produziert, aber wie viele Telefonnummern werden jetzt über Internet-Angebote ermittelt und wie viele per Blättern in diversen Stadt- und Regionalausgaben? Einige europäische Bahngesellschaften verzichten bereits seit mehreren Jahren auf den Druck eines Gesamtkursbuches und haben statt dessen ihr Internet-Angebot so ausgebaut, dass man nicht nur Verkehrsverbindungen recherchieren, sondern auch von der Wohnung, vom Büro oder von unterwegs aus Fahrkarten kaufen und Plätze reservieren kann. Ein ›EDV-Grundbuch‹ hat in den Grundbuchämtern Einzug gehalten und ersetzt die papiernen Vorgänger. Bei der Emission von Aktien gibt es kein Aktienbuch mehr, in das jedes Wertpapier einzeln eingetragen wird, auch hier haben elektronische Systeme alle grundlegenden Funktionen übernommen. Die Kassenbücher der Banken sind schon lange elektronischen Büchern gewichen.

Es ist nicht nur der staatliche, öffentliche und gewerbliche Bereich, der immer mehr auf die traditionelle ›Verbuchung‹ aller wichtigen Vorgänge in der klassischen Form verzichtet, das Gleiche ist auch im Privatleben der Bürger zu verzeichnen. Die privaten Telefonbücher sind Nummernverzeichnissen im Handyspeicher gewichen. Die persönlichen Tagebücher sind umgeformt in netzbasierte Web-Logbücher oder ›Blogs‹, die meistens öffentlich einsehbar sind und bei entsprechendem Bekanntheitsgrad Leserquoten erreichen können, die sie zu Konkurrenten journalistischer Erzeugnisse machen. Die klassische Trennung zwischen Autor und Leser wird hinfällig, die Funktionen sind tendenziell austauschbar, und die vermittelnde, steuernde und das Lektorat bzw. die Redaktion betreibende Zwischenstufe, der erfahrene und kompetente Verlag, scheint in manchen Fällen verzichtbar. Auch und gerade im Wissenschaftsbereich wird angesichts sehr teurer Zeitschriftenabonnements immer wieder hinterfragt, ob es im Webzeitalter nicht auch andere Modelle der Wissensvermittlung geben könnte.

In einem letzten Kraftakt mit beeindruckender Leistung publizierte F. A. Brockhaus in den Jahren 2006–2008 eine 30-bändige Brockhaus Enzyklopädie, die 21. Auflage einer fast 200-jährigen Erfolgsgeschichte, um wenig später die Redaktion aufzulösen und das Projekt an einen anderen Medienkonzern zu verkaufen. Durch frei zugängliche Informationssysteme und Enzyklopädien wie *Wikipedia* hat sich die Marktsituation in überschaubarer Zeit bei entsprechenden Tests sehr zugunsten von Online-Angeboten verändert, die vor allem durch einen hohen Grad an Aktualität beeindrucken.

Das Buch, der Kodex, repräsentiert nicht mehr zwingend das absolute Wissen. Vielmehr sind die vielen Bücher aus der Perspektive mancher Zeitgenossen zu einer Last angewachsen, die sich Jahr für Jahr um viele zehntausend Titel vermehrt. Das Wissen um die Menge nie gelesener Bücher, für die auch in der restlichen Lebensspanne keine Zeit mehr sein wird, evoziert Titel wie diesen: *Wie man über Bücher spricht, die man nicht gelesen hat.*[89] Der

---

89 Pierre Bayard, *Wie man über Bücher spricht, die man nicht gelesen hat*. Übers. Lis Künzli (München: Kunstmann, 2007).

mexikanische Schriftsteller Gabriel Zaid verweist auf die Hoffnung vieler Zeitgenossen, dass eine Buchveröffentlichung dem Autor »eine besondere Weihe oder gar die Unsterblichkeit zuteil« werden lasse und stellt dem – den Blick auf den Weltbuchmarkt gerichtet – die nüchterne Analyse entgegen:

> Zu Beginn des 21. Jahrhunderts werden dank dieses Schreibfurors jährlich gut eine Million Titel auf den Markt geworfen, mit Auflagen, die jeweils in die Tausende gehen. Doch kaum eines dieser Bücher wird je nachgedruckt, noch weniger werden in andere Sprachen übersetzt.[90]

Medial herrschen heute unübersichtliche Verhältnisse, zumal die zur Verfügung stehenden Datenmengen exponentiell wachsen. In einer *Spiegel*-Anzeige für das Buch *Was wir heute wissen müssen. Von der Informationsflut zum Bildungsgut* heißt es recht zutreffend:

> Von Bibliotheken bis zum Internet, vom Fernsehen bis zum Hörbuch, von Studienreisen bis zu Science-Centern – das Bildungsangebot im 21. Jahrhundert ist unüberschaubar groß geworden. Doch welches Wissen ist wirklich wichtig?[91]

Haben die Bücher und die sie beherbergenden Bibliotheken noch eine herausragende Funktion? Gewiss, endlich kann man Bücher lesen, ohne sie verehren zu müssen, ohne sie fürchten zu müssen. Und was bewirkt dieses Lesen?

> Wenn wir hundert, tausend, ja zehntausend Bücher in unserem Leben gelesen haben, was haben wir dann schon gelesen? Nichts. […] Ist das aber nicht genau das, was uns diese unermessliche Zahl von Büchern lehren soll? Unser Nichtwissen anzunehmen und nicht mehr dumm dumm durch die Welt zu gehen, sondern wissentlich dumm?[92]

3. Fazit

Unsere Welt ist voller schöner, guter und interessanter Bücher, Lesen ist für viele Menschen ein Vergnügen, ein Bedürfnis, ein Gewinn, ein Erlebnis, eine Sucht. Doch dies darf nicht darüber hinweg täuschen, dass das Buch seine kulturell dominante Stellung nicht mehr innehat. Mediengeschichtlich basierte Buchgeschichtsforschung muss diese in Folge der digitalen Revolution eingetretene Relativierung der Stellung von Buch bzw. Kodex akzeptieren, wenn sie kritische Wissenschaft sein und bleiben will.

---

90 Gabriel Zaid, *So viele Bücher. Erstaunliches, Kurioses und Nachdenkliches rund ums Lesen*. Übers. Jürgen Neubauer (Frankfurt a. M./New York: Campus, 2003) 7.
91 Vgl. *Der Spiegel* 24 (2011): 43.
92 Gabriel Zaid, *So viele Bücher. Erstaunliches, Kurioses und Nachdenkliches rund ums Lesen* (2003) 22.

Philosophie der Digitalisierung –
Digitalisierung der Philosophie

Stefan Münker

Musikwissenschaft und Medienwissenschaft, Humboldt Universität Berlin

Die Philosophie ist eine schon recht betagte, ehrwürdige Dame. Die Digitalisierung ist dagegen ein immer noch junges Ding. Die Philosophie hat schon viel erlebt, und vieles und viele überlebt, das hat sie auch. Die Digitalisierung hingegen steht erst am Anfang – aber das mit Kraft und voller Tatendrang, zweifellos; und dass auch sie vieles überleben wird, was ihr in den Weg kommt oder in denselben sich stellt, das steht außer Frage. Ebenso fraglos aber ist auch dies: Die Digitalisierung wird ihren Weg zu Ende gehen, und nach ihrem Ende wird etwas anderes kommen. Dann wird nach der Digitalisierung kein Hahn mehr krähen. Die Philosophie wird es dann allerdings immer noch geben. Und das ist keine Prophezeiung, sondern ein Kommentar zur Bedeutung der Begriffe ›Philosophie‹ und ›Digitalisierung‹.

Wenn es nun auf den folgenden Seiten um die Philosophie der Digitalisierung und die Digitalisierung der Philosophie gehen wird, dann werde ich dies auch im Weiteren im Wesentlichen im Sinne eines Kommentars zur Bedeutung der beiden zu verhandelnden Begriffe tun, der ihre Konstellationen ein wenig zu erläutern versucht. Am Ende werde ich, wenn auch nur kurz, danach fragen, ob es bei den beiden so grundsätzlich unterschiedlichen Begriffen ›Philosophie‹ und ›Digitalisierung‹ irgendeinen Grund geben mag, der ihre Konstellation als Vexierbild erscheinen lassen könnte.

Die Philosophie ist ein Unternehmen, dem es immer schon im Grunde nur um eines geht: Begriffe zu klären, ihre Bedeutung zu hinterfragen, ihren Sinn zu problematisieren – auf dass wir am Ende uns und die Welt, in der wir leben, möglichst ein wenig besser verstehen. Um das sinnvoll leisten zu können, muss man immer wieder ganz klein und sehr weit vorn beginnen. Wie weit vorn, ist nicht immer klar – denn, so Wittgenstein: »Es ist schwer, am Anfang anzufangen. Und nicht zu versuchen, weiter zurück zu gehen.«[1] Ich aber fange nun noch einmal von vorn an – mit einigen kurzen und allgemeinen Anmerkungen zum Begriff der Digitalisierung.

Die Digitalisierung ist ein technischer Prozess – und ein kulturelles Phänomen. Auf der technischen Seite meint Digitalisierung zunächst nichts anderes als die Übersetzung einer beliebigen analogen Größe in einen digitalen Datensatz. Entscheidend ist hier das Wörtchen ›beliebig‹ – denn der Übersetzungsmaschine ist es egal, ob es sich um Buchstaben, Ziffern,

---

1 Ludwig Wittgenstein, *Über Gewißheit*. Hrsg. Gertrud E. M. Anscombe und Georg H. von Wright. 11. Aufl. (Frankfurt a. M.: Suhrkamp, 1970) 123, § 471.

Bilder oder Töne handelt. Die mesopotamische Keilschrift, die Fresken Giottos, Heisenbergs Unschärferelation, Glenn Goulds Einspielungen der Goldberg-Variationen oder der letzte Film von Quentin Tarantino – alles, was sich analog darstellen lässt, findet sich nach der Konvertierung transformiert in die digitale Universalsprache des binären Codes. Und es ist, nebenbei bemerkt, nicht ohne Ironie, dass der Barockphilosoph Gottfried Wilhelm Leibniz (1646–1716), der das duale Zahlensystem 1679 entwickelt hat, eine ähnlich universale Sprache (die *characteristica universalis*) gesucht – aber eben nicht gefunden hat.

Die Digitalisierung ist der moderne König Midas. Dabei ist das duale Zahlensystem nur die Voraussetzung der Digitalisierung; erst die Erfindung elektronischer Maschinen zur Prozessierung des Binärcodes setzte Mitte des vergangenen Jahrhunderts ihren bislang unaufhaltsamen Siegeszug in Gang. Die Verschaltung der digitalen Computer mit der Technik der Telekommunikation hat diesen Siegeszug in den letzten Jahrzehnten mit dem Internet zu einem vorläufigen Höhepunkt geführt.

Aus dessen Perspektive erscheint der technische Prozess der Digitalisierung als ein umfassendes kulturelles Phänomen: Längst hat der ›digital turn‹ in Umfang und Geschwindigkeit vorangegangene Umbrüche wie die Erfindung des Buchdrucks oder die industrielle Revolution in den Schatten gestellt. Wissenschaftliches Arbeiten; politisches und ökonomisches Handeln; militärische Operationen und technische Produktionen; Kunst, Medien, Entertainment und Sport – kein gesellschaftliches Subsystem, das nicht längst von den zumeist unsichtbaren Rechenoperationen und Programmabläufen der digitalen Apparaturen abhängig wäre. Schreibmaschinen hingegen sind so gut wie ausgestorben, die analoge Fotografie ist nur noch ein Nischenphänomen, und Sie werden lange suchen müssen, um einen Supermarkt ohne Scannerkasse zu finden oder einen Neuwagen ohne Bordcomputer.

Diese Abhängigkeit fordert ihren Tribut. Dabei entspricht es der Logik des ›digital turn‹, dass sein Erfolg zugleich die Selektionskriterien unserer global gewordenen Informationsgesellschaften definiert. Denn so sehr gilt, dass sich alles, was wir analog erstellen, speichern und kommunizieren können, ins Digitale transformieren lässt, so sehr gilt auch umgekehrt, dass nur, was sich in binäre Dateien übersetzen lässt, in die Handlungs- und Kommunikationszusammenhänge der digital integrierten Welt Eingang findet. Und es gilt natürlich auch, dass nur, wer über die entsprechenden materiellen (technischen wie ökonomischen) Voraussetzungen verfügt, als handelnder und kommunizierender Akteur die Zukunft dieser Welt mit gestalten kann.

Eins oder Null, in oder out – das Prinzip der strikten Differenzierung bestimmt die digitale Praxis eben nicht nur auf der Ebene ihrer technischen Codierung, sondern auch in ihren kulturellen und sozialen Implikationen. Schon deswegen muss ihre kritische Reflexion ein integraler Bestandteil der auf unabsehbare Zeit fortschreitenden Digitalisierung bleiben.

Der Beitrag, den die Philosophie hierzu leisten kann, ist ein doppelter. Die Philosophie kann zum einen – gewissermaßen als Teil der theoretischen ›Digitalisierungsfolgenabschätzung‹ – dabei helfen, bestimmte *Konsequenzen der Digitalisierung* besser zu verstehen. Die

Philosophie kann zum anderen aber auch dazu beitragen, den Prozess der *Digitalisierung selbst* in einigen seiner Aspekte besser zu verstehen.

Lassen Sie mich diese beiden Punkte kurz erläutern. Die Konsequenzen, die der Prozess der Digitalisierung mit sich bringt, sind bekanntermaßen ebenso vielfältig wie unterschiedlich. Nehmen Sie den Sektor der Ökonomie, wo digitalisierte Produktions- und Distributionsprozesse einen Rationalisierungsschub bewirkt haben, wie zuletzt die industrielle Revolution – während der Börsenmarkt sich der Partizipation privater Hobbybroker geöffnet hat, die abends vorm Schlafengehen am Laptop ihre Bestände aktualisieren, und das Internet (Stichwort: ›Long Tail‹) sich zugleich auch als Marktplatz für früher dem Markt inkommensurable Nischenprodukte entwickelt hat. Oder denken Sie an den Bereich der Medizin und die feindiagnostischen Möglichkeiten, welche wir der Computertomographie verdanken – oder die therapeutischen Optionen, welche wiederum netzbasierte telechirurgische Praktiken eröffnen! Die Doppelhelix unserer DNA haben Francis Crick und James Watson noch ohne digitale Unterstützung entdeckt; die Dechiffrierungserfolge des *Human Genom Projects* wären ohne Computer schlicht undenkbar gewesen.

Die Bilder unseres innersten Selbst, welche die Hirnforschung und ihre bildgebenden Verfahren uns als Spiegel vorhalten ebenso wie die Bilder unserer fernsten Umwelt, die wir der Astrophysik und ihren Teleskopen verdanken, sind Bilder, die wir einzig der Rechenleistung digitaler Maschinen verdanken. Wer glaubt, er sähe im Scan seines Hirns sein Hirn oder in der Visualisierung eines schwarzen Lochs ein schwarzes Loch, der ist der Suggestion digitaler Bildlichkeit schon auf den Leim gegangen. Wer hingegen einerseits differenziert zwischen dem Bild, welches ein Computerprogramm regelgeleitet aus dem Input nicht visueller Daten errechnet und uns präsentiert und andererseits der Idee der Anschauung der Sache selbst – der betreibt bereits Philosophie, und zwar als Kritik digitaler Bildlichkeit. (Und er täte dies übrigens in klarer Fortsetzung der Erkenntniskritik Kants.)

Der Kern dieser Kritik wäre natürlich eine Klärung des Begriffs des Bildes – als Auseinandersetzung mit der Frage, wie sich unser Verständnis von Bildern, und vor allem der Bildlichkeit an sich, aufgrund der Möglichkeiten digitaler Bilderproduktion und Bilderverarbeitung geändert hat oder erst noch ändern muss. Das aber zeigt exemplarisch, was eine Philosophie der Digitalisierung leisten kann: Philosophie ist nie etwas anderes als eine Tätigkeit der theoretischen Auseinandersetzung mit bestimmten Arten von Begriffen. Einige der Begriffe, mit denen die Philosophie es seit je her immer wieder zu tun hat, erfahren nun durch die Digitalisierung eine mehr oder weniger starke Verschiebung ihrer Bedeutung. Die Philosophie der Digitalisierung im ersten skizzierten Sinn, nämlich als Hilfe zum Verständnis von Konsequenzen der Digitalisierung, ist genau dies: eine Auseinandersetzung mit jenen Begriffen, deren Sinn und Bedeutung aufgrund der Digitalisierung unserer Lebenswelt zumindest fragwürdig und reflexionsbedürftig geworden sind.

Wenn die Tagung, der sich dieser Text verdankt, im Titel die ›Digitale Bibliothek‹ als Phantom gejagt hat, so ist das Phantomhafte dieser ›Digitalen Bibliothek‹ ja nicht nur, dass unklar ist, wie viel der alten, analogen Bestände in ihr aufgehoben werden können und welche analogen Leichen am Ende durch die Keller der nächsten Generation von Bibliothek noch spuken, ohne je wieder auftauchen zu können (und das schon, weil kein verfügbares Ordnungssystem sie noch erfassen könnte!). Zumindest Züge des Phantomhaften bekommt derzeit auch unsere Idee des Wissens selber – weil diese Idee im Wandel ist, weil wir unter ›Wissen‹ aus verschiedenen Gründen heute nicht mehr dasselbe verstehen, wie noch vor zehn Jahren.

Einer der Gründe heißt *Wikipedia*.[2] Die Entstehung von *Wikipedia* ist eine Konsequenz der kulturellen Aneignung von Möglichkeiten, welche einzig und allein die Verschaltung der digitalen Rechner zum globalen Computernetzwerk des Internets eröffnet hat. Der Erfolg von *Wikipedia* ist beispiellos – in den nur neun Jahren ihrer Existenz ist sie zu einer Enzyklopädie mit weltweit mehr als 16 Mio. Artikeln gewachsen, von denen allein in der englischsprachigen Ausgabe knapp 3,5 Mio. versammelt sind. Dieser Erfolg wiederum hat seinerseits dazu beigetragen, dass sich zumindest das alltagssprachliche Verständnis von ›Wissen‹ gravierend verändert hat. Eine solche Veränderung eines so elementaren Begriffs ist natürlich ein Fall für die Philosophie. Schauen wir uns das also noch einmal genauer an.

Wir wissen zum einen schon relativ lange recht genau, was wir unter ›Wissen‹ verstehen: Wissen ist, im Gegensatz zum bloßen Glauben etwa, eine Überzeugung, die ich mit nachvollziehbaren Gründen belegen kann; in Platons Theater heißt es, Wissen sei gerechtfertigte Meinung. Dass die Differenz von Wissen und Meinung, von ›episteme‹ und ›doxa‹, wie es bei den Griechen heißt, sinnvoll ist und zu einem besseren Verständnis von Wissen beiträgt, darüber sind sich wohl alle einig. Über die Frage, was nachvollziehbare Gründe sind oder wie Meinungen gerechtfertigt werden müssen, um keine bloßen Meinungen zu bleiben, sondern akzeptiertes Wissen zu werden, gehen die Ansichten (wie sollte es anders sein) weit auseinander. Dabei spielen historische Veränderungen unserer epistemologischen Rahmenüberzeugungen eine große Rolle – die selber wiederum immer auch an mediale Entwicklungen gekoppelt sind. Denken Sie nur an ein Projekt wie das der Entstehung der großen Enzyklopädien! Führende Intellektuelle schließen sich Ende des 18. Jahrhunderts zusammen, um das Wissen der Menschheit zwischen Buchdeckeln zu sammeln, zu organisieren, mit Querverweisen zu versehen und vor allem: der Welt der Leser zur Verfügung zu stellen. Das Projekt ist so erfolgreich, dass es über Jahrhunderte maßgeblich unser Verständnis des Begriffs ›Wissen‹ prägt: Wenn ich etwas wissen wollte, dann schaute ich eben in einer der großen Enzyklopädien nach, im *Brockhaus*, in *Meyers Lexikon,* in der *Encyclopaedia Britannica*. Was hier an Informationen versammelt war, galt als ›Wissen‹; und es galt *deswegen* als ›Wissen‹, weil der dahinter liegende Prozess der Absicherung durch eine eher kleine Gruppe von Experten für alle verbindlich die Demarkationslinie zwischen objektiv begründetem Wissen und bloß subjektiver Meinung definiert hat. Eben das aber ändert sich durch den Erfolg von *Wikipedia*: Für sehr viele sind mittlerweile die durch den strengen Filter des Expertentums generierten Wissensbestände traditioneller Informationssammlungen, wie

---

2 Zu meinen Ausführungen zur *Wikipedia* vgl. Stefan Münker, *Emergenz digitaler Öffentlichkeiten. Die Sozialen Medien des Web 2.0* (Frankfurt a. M.: Suhrkamp, 2009) 95–102.

die klassischen Enzyklopädien, nicht mehr das primäre Referenzobjekt – stattdessen gilt: Wenn wir etwas wissen wollen, schauen wir einfach nach, was *Wikipedia* dazu sagt. Obwohl die Online-Enzyklopädie selber ausdrücklich davor warnt, als Quelle in wissenschaftlichen Kontexten verwendet zu werden, gleicht der Anspruch, den *Wikipedia* erhebt, dem Anspruch der französischen Enzyklopädisten durchaus. Ihr Ziel, so Jimmy Wales, ist es, »jeder einzelnen Person auf dem Planeten freien Zugang zur Summe allen menschlichen Wissens«[3] zu eröffnen. Der Wissensbegriff allerdings, für den *Wikipedia* steht, hat mit dem Wissensbegriff, den wir alle als Kinder der wissenschaftlichen Neuzeit und der Aufklärung gelernt haben, wenig zu tun. Wenn der durch die veränderte Mediennutzung angeregte Trend stabil bleibt – und es spricht derzeit alles dafür und nichts dagegen – dann stellen wir unsere Wissensfragen in Zukunft eben zunehmend weniger, wenn überhaupt, an die enzyklopädischen Elitemedien der Buchdruckkultur, sondern überantworten sie vielmehr der Schwarmintelligenz der digitalen Netzkultur und ihrer Effekte. Unser Begriff des ›Wissens‹ aber ist dann nicht länger durch den Bezug auf eine relativ kleine Klasse von ausgewiesenen Experten geprägt; ›Wissen‹ ist dann vielmehr zu verstehen als Resultat der vernetzten Kollaboration eines zunehmend großen Kreises von engagierten Amateuren, deren weitgehende Anonymität jegliche Rückschlüsse auf ihre Kompetenz verbietet.

Der amerikanische Soziologe und Journalist James Surowiecki hat das Prinzip der kollektiven Intelligenz auf die Formel ›Weisheit der Vielen‹[4] gebracht. Wer zwischen der kollaborativen Wissensproduktion im Netz und dem Expertenwissen der Bücher einen klaren Gegensatz sieht, für den gilt: Die ›Weisheit der Vielen‹ triumphiert im Web 2.0 über das Wissen der Eliten. So hat der Berliner Philosoph und Medienwissenschaftler Norbert Bolz ganz im Sinne einer solchen Gegenüberstellung das von ›Wikis‹ erzeugte Wissen als die neue, gegenwärtige Form der ›doxa‹ beschrieben, die für Experten zu einer Herausforderung geworden sei.[5] Klassische Wahrheitskriterien, so Bolz, ließen sich an Projekte wie *Wikipedia* nicht herantragen – im Web 2.0 trete der Wunsch nach Authentizität an die Stelle des Anspruchs auf Objektivität. Tatsächlich allerdings sind die Dinge etwas komplizierter – und der Blick auf die ›wikibasierte‹ Wissensproduktion dekonstruiert gewissermaßen im Rückspiegel unseren expertenbasierten Wissensbegriff als Ideologie von Eliten. ›Wissen‹ ist nämlich immer schon ein Resultat kollaborativer Prozesse der Informationssammlung und -verarbeitung – und war auch in der Zeit vor der digitalen Vernetzung keineswegs schlicht das Produkt der schärferen

---

3 »Imagine a world in which every single person on the planet is given free access to the sum of all human knowledge. That's what we're doing.«, so Jimmy Wales in seinem Vorwort zu Andrew Lih, *The Wikipedia Revolution. How a Bunch of Nobodies Created the World's Greatest Encyclopedia* (New York: Hyperion, 2009) XV.
4 Vgl. James Surowiecki, *Die Weisheit der Vielen. Warum Gruppen klüger sind als Einzelne*. Übers. Gerhard Beckmann (Gütersloh: Bertelsmann, 2005).
5 Norbert Bolz, »Studieren 2.0«, Keynote beim Kongress der Gesellschaft für Medien in der Wissenschaft e. V. *Studieren neu erfinden, Hochschule neu denken*, gehalten am 12. September 2007 in Hamburg. Online zugänglich unter http://www.podcampus.de/node/796 (22. Februar 2008).

Erkenntnisfähigkeit Einzelner! Demütig hatte schon Goethe Eckermann gegenüber bekannt: »Man spricht immer von Originalität, allein was will das sagen! [...] Wenn ich sagen könnte, was ich alles großen Vorgängern und Mitlebenden schuldig geworden bin, so bliebe nicht viel übrig.«[6] Die vermeintlich neue Einsicht, dass »Gruppen klüger sind als Einzelne«[7], wie Surowieckis Bestseller im Untertitel heißt, ist in Wahrheit ein alter Hut, den es freilich immer wieder einmal hervor zu holen gilt: Ein Mensch allein kann nicht klüger werden; soziale Intelligenz ist die einzige, die wir kennen – und das Ich, das wir einzeln je sind, ist im Grunde immer schon ein Netzeffekt.[8] »Im Grunde«, so noch einmal Goethe, »sind wir alle kollektive Wesen«.[9] Rückkehrschlüsse freilich sind hier nicht erlaubt; wie George Dyson so schön sagt: »Alle Intelligenz ist kollektiv. Aber [...] das bedeutet nicht, dass alle Kollektive auch intelligent sind.«[10]

Das Kollektiv, das hinter der *Wikipedia* steht, ist keine homogene Gruppe. Ihre Autoren sind zwar allesamt Dilettanten im besten Wortsinne – was aber nicht bedeutet, dass sie für ihre Artikel nicht zugleich qua Profession ausgewiesene Experten sein können. Die eigentliche Pointe an dieser Stelle lautet: Die Gegenüberstellung von Experten hier und Laien dort ist im Kontext der *Wikipedia* schlicht falsch. Damit aber ist das Projekt *Wikipedia* exemplarisch für eine Tendenz, die sich in den digitalen Öffentlichkeiten des Internets an vielen Stellen zeigt – die Tendenz der Nivellierung tradierter Differenzen durch die Vermischung unterschiedlichster Sphären und Bereiche. Denken Sie nur, ohne dass ich das jetzt weiter ausführen will, an die Begriffspaare ›privat/öffentlich‹ oder ›Autor/Leser‹![11]

Mit diesem kulturellen Effekt der Digitalisierung korrespondiert eine medientechnische Eigenschaft digitaler Maschinen selbst: Weil der digitale Code keinen Unterschied zwischen Texten, Bildern oder Tönen kennt, trägt die digitale Medialität die Signatur einer intrinsischen Intermedialität. Und auch das hat Folgen!

In Zeiten analoger Techniken waren mediale Differenzen mitverantwortlich für die Differenzierung kategorial verschiedener Wissensgebiete, die ihrerseits eigene, medienspezifische Formen der Rationalität ausgebildet haben. Das Wissen von Texten und die Logik der Schrift sind eben etwas grundsätzlich anderes als das Wissen von Bildern oder die Logik der Musik!

---

6 Johann Wolfgang Goethe am 12. Mai 1825 im Gespräch mit Johann Peter Eckermann, zitiert nach: Johann Wolfgang Goethe, *Gedenkausgabe der Werke, Briefe und Gespräche*. 24 Bde., Bd. 24: Gespräche mit Eckermann. Hrsg. Ernst Beutler (Zürich: Artemis, 1948) 158–159.
7 James Surowiecki, *Die Weisheit der Vielen. Warum Gruppen klüger sind als Einzelne* (2005).
8 Vgl. hierzu ausführlich Stefan Münker, »Ich als Netzeffekt. Zur Konstitution von Identität als Prozess virtueller Welterschließung«, *Netzwerke. Eine Kulturtechnik der Moderne*. Hrsg. Hartmut Böhme, Jürgen Barkhoff und Jeanne Riou (Köln: Böhlau, 2004) 335–349.
9 Goethe am 17. Februar 1832 zu Friedrich Soret, in der zitierten Ausgabe 767.
10 »All intelligence is collective. But [...] that does not mean that all collectives are intelligent.« So George Dyson in seinem Kommentar zum Artikel »Digital Maoism: The Hazards of the New Online Collectivism« im Blog *The Edge* (26. März 2009), http://www.edge.org/discourse/digital_maoism.html (19. September 2011).
11 Vgl. hierzu Stefan Münker, *Emergenz digitaler Öffentlichkeiten* (2009) 115–120.

Und ästhetische Formen der Rationalität sind keineswegs übersetzbar in Formeln wissenschaftlicher Vernunft (jene sind mit dieser zum Teil ja nicht einmal erklärbar). Im Zeitalter digitaler Rechner nun sind solche medienspezifischen Differenzierungen technisch nicht länger zwingend. Ja, es stellt sich die Frage, ob sie überhaupt noch sinnvoll sind: Brauchen wir nicht vielmehr eine dem Stand der Technik entsprechende, intermedial operierende Form von Rationalität? Und müssen wir die Karte vom Reich des ›Wissens‹, das nach medialen Kategorien und den entsprechenden symbolischen Ordnungen aufgeteilt ist, neu zeichnen? Werden wir am Ende gar Zeugen der Entstehung neuer Formen des Denkens?

Lassen Sie mich diesen letzten Aspekt an einem weiteren aktuellen Beispiel verdeutlichen – der Frage nämlich, ob, und wenn ja, wie das Internet unsere Art und Weise zu denken verändert. Tatsächlich wird diese Frage gegenwärtig viel diskutiert. So hat der amerikanische Literaturagent John Brockmann die Frage »How Is the Internet Changing the Way You Think?« zur ›Annual Question 2010‹ seines Blogs *The Edge* ausgerufen – und als Antwort 172 Essays von renommierten Autoren versammelt, darunter etwa Richard Dawkins, Daniel Dennett und Sherry Turkle.[12] Während die Meisten glauben, dass das Netz uns im Laufe der Zeit eher klüger machen wird, macht manch Anderer sich große Sorgen.

Unter dem Titel *Is Google Making Us Stupid?* hat der amerikanische Autor Nicholas Carr (auch er in *The Edge* dabei) im Sommer 2008 einen Artikel veröffentlicht, der mit der These, dass das Internet uns dumm mache, die Debatte überhaupt erst angestoßen hat.[13] Carr hat seinen Artikel mittlerweile zu einem kürzlich auf Deutsch erschienenen Buch verlängert.[14] Und Frank Schirrmacher, der Carrs Thesen in seinem Bestseller *Payback* aufgenommen hat, geht noch einen Schritt weiter – er befürchtet, das digitale Netz nimmt uns in Zukunft erst das Denken und dann die Macht ab: »Wir werden das selbstständige Denken verlernen«, prophezeit er, und »wir werden uns in fast allen Bereichen der autoritären Herrschaft der Maschinen unterwerfen.«[15] Den Grund dafür sehen Schirrmacher wie Carr in der Beobachtung, dass die schiere Menge und das rasante Wachsen der im Netz verfügbaren Daten unsere Aufmerksamkeitsressourcen heillos überforderten – und wir gar nicht anders könnten, als uns zur Orientierung auf die Softwareagenten und digitalen Roboter der Ordnungsprogramme des Internets zu verlassen. Damit aber, so die entscheidende These, erlebten wir eine Externalisierung des Denkens, das sich fortan außerhalb unsere Gehirne als algorithmengesteuerter Prozess in der ›Cloud‹ abspiele.

---

12 Vgl. »The World Question Center«, Blog *The Edge,* http://www.edge.org/q2010/q10_index.html (27. April 2011).

13 Nicholas Carr, »Is Google Making Us Stupid? What the Internet is Doing to Our Brain?«, *The Atlantic Magazine* (Juli/August 2008), http://www.theatlantic.com/magazine/archive/2008/07/is-google-making-us stupid/6868/ (27. April 2011).

14 Nicholas Carr, *Wer bin ich, wenn ich online bin, und was macht mein Gehirn solange? Wie das Internet unser Denken verändert.* Übers. Henning Dedekind (München: Blessing, 2010).

15 Frank Schirrmacher, *Payback. Warum wir im Informationszeitalter gezwungen sind zu tun, was wir nicht tun wollen, und wie wir die Kontrolle über unser Denken zurückgewinnen* (München: Blessing, 2009) 20.

In dieser Kritik am digitalen Netz und seinen Programmen tauchen zahlreiche Argumente auf, die wir bereits kennen. Aus der Debatte um die künstliche Intelligenz in den 1970er und 1980er Jahren etwa, aber auch schon aus den Automatendiskursen des 18. Jahrhunderts, wo es auf unterschiedliche Weise jeweils um die Frage ging, inwieweit technische Apparaturen tatsächliche menschliche Eigenschaften annehmen können. Auch das kritische Argument selber kennen wir schon lange – viele Szenarien der vermeintlichen Ersetzung und Unterwerfung durch Medien folgen seit Platons Schriftkritik der gleichen, schlichten Logik: Was das Medium kann, brauchen wir nicht mehr zu machen; wenn wir es aber lassen, verlieren wir am Ende die Fähigkeit, es überhaupt noch zu tun. Neu ist an Carrs und Schirrmachers Version, dass es nicht um einzelne Fähigkeiten geht, die wir an Medien delegieren – sondern um das Denken an sich und als solches und die Möglichkeit, dass es unserer Verfügbarkeit möglicherweise entschwindet.

Ganz neu ist dieses Szenario nun freilich auch wieder nicht. Zumindest angedacht hat die Situation bereits Martin Heidegger, als er das Ende der Philosophie angesichts der unterstellten Vorherrschaft des kybernetisch-kalkulierenden Denkens der Technik beschrieben hat:

> Das Ende der Philosophie zeigt sich als der Triumph der steuerbaren Einrichtung einer wissenschaftlich-technischen Welt und der dieser Welt gemäßen Gesellschaftsordnung. Ende der Philosophie heißt: Beginn der im abendländisch-europäischen Denken gegründeten Weltzivilisation.[16]

Friedrich Kittler hat im Zusammenhang mit seiner Interpretation dieser Stelle darauf verwiesen, dass Heideggers hier angelegte kybernetische Theorie der Globalisierung ein Resultat von Heideggers zumindest impliziter Einsicht sei, dass in der Ära digitaler Maschinen an die Stelle vorstellender und kommunizierender Subjekte die digitale Schaltung getreten sei, die Informationen nicht länger zwischen Menschen, sondern zwischen Maschinen überträgt.[17] Ich komme gleich noch einmal darauf zurück. Jetzt will ich erst noch einmal den Blick allgemeiner auf das Verhältnis von Medien und Denken lenken.

Mit dem Denken und den Medien, da sage ich Ihnen nichts Neues, ist es eine schwierige Angelegenheit. Dabei ist es eine Sache, darauf hinzuweisen, dass Medien unser Denken beeinflussen – und es ist eine ganz andere Sache, zu behaupten, dass Medien uns das Denken abnehmen. Jener Hinweis – lange vor aller Medientheorie schon formuliert in Nietzsches berühmt gewordener Formulierung: »das Schreibzeug arbeitet mit an unseren Gedanken«[18] – ist, nach

---

16 Martin Heidegger, »Das Ende der Philosophie und die Aufgabe des Denkens«, *Zur Sache des Denkens* (Tübingen: Niemeyer, 1969) 61–80, 65.

17 Friedrich Kittler, »Martin Heidegger, Medien und die Götter Griechenlands«, *Philosophie in der Medientheorie. Von Adorno bis Žižek*. Hrsg. Alexander Roesler und Bernd Stiegler (München: Fink, 2008) 133–143, 139.

18 Friedrich Nietzsche in einem Brief an seinen Sekretär Heinrich Köselitz alias Peter Gast, zitiert nach: Friedrich Nietzsche, *Sämtliche Briefe. Kritische Studienausgabe in 8 Bänden*. Bd. 6: Januar 1880 – Dezember 1884. Hrsg. Giorgio Colli und Mazzino Montinari (Berlin/New York: De Gruyter, 1986) 172. Vgl. hierzu auch Kittlers Interpretation in Friedrich Kittler, *Grammophon, Film, Typewriter* (Berlin: Brinkmann & Bose, 1986) 293–305. Nietzsches mit seiner ›Schreibkugel‹ verfassten Texte sind mittlerweile gesammelt

einigen Umwegen und gegen manche Widerstände, mittlerweile nicht nur unter Medienwissenschaftlern ›common sense‹ – und die Diskussion dreht sich lediglich darum, wie weit dieser Einfluss geht und ob er begrüßenswert oder beklagenswert ist.

Die Rede von denkenden Maschinen hingegen bleibt, wenngleich nicht ungewöhnlich, so doch umstritten. Und das, wie mir scheint, mit guten Gründen.

Einer davon lautet: Wir investieren zwar viel Geld in die Erforschung der Vorgänge in unserem Gehirn – wie genau das funktioniert, was wir ›Denken‹ nennen, können uns gleichwohl selbst die Neurowissenschaftler nicht endgültig erklären. Demgegenüber wissen wir ziemlich genau, was geschieht, wenn Computer arbeiten: Sie exekutieren Befehle. Digitale Maschinen prozessieren Zeichenfolgen nach strikten Regeln, niedergelegt in den Codes der Programme, die wir ihnen schreiben. So ausgereift die Software des Netzes und so komplex ihre Algorithmen auch sein mögen – sie verketten lediglich binäre Differenzen, denen ohne uns der Status signifikanter Informationen, und das heißt: irgendeine Form von Sinn, erst gar nicht zukommt. So viele Daten die ›Cloud‹ auch enthalten mag – Bedeutung erhalten sie erst und nur, wenn User mit ihnen interagieren. Erst durch solche Interaktionen werden Daten zu Informationen – was, nebenbei, die philosophische Erbsünde der Informatik benennt, der wir schließlich die gänzlich irreführende Beschreibung von Computern als informationsverarbeitenden Maschinen verdanken.

Die Konsequenz daraus lautet: Wer denken nennt, was Computer tun, der sagt weniger über Computer als über sein Menschenbild. Er muss nämlich den Begriff des Denkens reduktionistisch verkürzen – und mit Julien Offray de La Mettrie[19] und den heutigen Biotechnokraten die Vorgänge im Gehirn als maschinelle beschreiben. (Bei Schirrmacher steht übrigens konsequenterweise gleich zu Beginn des Buchs Marvin Minsky Pate mit seiner These, das Hirn sei nichts anderes als eine Fleisch-Maschine.[20])

Eine Philosophie der Digitalisierung müsste an dieser Stelle einsetzen, und gegen den technokratischen Reduktionismus die Frage nach dem ›Denken‹ im Zeitalter digitaler Medien gänzlich neu stellen. Z. B. als Untersuchung der ja richtig beobachteten Tatsache, dass wir mit einer strukturellen Vorgängigkeit vermeintlicher Sinnproduktion durch Medien konfrontiert werden, mit der umzugehen wir erst noch lernen müssen. Aber eben auch als theoretische Reflexion der Frage, ob wir unter dem Einfluss der Digitalisierung eventuell anders denken als zuvor – die Bedeutung des Begriffs ›Denkens‹ mithin im Wandel ist. Der Begriff des ›Denkens‹, um den es dabei geht, ist allerdings für die Philosophie kein Gegenstand wie andere – seine Erörterung betrifft die Philosophie selbst.

An dieser Stelle stößt nun tatsächlich die Philosophie der Digitalisierung auf das Problem der Digitalisierung der Philosophie: Auch die Rede von der Digitalisierung der Philosophie

---

erschienen unter dem Titel *Friedrich Nietzsche: Schreibmaschinentexte*. Hrsg. Stephan Güntzel und Rüdiger Schmidt-Grépály (Weimar: Verlag der Bauhaus Universität, 2002).

19 Julien Offray de La Mettrie, *L'homme machine* (Leyde, 1748).
20 Zu seinen Konzepten von Geist und Intelligenz vgl. Marvin Minsky, *The Society of Mind* (New York: Simon & Schuster, 1988).

kann zweierlei bedeuten. Zum einen kann es um die Digitalisierung des philosophischen Wissens (im Sinne der analogen Textbestände der philosophischen Tradition) gehen, zum anderen um die Digitalisierung des Philosophierens selbst (im Sinne der Praxis theoretischer Reflexion bestimmter nicht-empirischer, abstrakt-begrifflicher Fragestellungen). Im Fall der Digitalisierung der philosophischen Wissensbestände sind Ausgangssituation und Ziel ebenso klar wie simpel – und wenig unterschieden von der Situation anderer Geisteswissenschaften: Die Philosophie war spätestens seit dem Schriftkritiker Platon im Wesentlichen eine Textwissenschaft, und entsprechend gibt es große Mengen analoger Texte, die allesamt digitalisiert werden. Die Probleme, die sich beispielsweise bei der Digitalisierung der *Dialoge* Platons oder der *Gesammelten Werke* Hegels eventuell ergeben, sind allerdings keine spezifisch philosophischen – sieht man von der allgemeinen Frage nach dem Status von digitalen Texten und in digitalen Texten gespeichertem Wissen einmal ab, deren Reflexion freilich nicht nur für den Prozess der Digitalisierung philosophischer Texte, sondern sämtlicher analoger Schriften relevant ist.

Ganz anders ist es mit dem Phänomen der Digitalisierung des Philosophierens – und das schon deshalb, weil keineswegs klar ist, ob es dieses Phänomen überhaupt gibt oder geben kann! Das Philosophieren zu digitalisieren müsste ja bedeuten, dass der Reflexionsprozess, den Philosophen vollziehen, wenn sie ihre Profession ausüben, entweder in einem erheblichen Ausmaß an digitale Maschinen delegiert werden könnte – oder aber, dass dieser Reflexionsprozess selber nicht länger analog, sondern digital vollzogen würde. Nun gibt es Wissenschaften, in denen Computer mittlerweile tatsächlich einen beträchtlichen Anteil am Forschungsertrag haben – ich habe eingangs einige Beispiele genannt; und es ließen sich mühelos andere hinzufügen. Klar ist, dass es Bereiche vor allem in den Natur- und Ingenieurwissenschaften, aber auch in Medizin oder Mathematik gibt, in denen die Rede von einer Digitalisierung der jeweiligen Disziplin durchaus sinnvoll ist. Im Fall der Philosophie nun ist das etwas komplizierter – und das schon deswegen, weil in den meisten Fällen überhaupt nicht klar ist, welche Bereiche der Tätigkeit des Philosophierens überhaupt an Computer delegier*bar* sein sollten! Der Grund scheint zunächst einfach: Es gibt – mit Ausnahme spezieller Forschungen im Bereich der philosophischen Logik und eventuell noch der analytischen Sprachphilosophie – kaum philosophische Forschungsfelder, in denen sich kalkulierbare Datenanalysen isolieren ließen, welche dann an digitale Maschinen übertragen werden könnten. Philosophieren ist eben eine theoretische Reflexionstätigkeit, in der Ausübung und Gegenstand nicht voneinander getrennt werden können! Das Medium der philosophischen Praxis und das Medium ihrer Gegenstände ist immer schon nur das eine – die Sprache. »Philosophische Untersuchungen«, so Wittgenstein in gewohnt apodiktischer Manier, sind »begriffliche Untersuchungen«[21].

---

21 Ludwig Wittgenstein, »Zettel«, *Werkausgabe*. 8 Bde., Bd. 8: Bemerkungen über die Farben. Über Gewißheit. Zettel. Vermischte Bemerkungen. Hrsg. Gertrud E. M. Anscombe und Georg H. von Wright (Frankfurt a. M.: Suhrkamp, 1984) 381, § 458.

Man kann im Prozess des Philosophierens schon deswegen kaum einzelne Bestandteile isolieren, welche Computer anstelle der Philosophen bearbeiten könnten. Dann aber müsste das Phänomen einer Digitalisierung des Philosophierens tatsächlich als Konvertierung der bislang analogen philosophischen Praxis der theoretischen Reflexion begrifflicher, und das heißt: sprachlicher Probleme in eine dann digital vollzogene, sprachliche Reflexionstätigkeit beschreibbar sein. Das aber hieße am Ende nicht weniger, als das Denken selber zu digitalisieren.

An dieser Stelle nun beginnt sich mein Text im Kreis zu bewegen – und wir sehen das eingangs angekündigte Vexierbild, in dem meine Überlegungen zur Philosophie der Digitalisierung und zur Digitalisierung der Philosophie ineinander zu fließen beginnen. Denn wenn das Denken digitalisierbar wäre, müssten Computer denken können. Und ja: Es wäre ein Zeichen menschlicher Hybris, heute zu behaupten, das könnten sie nie. Doch ebenso gilt: Bei all dem, was wir gegenwärtig über unser Denkvermögen einerseits und über die Arbeitsweise von digitalen Rechnern anderseits wissen, macht die Verwendung des Begriffs des ›Denkens‹ auf die Computer schlicht keinen Sinn. (Nicht mehr jedenfalls als die Beschreibung vom Klang einer Erdbeerkonfitüre.) Die Rede von einer Digitalisierung des Philosophierens aber ist dann tatsächlich die Beschwörung eines Phantoms – das sich allerdings in Nichts auflöst, sobald wir es zu (be-)greifen versuchen.

Wenngleich für die Philosophie, wie für andere Wissenschaften, gilt, dass noch lange nicht absehbar ist, welche Konsequenzen die Digitalisierung unserer Techniken und damit unserer Kultur letztlich für sie bringen wird, so können wir doch zugleich vermelden, dass die Philosophie 50 Jahre, seit Heidegger im Beginn der digitalen Ära ihr Ende aufscheinen sah, quicklebendig ist. Und auch wenn einiges dafür spricht, dass die Philosophie von der intrinsischen Intermedialität des Digitalen lernen kann und sich anderen als schriftbasierten Rationalitäts- und Wissensformen verstärkt wird öffnen müssen – betrieben wird sie nach wie vor von Philosophen. Denn denken müssen wir weiterhin selbst.

Sind die Geisteswissenschaften digitalisierbar?

Vincent Kaufmann

MCM Institut, Universität St. Gallen

1. Ratschläge für den Nachwuchs

Ich fange mit ein paar Ratschlägen für junge Leute an, die sich für eine Professur in geisteswissenschaftlichen oder kulturwissenschaftlichen Bereichen bewerben möchten. Kommen Sie zu Ihrem Bewerbungsgespräch mit, in der linken Hand, dem Telefonbuch, und sagen Sie dazu: »Das ist mein Netzwerk«, und, in der rechten Hand, mit einem Koffer voller Geld: »Das sind die Drittmittel, die ich erworben habe.« Bücher, Publikationen? Ja, wenn Sie noch eine dritte Hand haben, wieso nicht, aber dann eher Aufsätze in englischsprachigen ›peer-reviewed Journals‹ als Monographien in Ihrer Muttersprache. Gerade aber weil es in den Geisteswissenschaften fast noch keine ›peer-reviewed Journals‹ gibt (es kommt bestimmt bald), sind eben Publikationen nicht wesentlich. Bücher, Monographien? Allmählich weiß niemand mehr, was das ist, ob es sie noch gibt oder wozu, jedenfalls nicht die Bürokraten, die eigentlich einmal unsere Kollegen waren und die jetzt für die internationalen Forschungsevaluationskriterien zuständig sind und sich zu deren Bestimmung dank EU-Geldern ein paar Mal pro Jahr in der ganzen Welt treffen – in Malta, Kopenhagen oder Ibiza war ich auch noch nie. Und wenn es sie noch gibt, die Bücher, sie werden kaum noch verkauft, und noch viel weniger gelesen.

Die durchschnittliche Leserzahl bei Aufsätzen in ›peer-reviewed Journals‹ liegt bei zwölf, habe ich gelesen. (Oder auch nur gehört? Wer liest noch?) Bei Monographien ist es wahrscheinlich noch ungefähr die Hälfte. Aber, junge Leute, das ist eigentlich eine gute Nachricht. Erstens heißt es, dass sich immerhin durchschnittlich sechs Personen mit Ihrer Arbeit beschäftigen, Ihnen also eigentlich ca. acht Stunden ihres Lebens schenken, einen ganzen Tag, ohne Sie zu kennen und vielleicht sogar ohne zu wissen, ob Sie gut vernetzt sind, ob es sich also lohnt, Sie zu lesen. Möglicherweise bezahlen diese Leser noch für Ihr Buch, oder sie geben sich wenigstens die Mühe, ihren Assistenten in die Bibliothek zu schicken – er könnte ja mittlerweile etwas Nützlicheres machen, und Ihre Leser haben übrigens auch viel anderes zu tun, als Sie zu lesen. Acht Stunden in der gegenwärtigen Ökonomie der Aufmerksamkeit, das ist viel, wie Sie übrigens selber wissen: Denken Sie an alle diese Bücher, die Ihnen Kollegen schicken, und jedes Mal seufzen Sie und denken, jetzt klaut der mir wieder einen Sonntag, ich muss ihm doch eine dokumentierte und nette Antwort geben, sonst bricht er aus meinem Netzwerk aus. Natürlich würden Sie auch seufzen bzw. wären Sie sauer, wenn Ihnen der Kollege das Buch nicht geschickt hätte. In diesem Sinne darf ich auf jeden Fall schon einmal eine wissenschaftlich fundierte Definition der akademischen Freundschaft vorschlagen:

Meine Freunde sind diejenigen, die zurückhaltend genug sind, um nie nachzufragen, ob ich ihre Bücher gelesen habe.

Zweitens, und das ist auch eine gute Nachricht, heißt das doch, dass man es nicht so ernst nehmen soll mit der geschriebenen Ware. Bei sechs bis zwölf Lesern durchschnittlich ist es nicht tragisch, wenn einmal ein Abschnitt nicht so top ist wie bei Martin Heidegger. Ich fürchte, kaum einer wird es bemerken, sodass man sich die eine oder andere Nachlässigkeit leisten soll. Ich gehe nicht soweit, dass ich behaupte, man soll statt eine Dissertation zu schreiben einfach das Telefonbuch kopieren, aber wenn Sie sich so ein paar Zitate oder Ideen aneignen, sind bei den eben erwähnten Leserzahlen die Chancen sehr klein, dass es irgendjemand merkt, besonders wenn Sie mit den relevanten Kreisen und Netzwerken vertraut sind, und sich vor allem bei Kollegen aus anderen Netzwerken und Kreisen bedienen – wer merkt das schon? Nur wenn Sie die Absicht haben, Verteidigungsminister oder Kanzler zu werden, würde ich Ihnen raten, diesbezüglich äußerst vorsichtig vorzugehen.

Ich kann Ihnen auf jeden Fall bestätigen, dass sich die meisten Berufungskommissionen auf das Lesen der Publikationslisten beschränken, und da sollten die Bewerber auch noch aufpassen, dass diese Listen nicht zu lang werden. Das macht sehr schnell müde, besonders wenn man selbst nur eine viel kürzere Liste aufweist. Jedermann will zwar bei den Berufungskommissionen dabei sein, aber wer hat noch Zeit, das alles zu lesen? Und wieso überhaupt Aufsätze lesen, die durch wichtige ›Peers‹ aufgenommen worden sind? Diese Aufsätze können prinzipiell nur spannend sein. Heute will sich doch niemand mit grundsätzlichen Diskussionen oder Einwänden lächerlich machen, wenn es mit den Netzwerken und den Drittmitteln stimmt.

Hier ist jedoch eine Einschränkung notwendig. Was in der akademischen geschriebenen Ware noch wichtig ist und sie sozusagen unentbehrlich macht, das sind die Fußnoten. Das heißt nicht, dass die Fußnoten ihrerseits gelesen werden, es sei denn um nachzuschauen, ob man selber dabei ist, d.h. zitiert wird, was wichtig ist, seitdem es ›citation indexes‹ und Eitelkeit gibt. Diesbezüglich empfehle ich übrigens eher ein abschließendes Namenregister als Fußnoten; man findet sich im ersteren viel schneller, was in einer Ökonomie der Aufmerksamkeit ein Plus ist. Aber zurück zu den Fußnoten. Ich empfehle auch, dass Sie sie nicht am Ende des Buches ansetzen, sondern auf jeder Seite, unten, und dass Sie bei Ihrem Verlag für diese Lösung gegebenenfalls auf die Barrikaden gehen. Nicht weil die Fußnoten auf diese Weise mehr gelesen werden, auch nicht weil es den Leser immer freut, wenn dank den Fußnoten auf so einer elend langen und komplizierten Seite etwas weniger steht – Fußnoten gibt es, damit man Zeit gewinnt, indem man sie eben überspringt. Nein, Fußnoten sind notwendig, damit man sich ein objektives und schnelles Bild der investierten Arbeit machen kann – also um die Frage zu beantworten, was hat die oder der denn überhaupt gelesen, wie viele Titel befinden sich auf ihrer oder seiner Literaturliste? Und wenn Sie die Fußnoten unten lassen, hat das den Vorteil, dass man nicht einmal zählen muss. Man nimmt das Buch, blättert so durch, und sagt dann, wenn diese Art Fahne immer wieder so schön nach oben schwingt, mit einem zugleich beeindruckten und erstaunten Gesichtsausdruck: »Good scholarly work«.

2. Netzwerke

Sie fragen sich jetzt wahrscheinlich, ob ich das ernst meine, und was das mit Digitalisierung zu tun hat. Die Antwort auf die erste Frage ist: *ja*, und die Antwort auf die zweite ist: *viel*. Fangen wir mit dem Telefonbuch an, mit den Netzwerken. Ich weiß nicht, ob es systematische Studien zu Tagungsprogrammen gibt, aber ich vermute, dass es nur noch bei mehr oder weniger geisteswissenschaftlichen Tagungen Kaffeepausen gibt. In anderen Bereichen wie Medien oder Politik – die heute so viel wichtiger sind – steht im Programm nicht mehr Kaffeepause, sondern ›Coffee and Networking‹. Das Klatschen, auf das wir uns alle bei jeder Tagung freuen, wird auf diese Weise veredelt, wird zu einer sozialen Verpflichtung, wird professionalisiert, und das hat interessante Nebenwirkungen. Es führt insbesondere zu einer neuen hierarchischen Einteilung der Teilnehmer an den Tagungen. Ganz unten in der Hierarchie befindet sich das Publikum, die normalen Teilnehmer, die versuchen, sich zu überzeugen, dass die Referate interessant sind und sich meistens ihrer Statistenrolle nicht bewusst sind. Wieso sind sie eigentlich da? Weil eine Tagung ohne Publikum für die zweite und dritte Etage miserabel aussehen würde. Nun zur zweiten Etage: Das sind die Referenten, deren Pflicht einerseits darin besteht, glücklich auszusehen, weil sie eingeladen worden sind, andererseits in der perfekten Beherrschung der neuen Technologien – ohne rassige Powerpoint-Folien geht es nicht mehr, mit komplizierten Montagen, Bildern, heruntergeladenen Videos und ein paar Cartoons, die meistens gar nicht lustig sind. Aber wo ist die dritte Etage, werden Sie fragen. Nein, nicht der Moderator, der ist zwar wichtig, schafft es aber höchstens auf ein Niveau 2b. Die dritte Etage, das sind die Dauerpausierer, in anderen Worten diejenigen, die sich die Referate gar nicht mehr anhören, sondern draußen bleiben und von 9.30 Uhr bis inklusive Stehlunch eben Networking betreiben. Das kann man sich aber nur leisten, wenn man eben ein beachtliches Netzwerk aufweisen kann, sonst sehen Sie bald ziemlich blöd aus, wenn Sie draußen bleiben und kein Mensch mit Ihnen spricht. Ein Rekurs ist dann noch das Handy, und im schlimmsten Fall inszeniert man simulierte Telefongespräche, aber man muss mit sich selber sehr gut auskommen, um durchzuhalten.

Zu jeder bestimmten gesellschaftlichen Organisation gehören auch bestimmte Träger oder Medien, das sagen die Medienwissenschaftler. Kein Monotheismus und keine Institution Kirche ohne konsonantische und dann alphabetische Schrift, ohne Papyrusrollen und später den Kodex. Keine Reformation ohne den Buchdruck, keine nationalen Ausbildungssysteme im 19. Jahrhundert ohne den industriellen Buchdruck, keine akademischen Institutionen ohne schriftliche Praxis, ohne Akkreditierung durch Dissertationen, Habilitationen, Werdegänge, Publikationslisten usw.[1] Und heute keine sozialen Netzwerke ohne

---

1 Die Beziehungen zwischen Medienumwelten und Religion, und insbesondere Monotheismus, sind von Régis Debray, *Cours de médiologie générale* (Paris: Gallimard, 1991) und *Dieu, un itinéraire* (Paris: Odile Jacob, 2001) im Rahmen seiner ›Mediologie‹, auf die ich mich hier stütze, auf eine eindrückliche Weise beschrieben worden. Diejenigen zwischen Medien und nationalen Kulturen, mit denen auch die Rahmenbedingungen der immer noch gegenwärtigen akademischen Kultur erfunden werden, haben uns

digitale Vernetzungstechnologien, und vor allem natürlich ohne die ›Social Media‹, die die effizientesten Träger oder Treiber der Netzwerke sind: interne, professionelle Netzwerke einerseits, z. B. *Linkedin* oder *Yammer*, und dann natürlich die offenen ›Social Media‹ wie *Twitter* und *Facebook*. Wer heute nicht ein *Facebook*-Konto hat, ist ein ›Nobody‹, existiert nicht mehr – das hat natürlich auch Vorteile, insbesondere wenn man möchte, dass die Privatsphäre möglichst privat bleibt.

Aber hat man sich dabei schon überlegt, wie durch *Facebook*, übersetzt das ›Gesichterbuch‹, das Medium Buch – oder allgemeiner das Geschriebene – als Träger von bestimmten sozialen Organisationen, die man als Institutionen definiert, eben zugunsten von anderen sozialen Organisationen abgelöst wird? Was genau ist eine akademische Institution, wann entsteht z. B. ein akademisches Institut? Nicht wenn die Möbel ankommen, nicht wenn die Professoren berufen werden, sondern wenn eine schriftliche Studienordnung durch die zuständige Fakultät verabschiedet wird. Institutionen werden geschrieben, beruhen auf geschriebener Ware, auf Schriften, Unterschriften und damit eingegangenen Verpflichtungen. Die akademischen Institutionen kann man davon ausgehend als reflexive Institutionen bezeichnen, zumal da die Akkreditierung, die Produktion der entsprechenden Autorität durch das Geschriebene erfolgt – sogar Natur- und Wirtschaftswissenschaftler schreiben noch Dissertationen. Das Geschriebene ist hier sozusagen Zweck und Ziel, und nirgends ist das so offensichtlich wie bei den Geisteswissenschaften, die von A bis Z durch das Geschriebene strukturiert sind. Bei Netzwerken ist das Geschriebene nicht mehr wesentlich, Autorität ist nicht mehr eine Frage der Anpassung an eine akademische Disziplin, der Konformität mit einer Ordnung des Diskurses (wie von Michel Foucault schon in 1971 festgehalten[2]), sondern eine Frage des Ausmaßes und der Qualität des Netzwerkes.[3] Wie viele Personen gehören dazu, und wie wichtig bzw. bekannt sind sie? Wobei die Netzwerke auf ihre Art genauso reflexiv funktionieren wie die Institutionen der Geisteswissenschaften, mit dem Unterschied, dass grundsätzlich die Autorität des Geschriebenen durch diejenige der Medienpräsenz ersetzt wird: Ich mache mich mit meiner Vernetzung mit sichtbaren Personen sichtbar.

Ich glaube, es gibt hier eine grundsätzliche Inkompatibilität zwischen den Institutionen, durch die insbesondere die Geisteswissenschaften bis jetzt strukturiert worden sind, und den Netzwerken, die sich heute mit den digitalen Technologien entwickeln, ja sogar von diesen Technologien bestimmt werden. Wieso entstehen Netzwerke *heute* bzw. wieso sind

---

Benedict Anderson, *Imagined Communities. Reflections on the Origin and Spread of Nationalism* (London: Verso, 1983) und Anne-Marie Thiesse, *La création des identités nationales. Europe XVII–XX siècle* (Paris: Seuil, 2001) vertraut gemacht.

2 Vgl. Michel Foucault, *L'ordre du discours* (Paris: Gallimard, 1971).

3 In diesem Sinne brauchen wir möglicherweise heute eine neue Theorie der Macht und der Autorität, zumal Foucaults Ansatz auch noch in seinen späten Werken von einer Ordnung des Diskurses gerade nicht zu trennen ist. Mit dem Übergang zu der Autorität der Netzwerke geht es grundsätzlich nicht mehr um ein ›Sagen-Können‹, ein ›Sagen-Dürfen‹ oder ein ›Sagen-Müssen‹ – man denke hier an Michel Foucault, *Histoire de la sexualité*. Bd. 1 (Paris: Gallimard, 1976) – sondern um ein ›Auftreten mit‹, das von keiner Ordnung des Diskurses abzuleiten ist.

sie heute dominant (es hat sie ja eigentlich schon immer gegeben)? Weil sie dank Internet und den ›Social Media‹ allen zur Verfügung gestellt werden können, genau wie sich die akademischen Institutionen im 19. und 20. Jahrhundert entwickelt haben, weil das Medium Buch mit der Industrialisierung allen (oder vielen) zugänglich wurde und man damit gerade die Form der Autorität produzieren konnte, die wir heute als die ›natürliche‹ Autorität der Geisteswissenschaften wahrnehmen. Damit sind wir eigentlich zurück bei McLuhans Kernthese: »The Medium is the Message«[4]: Jedes Medium zelebriert sein eigenes spezifisches Potenzial, jedes Medium inszeniert sein Können, seine Macht. Gesichter gegen Bücher, gegen das Geschriebene als Träger nicht nur einer nachhaltigen Vermittlung, der man den Namen Kultur geben kann, sondern auch als Medium einer bestimmten Form von Autorität und Macht. Mit Schrift, mit Büchern wurden über Jahrhunderte Autorität und Macht produziert und in ad hoc Institutionen umgesetzt, die es sonst gar nicht gäbe, genau wie es die Industrialisierung ohne Kohle und Dampfmaschinen nicht gegeben hätte. Das betrifft übrigens grundsätzlich alle Institutionen, und man sieht in vielen Bereichen – insbesondere in der Politik – wie die Netzwerke sich heute gegen die Institutionen durchsetzen. Die rein institutionellen Dispositive reichen nicht mehr aus, ein Politiker kommt ohne Netzwerke und ohne in den ›Social Media‹ aufzutreten nicht mehr durch. Eine Einladung zum *World Economic Forum* in Davos ist sogar wichtiger als ein Ministertreffen oder ein *G20 Summit*.

Und genau so ist es eben auch bei den Geisteswissenschaftlern: gutes Handwerk genügt nicht mehr, auch nicht gute Bücher. Wo sind Ihre Netzwerke, wird immer mehr gefragt. Dabei wird vielleicht auch erst jetzt klar, was eigentlich ein gutes Buch ist oder war. ›Gut‹ setzt m. E. insbesondere eine gemäßigte Produktion von Fußnoten voraus, die darauf hinweist, dass es ohne eine ›echte‹ *Autorschaft,* d. h. einen Autor, der sich als solcher inszeniert – dazu braucht es u. a. *Stil* – nicht möglich ist. Es braucht einen Autor, der für das Geschriebene auch wirklich die Verantwortung übernimmt, d. h. einen Autor, der ›unterschreibt‹, nicht im juristischen Sinne – das kann jedermann – sondern im Sinne einer subjektiven Implikation, die für die Geschichte der Geisteswissenschaften in den zwei letzten Jahrhunderten und darüber hinaus für die Geschichte der modernen Literatur entscheidend gewesen ist. Foucaults Thesen über die Entstehung der Autorfunktion und deren juristischen Rahmen[5] sollte man unbedingt mit Jacques Derridas Erläuterungen zum Thema Unterschrift[6] ergänzen.[7]

---

4   Marshall McLuhan, *Understanding Media. The Extensions of Man* (New York: McGraw-Hill, 1964) 7.
5   Michel Foucault, »Qu'est-ce qu'un auteur«, *Dits et écrits*. 4 Bde., Bd. 1 (Paris: Gallimard, 1994).
6   Vgl. z. B. Jacques Derrida, *Glas* (Paris: Galilée, 1974); *L'enseignement de Nietzsche et la politique du nom propre* (Paris: Galilée, 1984) und *Signéponge* (Paris: Seuil, 1988).
7   In anderen Worten: Eine Geschichte der Geisteswissenschaften ist von einer Geschichte der damit verbundenen Formen der Autorschaft nicht zu trennen. Oder sie besteht zumindest in einer Dialektik, in einem Spannungsfeld zwischen Autorschaft und Disziplin, das in verschiedenen nationalen akademischen Kulturen mehr oder weniger sichtbar ist: besonders sichtbar in der französischen akademischen Kultur, in der viele berühmte ›Forscher‹ (Roland Barthes, Michel Foucault usw.) einen Autorenstatus genossen haben, weniger sichtbar in der deutschen akademischen Kultur, die dazu neigt, dem ›Autor‹ weniger Platz einzuräumen.

Ist Autorschaft mit Netzwerken kompatibel? Wenn man sich auf das Netzwerkimperativ einstellt, hat das Konsequenzen, betrifft das die Inhalte, das Kerngeschäft. Um ein Buch zu schreiben, braucht man kein akademisches Netzwerk, höchstens ein paar Kontakte in den Verlagen. Wenn man sich auf Netzwerke konzentriert, gibt man das Schreiben von Monographien irgend einmal auf, nicht nur weil man nicht alles machen kann, zumal das Pflegen von Netzwerken auch sehr zeitraubend ist (viele technologische Visionen und Utopien scheitern übrigens daran, dass sie den Zeitfaktor nicht integrieren), sondern auch, weil man in der gegenwärtigen akademischen Welt grundsätzlich nicht mehr allein arbeiten soll bzw. bald nicht mehr darf. In den Sozial- und in den Naturwissenschaften sind Aufsätze mit einem einzigen Autor mittlerweile verdächtig. Der Arme, der allein arbeitet, der es nicht einmal schafft, etwas mit Kollegen zu schreiben, wie unwissenschaftlich! Es müssen drei, vier sein, und bald noch viel mehr, wenn sich die ›Wikis‹ in der Forschung wirklich durchsetzen, was ich für nicht unwahrscheinlich halte. Dann werden die Aufsätze 20, 50 oder 200 Autoren haben und die Publikationslisten werden unter Inflation leiden. Wo es heute 10 Seiten sind, werden es mit ›Wiki‹-Forschungsgruppen, kollektiven Autorschaften um die 250 Seiten sein; meine Publikationsliste wird wie ein Buch aussehen, aber niemand mehr wird Bücher schreiben.

So werden auf jeden Fall heute schon kohärente und vertiefende Monographien durch Sammelbände ersetzt, der Akademiker bewegt sich vom Autor- zum Herausgeberstatus, der viel netzwerkkompatibler als die Produktion von Monographien ist. Wer kein Netzwerk aufweisen kann, ist a priori ein schlechter Herausgeber, und weil das Aufweisen von Netzwerken zentral geworden ist, müssen wir eben gute Herausgeber sein. Sammelbände, Herausgeberschaften, nur die asozialen Kollegen, die auch bei *Facebook* nicht mitmachen, schreiben noch Monographien. Den höchsten Stellenwert haben aber sowieso nicht mehr die Publikationen jeglicher Art, sondern die Forschungsprojekte. Wobei es grundsätzlich zwei Typen von Forschungsprojekten in den Geisteswissenschaften gibt: Einerseits sind es die persönlichen Projekte, z. B. ein Buch über Goethe oder Marcel Proust, über die Geschichte von Konstantinopel oder was auch immer. Andererseits sind es die durch Drittmittel finanzierten Projekte. Diese sind notwendigerweise kollektiv, setzen Kooperationsformen mit anderen Kollegen, Instituten, wenn möglich im Ausland, und also auch Netzwerke voraus. Von den Projekten der ersten Kategorie, das sollte mittlerweile klar sein, kann man nur abraten: Es bringt wenig oder nichts, es ist nichts mehr wert, zumal es eben auch nichts kostet, nichts einbringt. An meiner Universität gibt es eine digitale Forschungsplattform, wo man alle Projekte eingeben soll. Diese Plattform ist aber für solche Projekte gar nicht vorgesehen, zumal Projekte, die nichts kosten und ohne Mitarbeiter durchgeführt werden, nicht aufgenommen werden können. Das ist ungefähr, wie wenn Sie versuchen, im Internet einen Flug zu buchen ohne die ›expiration date‹ Ihrer Kreditkarte anzugeben.

Bei der Frage der Drittmittel ist der Einfluss der digitalen Technologien auf Anhieb vielleicht nicht so offensichtlich wie bei den Netzwerken. Aber man soll es sich noch einmal überlegen: Alle diese Forschungsteams, die sich auf der ganzen Welt aktivieren, könnten ohne IT-Infrastrukturen überhaupt nicht funktionieren, sind auf die Geschwindigkeit der digitalen

Kommunikation angewiesen sowie in den meisten Fällen auf gemeinsame Datenbanken. Und wie schon erwähnt, der nächste Schritt besteht möglicherweise in der ›Wikiisierung‹ der geisteswissenschaftlichen Forschung, in dem Übergang zu kollektiven Autorschaften, die nur mit IT-Unterstützung um- oder durchsetzbar sind. Wieso wird sich ein solcher Trend durchsetzen? Ganz einfach: weil die ›Wikiisierung‹ machbar ist, wahrscheinlich vielen Spaß macht und auf jeden Fall den dominanten Legitimierungsverfahren entspricht. Die Autorität der Algorithmen hat die Autorität der ›Dispositio‹ und des Argumentierens abgelöst, die neuen Priester heißen nicht mehr Mario Vargas Llosa oder Orhan Pamuk sondern Bill Gates und Steve Jobs. ›Collective Wisdom‹ wird durch die Digitalisierung und die ›Social Media‹ aktualisiert (auch sie hat es eigentlich schon immer gegeben): man sollte sich nur bewusst sein, dass diese Praxis das Kerngeschäft der Geisteswissenschaften radikal verändern wird. Und das Gleiche kann man übrigens auch bei den Strukturen der Forschungsförderungsinstitutionen beobachten: *Deutsche Forschungsgemeinschaft* (DFG) in Deutschland, *Schweizerischer Nationalfonds* (SNF) in der Schweiz. Der Output von solchen Institutionen wäre ohne IT undenkbar. Und wie immer, das sagen die guten Medienwissenschaftler, gehen solche Prozesse beide Wege, verstärken einander. Web 2.0 und spezifische Forschungsstrukturen tun einander gut, genau wie die Videokassette und die Pornographie einander gut getan haben.

3. Wozu Hermeneutik in digitaler Zeit?

Übrigens funktioniert dieses Zusammenspiel auch gut für das Web 2.0 und die Pornographie, der scheinbar alle technologischen Fortschritte zu Recht kommen (auf 3D-Porno freuen wir uns bestimmt auch). Und damit sind wir bei einem wichtigen Unterschied zwischen der Pornographie und den Geisteswissenschaften angekommen. Ich bin eben nicht sicher, dass die Digitalisierung den Geisteswissenschaften gut tut, wie das für andere Geschäfte der Fall sein mag. Ich habe versucht, das mit dem Beispiel des Networkings oder des Erwerbs von Drittmitteln anzudeuten: damit werden die institutionellen Rahmenbedingungen der Geisteswissenschaften, wie es sie 200 Jahre gegeben hat, grundsätzlich verändert. Geisteswissenschaften, die auf ihre Netzwerktauglichkeit oder auf ihre Drittmittelerwerbskapazitäten[8] geprüft werden, gehören nicht mehr zu der gleichen Ordnung des Diskurses wie noch vor 30 oder 50 Jahren. Mein Punkt dabei ist aber, dass es hier nicht nur um Rahmenbedingungen geht, sondern um Bestimmungen, die auch die Inhalte verändern bzw. hierarchisch neu einordnen, weil damit eben die Frage der Produktion von Autorität neu konfiguriert wird.

---

8 Was ist Forschung wert? So lautet die eigentliche Frage. Die Antworten darauf lassen sich in ein Feld eingliedern, das gemäß dem Modell von Bourdieu – vgl. hierzu Pierre Bourdieu, *Les Règles de l'art* (Paris: Seuil, 1992) – durch die Spannung zwischen dem symbolischen Wert der milieuintern legitimierten Autorschaft und dem extern festgesetzten Wert (durch Finanzierung, Angewandtheit usw.) entsteht. Bin ich ein guter Forscher, weil ich ein Team bezahlen kann oder weil ich ein anerkannter Autor bin?

Mein Handwerk, das ich vor 30 Jahren gelernt habe und manchmal versuche, weiterzupflegen, ist die Hermeneutik in einem breiten Sinne, also eine Hermeneutik, die freilich durch verschiedene philosophische Ansätze, Theorien und historische Kenntnisse informiert ist. Ich gehe hier nicht auf die Geschichte der modernen Hermeneutik ein, die sich von Schleiermacher bis Derrida mit der Interpretation von Texten, Diskursen, Zeichen und Symbolen befasst hat, es sei denn um die Frage zu stellen, ob in den 20 letzten Jahren etwas Neues zu dieser Geschichte hinzuzufügen ist. Und damit stellt sich eben auch die nächste Frage: Gibt es so etwas wie eine ›Wiki‹-Hermeneutik, die die eigentliche Hermeneutik ablöst? Gibt es eine kollektive Hermeneutik im Bereich der Geisteswissenschaften? Gibt es eine Hermeneutik ohne Unterschrift (in dem eben erwähnten Sinne)? Früher gab es sie freilich, aber damals war die Hermeneutik eine religiöse und dogmatische Angelegenheit, von der sich die literarische oder philosophische Hermeneutik gerade distanziert oder sogar befreit hat. Ist die literarische Hermeneutik anders denkbar als eine Auseinandersetzung zwischen einer interpretierenden Subjektivität und einem durch ein Subjekt produzierten Werk? Ist sie anders definierbar als eine Dialektik, in der sich eine Subjektivität objektiviert, wie es zahllose (große) Literaturwissenschaftler beschrieben haben? Meine Antwort dazu ist entschieden: *nein*. Genau wie es wahrscheinlich nie zu bedeutenden kollektiven literarischen Werken kommen wird, sehe ich auch die Chancen einer kollektiven Hermeneutik nicht, was natürlich nicht heißt, dass sich die Hermeneutiker nicht austauschen, im Gegenteil. Aber der subjektive Ansatz kann nicht aufgehoben werden, auch nicht die Umsetzung des hermeneutischen Handwerks in einem geschriebenen Dispositiv, in einem Schreiben-und-inszenieren-Können, das seinerseits noch einmal subjektiv geprägt wird.

Diese Dispositive, die mit einer gewissen Geduld entstehen müssen, scheinen im Zeitalter der ›Wikis‹ und der ›Social Media‹ – ein sehr ungeduldiges Zeitalter, das sich mit der Geschwindigkeit seiner Kommunikationsmittel selbst fasziniert – irgendwie veraltet. Es gibt sie noch, aber sie sehen wie verblasst aus. Sie haben ihre ›Aura‹, ihr Prestige, ihre Autorität verloren, nicht nur weil eben Netzwerke, ›Wikis‹ und Teams mehr glänzen oder weil man mit ihnen mehr glänzen kann; auch nicht nur, weil die Subjektivität dieses Handwerks mit kollektiven Dispositiven nicht kompatibel ist.[9] Es gibt noch einen weiteren und eigentlich ironischen Grund: Das Handwerk des Hermeneutikers, von dem seine Autorität abzuleiten ist, wird durch die Digitalisierung entwertet, weil es damit in einem gewissen Maße automatisiert wird. Der Stellenwert des hermeneutischen Handwerks ist nicht der gleiche, wenn Sie, wie das seit einigen Jahren der Fall ist, über Hypertexts verfügen, die Ihnen erlauben, wenn sie mit den richtigen Suchmaschinen kombiniert werden, und wenn Sie effizient suchen, in ein paar Sekunden alle Verbindungen in einem Text herzustellen, die man früher mit viel Mühe als hermeneutischen Kreis aufbauen musste. Jede Interpretation eines Textes besteht

---

9 Das sieht man übrigens auch an den Projekten im Bereich der Literaturwissenschaften, die mit Drittmitteln finanziert werden: kritische Ausgaben, internationale Datenbanken, Quellen, Einflüsse – der durch IT unterstützte Neo-Positivismus lässt grüßen.

schlussendlich in einem von dem Text abgeleiteten Hypertext, jede Interpretation eines Textes stellt neue Verknüpfungen her, besteht in einer spezifischen Zirkulation in dem Text. Mein Punkt ist, dass wenn diese Zirkulation automatisiert werden kann, gleichzeitig ihre Relevanz verloren geht, d. h. die Autoritätsproduktionsfunktion. Auf jeden Fall ist hier eine interessante Kongruenz zu beobachten: Gerade in den Jahren, in denen die Digitalisierung aufgekommen ist und man angefangen hat, von Hypertexten zu sprechen, ist die Hermeneutik allmählich aus der Agenda der Literaturwissenschaften verschwunden. Und es ist auch nicht ganz ein Zufall, wenn die ersten Kollegen, die sich dafür begeistert haben, oft die damals marginalisierten neopositivistischen Philologen waren, die 20 bis 30 Jahre lang unter dem Prestige der Hermeneutiker und Theoretiker leiden mussten.

4. Cut and Paste

Was mit der digitalen Unterstützung auch radikal erleichtert und automatisiert wird, ist freilich das Zitieren, mit der logischen Konsequenz, dass es bei dieser Dimension des geisteswissenschaftlichen Handwerks zu einer beeindruckenden Inflation kommt. Nehmen wir ein konkretes Beispiel: Vor ein paar Tagen habe ich ein Zitat von dem französischen Psychoanalytiker Jacques Lacan gesucht – einen bestimmten Satz, an den ich mich erinnern konnte. Das Zitat befindet sich in seinen *Schriften*[10], die mehrere hundert Seiten umfassen und stilistisch extrem kompliziert, ja fast unlesbar sind. Früher hätte ich möglicherweise ein paar Stunden gebraucht, um das Zitat zu finden, aber diese Form des Recherchierens wäre auch anerkannt worden. Jetzt konnte ich via *Google* das Zitat in ungefähr einer Minute finden, und so ist es heute mit fast allem, was man sucht. Es ist umgekehrt auch extrem leicht geworden, passende Zitate für einen Aufsatz oder zu einem Thema zu finden, und auch das führt zu einer Devaluation der Autorität des traditionellen Handwerks des Geisteswissenschaftlers bzw. zum Übergang zu vor allem quantitativen Qualitätsmaßstäben: ›Good scholarly work‹, wie viele Zitate und Fußnoten, wie lang die Literaturliste?

Ich schätze, dass die Literaturlisten über die 30 letzten Jahre durchschnittlich um ein Zehnfaches gewachsen sind – also um 1.000 Prozent. Sind die Geisteswissenschaftler damit um 1.000 Prozent intelligenter geworden? Bestimmt nicht. Wissen Sie mehr, zehn Mal mehr? Nicht einmal das ist wahr, weil es doch eigentlich allen klar ist, dass Literaturlisten mit manchmal bis zu 2.000 Titeln nicht bedeuten, dass der Autor diese 2.000 Aufsätze und Bücher tatsächlich gelesen hat. Das war früher auch nicht unbedingt der Fall, aber mit den gegenwärtigen ›Cut and Paste‹-Möglichkeiten ist es ein Kinderspiel, sich Zitate anzueignen. Die stehen im Internet, in der großen totalen Bibliothek der Zukunft, grundsätzlich zur Verfügung, sie sind per Klick abrufbar. Abgesehen davon, dass man im Internet auch ganze Literaturlisten

---

10 Vgl. Jacques Lacan, *Écrits* (Paris: Seuil, 1966).

downloaden kann[11], ist es einfach so, dass die Kombination Internet-Suchmaschine-E-Books das traditionelle hermeneutische Handwerk, und noch genauer dessen notwendigen wissenschaftlichen Absicherungsprozess durch Zitate, total veraltet erscheinen lässt.

Nun, was sind die Konsequenzen dieser Zugriffsmöglichkeiten? Einerseits die eben besprochene Inflation, zu der jedermann mit seiner ›good scholarly work‹ brav beiträgt. Wobei es hier nicht nur um andere Quantitäten geht, sondern um eine grundsätzliche Änderung des Qualitätsmaßstabes. Dieser Maßstab wird damit eben rein *quantitativ*. Durch die Digitalisierung kommt es zu einer Quantifizierung der Autoritätsproduktion in den Geisteswissenschaften. Wozu Bücher in digitaler Forschungszeit? Um so viele Fußnoten wie möglich herzustellen. Als Erwartungshorizont dieser Entwicklung lässt sich allmählich eine wahrhaftige Umkehrung des Verhältnisses zwischen Text und Fußnoten erkennen: Der erstere ist nur noch eine Struktur, ein formelles Dispositiv, mit dem die Vervielfältigungen der letzteren organisiert wird. Den ganzen Prozess könnte man auch auf der Seite des Lesers wie des Verfassers als die Ablösung eines syntaktischen Prozesses (eine Folge von geschriebenen Sätzen, ein durch die Syntax strukturiertes Objekt) durch einen paragrammatischen oder lexikalischen Prozess beschreiben. Ablösung des Buches durch das Wörterbuch: nicht mehr die durch eine Syntax organisierte Autorität der Reflexion, sondern die kumulative Autorität des Auszuges aus dem Bibliothekskatalog. Die ›Digitale Bibliothek‹ ist vielleicht ein Phantom, aber dann eben ein Phantom mit Auswirkungen, oder nur mit Auswirkungen, wie es sich wahrscheinlich bei einem Phantom auch gehört. Symptom der gegenwärtigen Tabularisierung: in den letzten 20 Jahren sind in den verschiedensten Bereichen immer mehr Nachschlagewerke und Enzyklopädien erschienen.

Andererseits, wenn die Inflation zu stark wird, kommt immer ein Zeitpunkt, wo eine neue Währung eingeführt werden muss. Übertragen auf die Geisteswissenschaften würde man dann eher von einem Skalawechsel sprechen. Es braucht neue Rahmenbedingungen, neue wissenschaftliche Ausrichtungen, in denen die neue technische Konfiguration der Geisteswissenschaften, also das neue, durch IT unterstützte Handwerk einen wirklich zentralen Stellenwert einnehmen kann; wo also z. B. die Praxis des quantitativen Zitierens besser am Platz ist bei einer Interpretation von Hölderlins Elegien. Das wäre dann insbesondere der Sinn der Ablösung der Geistes- durch die Kulturwissenschaften, mit denen die Literatur ein Reservoir an Beispielen wird, die man beliebig von ihrer syntaktischen Einordnung trennen und eben im Rahmen der kulturwissenschaftlichen Untersuchungen einsetzen kann – denken Sie beispielsweise an die Funktion der Literatur in einem Bereich wie Inter- oder Multikulturalität. Der Übergang von den Geisteswissenschaften zu den Kulturwissenschaften hat sehr viel mit der Quantifizierung der ersteren zu tun, und damit eben auch mit deren Digitalisierung. Die Autorität des Kulturwissenschaftlers hängt von seinem Zugang zur totalen Bibliothek

---

11 Immer mehr Forschungsgruppen stellen sich intern und manchmal auch gegenseitig Datenbanken mit der für ein Forschungsprojekt relevanten Literatur im Internet zur Verfügung (z. B. via *Dropbox*), inklusive (passender) Zitate.

ab, von seiner Konformität mit diesem Modell oder Horizont. Die Autorität des ›traditionellen‹ Geisteswissenschaftlers basiert sozusagen auf seiner eigenen Bibliothek – auch oft in einem ganz konkreten Sinn, auf der Aneignung von dem, was er als seine eigene Bibliothek aufbaut. Der digitalisierte Geisteswissenschaftler misst sich an einer nie umfassbaren totalen Bibliothek. Marcel Proust hat gesagt, dass die beste Ausgabe eines Werkes diejenige ist, in der man es entdeckt hat. Das klingt sehr unwissenschaftlich, aber es soll hier als allegorisches und hoffentlich selbsterklärendes Fazit doch eingebracht werden, um die Konsequenzen der Digitalisierung in den Geisteswissenschaften spürbar zu machen.

Culturomics. Digitale Bibliotheken als Basis für quantitative Kulturanalysen

Ernst Fischer

Buchwissenschaft, Universität Mainz

Die einstmals utopische Idee einer vollständigen Sammlung aller jemals publizierten Werke der Menschheitsgeschichte rückt im digitalen Zeitalter einer Realisierung immer näher – durch die groß angelegten Aktivitäten von *Google*, aber auch durch eine Vielzahl internationaler, nationaler und auch einzelinstitutioneller Initiativen. An diesem Punkt ist aber nun die Frage zu stellen: Wird sich das Grandiose dieser Idee einer digitalen Universalbibliothek am Ende als etwas Selbstzweckhaftes erweisen, als babylonischer Gigantismus, als Ausfluss eines Machbarkeitswahns, dem am Ende keine nennenswerten praktischen Nutzanwendungen gegenüberstehen? Denn so viel steht fest: Der einzelne Mensch kann in seiner Lebensspanne nur eine vergleichsweise winzige Zahl von Büchern lesen, nur eine sehr begrenzte Menge an Information verarbeiten. Wird er also, vor dem fast unendlich großen virtuellen ›Buchregal‹ stehend, letztlich vor dem Übermaß des Verfügbaren kapitulieren müssen? Noch anders gefragt: Was haben wir eigentlich vor mit der totalen ›Digitalen Bibliothek‹?

1. ›Culturomics‹ oder: ›Using Millions of Digitized Books‹

Eine von vielen möglichen Antworten auf diese Frage wird seit Dezember 2010 im englischsprachigen und inzwischen auch im deutschsprachigen Raum angelegentlich diskutiert, hauptsächlich unter dem Signalbegriff ›Culturomics‹.[1] Den entscheidenden Anstoß lieferte ein am 16. Dezember 2010 in der Zeitschrift *Science* publizierter Aufsatz von Jean-Baptiste Michel, Erez Lieberman Aiden et al.: *Quantitative Analysis of Culture Using Millions of Digitized Books*.[2] Die Autoren, ein Team von Informatikern, Mathematikern, Linguisten und Soziologen[3], wollten zeigen, wie sich die von *Google* digitalisierten Buchbestände für

---

1 Vgl. »Culturomics«, http://www.culturomics.org/ (26. April 2011).
2 Jean-Baptiste Michel, Erez Lieberman Aiden et al., »Quantitative Analysis of Culture Using Millions of Digitized Books«, *Science* 331.6014 (verb. Version vom 14. Januar 2011): 176–182, http://www.sciencemag.org/content/331/6014/176.full (26. April 2011). Supporting Online Material vom 11. März 2011 ist online zugänglich unter http://www.sciencemag.org/content/suppl/2010/12/16/science.1199644.DC1/Michel.SOM.revision.2.pdf (28. April 2011).
3 Elf junge Forscher, hauptsächlich aus Harvard und vom Massachusetts Institute of Technology (MIT) sowie das ›Google Books Team‹. Zur Entstehung des Teams vgl. John Bohannon, »Digital Data. Google Opens Books to New Cultural Studies«, *Science* 330.6011 (17. Dezember 2011): 1600, http://www.sciencemag.org/content/330/6011/1600.full (26. April 2011).

statistische Analysen kulturellen Wandels nutzen lassen. Das Team hat für seine Analyse 5,2 Mio., also rund ein Drittel der insgesamt 15 Mio. Bücher herangezogen, die bis dahin von *Google* gescannt wurden. Unter der Annahme, dass seit der Erfindung des Buchdrucks rund 130 Mio. Buchtitel publiziert worden sind, wären dies 4 Prozent aller jemals gedruckten Bücher. Das Korpus umfasst mehr als 500 Mrd. Wörter; berücksichtigt wurden neben englischen (361 Mrd.) auch französische (45 Mrd.), spanische (45 Mrd.), deutsche (37 Mrd.), chinesische (13 Mrd.), russische (35 Mrd.) und hebräische (2 Mrd.) Texte aus einem Zeitraum, der – mit zunehmender Dichte – von 1500 bis 2008 reicht. Die Auswahl erfolgte nach Gesichtspunkten der Qualität der Zeichenerkennung (OCR) und der von Bibliotheken und Verlagen bereitgestellten Metadaten. »The corpus cannot be read by a human«[4]: Die Autoren verweisen darauf, dass für eine weder durch Schlaf noch Ernährung unterbrochene Lektüre allein der englischsprachigen Bücher des Jahrgangs 2000 mindestens 80 Jahre benötigt würden.

Eine Durchsuchbarkeit des Korpus sollte nach ›1-grams‹ bzw. ›n-grams‹ möglich sein, im Grunde also nach Wörtern und Wortfolgen. Denn ein ›1-gram‹ wird formal definiert als eine Zeichenfolge, die durch keinen Zwischenraum unterbrochen ist (›banana‹ ebenso wie ›3.14159‹); unter ›n-grams‹ verstanden die Forscher Folgen von ›1-grams‹, die von ›2-grams‹ (oder ›bigrams‹, z. B. ›stock market‹) bis ›5-grams‹ (z. B. ›the United States of America‹) reichen, d. h. ›n‹ wurde auf maximal 5 begrenzt. Für eine Frequenzanalyse wird nun die Häufigkeit bestimmter ›n-grams‹ für jedes Jahr errechnet und prozentual auf die Gesamtzahl der im Korpus in diesem Jahr enthaltenen Wörter bezogen. Im zeitlichen Längsschnitt zeichnen sich dann die Veränderungen in der Worthäufigkeit als Kurve ab. Mit der Untersuchung solcher *Ngram*-Frequenzen können nach Auffassung der Forschergruppe bei entsprechender Wahl von Stichworten kulturelle Phänomene sichtbar gemacht werden – ausgehend von der These, dass Veränderungen im Sprachgebrauch und im Wortschatz als Indikatoren kulturellen Wandels gelten können.

2. Die originalen Anwendungsbeispiele von Culturomics

Im *Science*-Beitrag selbst wurde zunächst die Frage diskutiert, aus wie vielen Wörtern sich – unter auf Schätzungsbasis erfolgter Eliminierung der nichtalphabetischen ›1-grams‹ – die englische Sprache zusammensetzt. Dies ergab, bei einer Zunahme von jährlich rund 8.500 neuen Wörtern, für 1900 eine Summe von 544.000, für 2000 eine Summe von 1.022.000 Wörtern – alles in allem beträchtlich mehr als in jedem Wörterbuch. Diese Differenz wurde (nicht unbedingt überzeugend) damit erklärt, dass das englischsprachige Teilkorpus zu 53 Prozent aus lexikalischem ›dark matter‹ (d.h. in Referenzwerken undokumentiertem Sprachmaterial) bestehe.[5]

---

4 Jean-Baptiste Michel, Erez Lieberman Aiden et al., »Quantitative Analysis of Culture Using Millions of Digitized Books« (2011): 176.
5 Alle Angaben und Zitate in diesem Abschnitt nach Jean-Baptiste Michel, Erez Lieberman Aiden et al., »Quantitative Analysis of Culture Using Millions of Digitized Books« (2011): 176–182.

Ein zweiter Untersuchungsansatz richtete sich auf Entwicklungen im Bereich der Grammatik. Dafür boten sich die irregulären Verben an, die im Englischen ein klassisches Modell für Sprachwandel darstellen, insofern sie von den regulären Formen nach und nach verdrängt werden. Während nun ›found‹ 200.000 Mal öfter gefunden wurde als ›finded‹, kam »dwelt« gegenüber ›dwelled‹ nur 60 Mal öfter vor. Immerhin 16 Prozent der irregulären Verben erfuhren in den vergangenen 200 Jahren eine deutliche Verschiebung hin zu regulären Formen, sechs davon (z. B. ›burn‹ oder ›smell‹) sogar vollständig.

Ein dritter Ansatz ging der Frage nach, wie der Vorgang des ›Vergessens‹, dem nicht nur menschliche Individuen, sondern auch Gesellschaften unterworfen sind, quantifizierbar gemacht werden kann. Ein einfacher Versuch bezog sich auf Jahreszahlen: Das Jahr ›1951‹ begegnet im Textkorpus *vor* 1951 nachvollziehbarerweise relativ selten, hielt dann mehrere Jahre lang ein hohes Niveau, um danach in einem charakteristischen Muster (zunächst rasch, dann verlangsamt) abzusinken. Die kollektive Erinnerung der Gesellschaft kennt offenbar ein Kurzzeit- und ein Langzeitgedächtnis. Auch zeigte sich, dass die Gegenwart zum rascheren Vergessen, zum beschleunigten Abbau ›alter‹, überholter Information tendiert. Eine Art Gegenprobe wurde gemacht mit 147 Erfindungen aus dem Zeitraum von 1800 bis 1920, der in drei gleich lange Abschnitte geteilt wurde. Daraus ergab sich die Erkenntnis, dass die Erfindungen des frühesten Zeitraums 66 Jahre bis zu ihrer allgemeinen Ausbreitung benötigten, jene des zweiten Zeitraums (1840–1880) nur noch 50 Jahre, die des dritten Zeitraums 27 Jahre.

Wie schnell werden berühmte Menschen bekannt, und wie rasch verblasst ihr Ruhm wieder – soweit sich dies an Büchern feststellen lässt? Solche Messungen wurden anhand der 740.000 in *Wikipedia* verzeichneten Persönlichkeiten vorgenommen; an einzelnen Beispielen ließen sich der Grad der Bekanntheit und typische Verlaufsformen des Ruhms nachzeichnen. So war Jimmy Carter um ein Vielfaches prominenter als z. B. Neil Armstrong oder Marilyn Monroe. Bei den meisten gibt es eine ›pre-celebrity period‹, gefolgt von raschem Anstieg, einem Höhenflug und eine unterschiedliche Halbwertszeit der Prominenz. Für viele Größen früherer Zeit zeichnet sich ein Spitzenwert von 75 Jahren nach Geburt ab, im Allgemeinen gilt aber für die Gegenwart: »Fame comes sooner and rises faster«[6]; allerdings verschwindet die Bekanntheit in den meisten Fällen auch rascher. Die Untersuchungen wurden an den 42.358 Personen der von Experten redigierten *Encyclopaedia Britannica* wiederholt, mit fast gleichen Resultaten. Spezielle Resultate ergaben sich natürlich im Bereich der Superprominenten, den 25 bekanntesten Persönlichkeiten, die zwischen 1800 und 1920 zur Welt gekommen sind. Schauspieler wurden durchschnittlich bereits mit 30 Lebensjahren prominent, Schriftsteller erst 10 Jahre später, Politiker noch einmal 10 Jahre später und mit enorm hohen Bekanntheitsraten, während Wissenschaftler nur bescheidenen Ruhm ernteten.

Ein aufschlussreiches Beobachtungsfeld eröffneten die *Culturomics*-Forscher mit der Frage, wie mit ihren Werkzeugen Tatbestände von Zensur und Unterdrückung sichtbar gemacht werden können. Versuche wurden gemacht mit den Namen einzelner jüdischer Künstler, die

---

6 Ebd. 180.

wie Marc Chagall in der Zeit des Nationalsozialismus in der deutschsprachigen – anders als in der englischsprachigen – Literatur nicht erwähnt wurden, oder mit Leo Trotzki und Lev Kamenev, die ab einem bestimmten Zeitpunkt in der russischsprachigen Literatur ›Unpersonen‹ waren. Für einzelne Personen wie z. B. den Bauhaus-Architekten Walter Gropius wurde ein ›suppression index‹ errechnet, indem die Frequenz der Jahre 1933–1945 durch die durchschnittliche Frequenz der Zeiträume 1925–1933 und 1955–1965 dividiert wurde, wodurch die Abweichung von der ›normalen‹ Frequenzentwicklung veranschaulicht werden konnte. Auch sollte dieses Verfahren die Möglichkeit schaffen, Opfer der NS-Repression ›de novo‹, also ohne vorhergehenden Verdacht, aufzuspüren: »These results provide a strategy for rapidly identifying likely victims of censorship from a large pool of possibilities, and highlight how culturomic methods might complement existing historical approaches.«[7]

Unter *Culturomics* verstehen die Verfasser des Artikels mithin die Durchsuchung großer Datenmengen mit dem Zweck, kulturelle Prozesse zu analysieren. Das quantitative Verfahren soll jedoch traditionelle kulturwissenschaftliche Verfahren nicht ersetzen, sondern ergänzen. Die Autoren weisen auch darauf hin, dass Bücher nur der Anfang sein können; in weiterer Folge müssten auch Zeitungen, Manuskripte, Karten oder Kunstwerke in die Datenbasis mit einbezogen werden. Schon heute sehen sie in *Culturomics* aber »a new type of evidence in the humanities«[8]; die Herausforderung für die Geisteswissenschaften liege in der adäquaten Interpretation des so gewonnenen Zahlenmaterials. Dafür gebe es allerdings sehr viele aussichtsreiche Möglichkeiten, von denen abschließend noch einige angedeutet werden; so wurde z. B. festgestellt, dass der Begriff ›Influenza‹ mit der Ausbreitung bekannter Pandemien korrespondiert, was der historischen Epidemiologie Material liefern könnte. Ebenso sind Beobachtungen zu den Erfolgen des Feminismus möglich, zu Veränderungen in den amerikanischen Ernährungsgewohnheiten u. a. m. Aus der Erstellung einer fast unbegrenzten Zahl solcher Verlaufskurven ließe sich, nach Meinung der Autoren, das Skelett einer neuen Wissenschaft konstruieren.

3. Der Books Ngram Viewer

Gleichzeitig mit dem *Science*-Artikel wurde im Internet von *Google Labs* die von Michel, Lieberman Aiden et al. zusammengestellte und für die Forschungsbeispiele verwendete Datenbasis sowie das zu deren Durchsuchung bzw. zur Ausgabe der Ergebnisse notwendige Visualisierungs-Tool der Öffentlichkeit zugänglich gemacht.[9] Seither hat nun weltweit jeder Interessierte die Möglichkeit, eigene Fragestellungen an das mehr als fünf Mio. Bücher umfassende Textkorpus heranzutragen und in ›real time‹ Resultate zu erhalten. Die Bedienung des

---

7   Ebd. 181.
8   Ebd.
9   Vgl. »Books Ngram Viewer«, http://ngrams.googlelabs.com (26. April 2011).

dafür eingerichteten Browsers ist denkbar einfach: eingetragen werden können ›1-grams‹ bis ›5-grams‹ (also faktisch Folgen von bis zu fünf Wörtern), allerdings nicht nur jeweils ein einziges ›n-gram‹, sondern – immer durch ein Komma getrennt – auch gleich mehrere. Die Eingaben sind ›case-sensitive‹, d. h. Groß- und Kleinschreibung müssen beachtet werden. Eingestellt werden müssen auch die Sprachbasis (Auswahl aus 11 Korpora), der Beobachtungszeitraum (eine beliebige Zeitspanne max. zwischen 1500 und 2008; voreingestellt ist 1800–2000) sowie der Glättungsfaktor der Kurve (voreingestellt: 3).

Nach Betätigung des ›search lots of books‹-Buttons wird das Ergebnis in Sekundenschnelle als farbiger Graph ausgegeben – mehrfarbig dann, wenn mehrere ›n-grams‹ gleichzeitig eingegeben wurden; in diesem Fall wählt das Programm für jedes davon automatisch eine unterschiedliche Farbe. Auf der y-Achse angegeben wird die Häufigkeit in Bruchteilen von Prozent. Das Ergebnis kann problemlos ausgedruckt werden. Unterhalb des Diagramms werden für einzelne, vom Programm nach ›Interessantheit‹ gegliederte Zeitabschnitte direkte Zugangsmöglichkeiten zu *Google Books* angeboten, um sich Einzelbeispiele für das Vorkommen der einzelnen Stichworte anzusehen. Diese stehen aber nur in losem Zusammenhang mit den Textkorpora; die Stichworte sind hier auch nicht ›case-sensitive‹. Überdies wird der Nutzer eingeladen, sich für komplexere Experimente die Rohdaten selbst herunterzuladen.

Empfangen wird der Besucher der Seite mit einem Vergleich von ›Atlantis‹ und ›El Dorado‹; ein geeignetes Übungsbeispiel wären aber auch die Namen von Charles Darwin und Sigmund Freud:

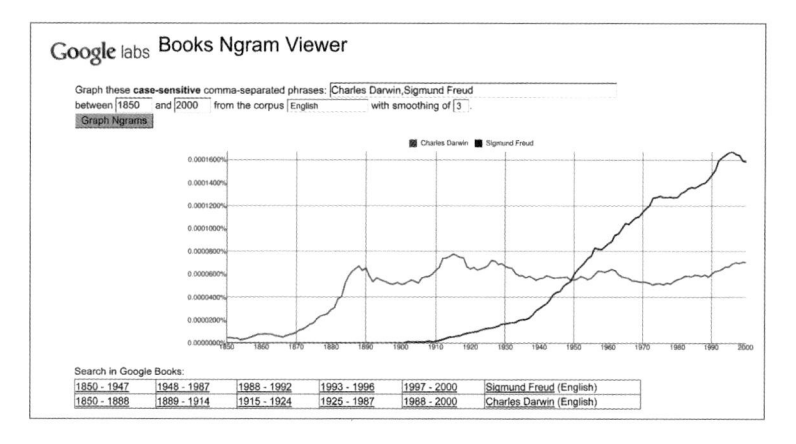

Abbildung 1: Abfrage zu ›Charles Darwin‹ und ›Sigmund Freud‹[10]

---

10 ›Charles Darwin‹ und ›Sigmund Freud‹, http://ngrams.googlelabs.com/graph?content=Charles+Darwin%2CSigmund+Freud&year_start=1850&year_end=2000&corpus=0&smoothing=3 (26. April 2011).

Natürlich gibt es auch eine ›About‹-Seite, auf der grundlegende Informationen zum *Ngram Viewer* gegeben werden.[11] Dort werden insbesondere die unterschiedlichen Korpora näher charakterisiert, denn besonders die englischsprachigen Bücher sind in unterschiedlicher Weise gruppiert und gefiltert worden. Der Nutzer kann wählen zwischen ›American English‹ und ›British English‹, er kann eine English Fiction-Basis wählen, vor allem aber steht neben einem nicht weiter bearbeiteten English-Korpus ein besonders sorgfältig durchgesehenes ›English One Million‹ zur Verfügung, das wie folgt beschrieben wird:

> All are in English with dates ranging from 1500 to 2008. No more than about 6000 books were chosen from any one year, which means that all of the scanned books from early years are present, and books from later years are randomly sampled. The random samplings reflect the subject distributions for the year (so there are more computer books in 2000 than 1980). Books with low OCR quality were removed, and serials were removed.[12]

Dieses Korpus verspricht also besonders aussagekräftige Ergebnisse, dürfte sich allerdings nicht für alle Anwendungen in gleicher Weise eignen. Außer diesen fünf englischsprachigen Datenbasen werden noch chinesisch- (›simplified‹), deutsch-, französisch-, russisch-, spanisch- und hebräischsprachige Korpora zur Benutzung angeboten. Weitere Auskünfte auf der Info-Seite beziehen sich auf den Umgang mit Satzzeichen und Worttrennungen oder auf das Glätten der Kurven; ein wichtiger Hinweis bezieht sich darauf, dass ›n-grams‹ vom *Viewer*-Programm nur berücksichtigt werden, wenn sie in mindestens 40 Büchern vorkommen. Verwiesen wird in dieser Kompaktinformation auch auf den Internet-Auftritt von *Culturomics*[13], der nähere Auskünfte zu dem von der Forschergruppe in Harvard betriebenen ›Cultural Observatory‹ bereitstellt, konkret zu den Beteiligten, zu den bisherigen Veröffentlichungen und über die zur Verfügung stehenden Ressourcen. Besondere Bedeutung kommt auf dieser z. T. noch im Aufbau befindlichen Seite den FAQs zu, deren Lektüre vor Inbetriebnahme des *Viewer* zu empfehlen ist.[14]

4. Die Rezeption von Culturomics und dem Ngram Viewer

Mit dem *Science*-Aufsatz wurde der von Michel, Lieberman Aiden und ihrem Team verfolgte *Culturomics*-Ansatz schlagartig bekannt: Wie als Resultat einer veritablen Pressekampagne erschienen Artikel dazu innerhalb weniger Tage auf Seite 1 der *New York Times*, in der *International Herald Tribune*, im *Wall Street Journal* und im *Boston Globe*.[15] Das neue For-

---

11 »What's All This Do?«, http://ngrams.googlelabs.com/info (26. April 2011).
12 Ebd.
13 Vgl. »Culturomics«, http://www.culturomics.org (26. April 2011).
14 Möglichkeiten zu Anfragen werden über *Twitter* angeboten (#ngrams oder #culturomics), http://www.culturomics.org/Resources/faq (26. April 2011).
15 Vgl. die Angaben auf der privaten Homepage von Erez Lieberman Aiden, http://www.erez.com/Science/Publications (26. April 2011).

schungswerkzeug wurde geradezu mit Enthusiasmus aufgenommen; viele waren bereit, den von *Culturomics* erhobenen Anspruch auf Revolutionierung der Kulturwissenschaften zu akzeptieren. So etwa zitierte das *Wall Street Journal* vom 17. Dezember 2010 den bedeutenden Historiker und Buchwissenschaftler Robert Darnton, der als Direktor der *Harvard University Library* eng mit *Google* kooperiert, mit den Worten: »It is just stunning, they've come up with something that is going to make an enormous difference in our understanding of history and literature.«[16] Auch der ebenfalls hoch renommierte, in Princeton tätige Historiker Anthony Grafton soll sich nach Vorführung der *Culturomics*-Methode begeistert geäußert haben, speziell zur Anwendung in der Zensurforschung. Er glaubt, in der neuen Technik einen »new starting point« für kulturhistorische Analysen erkennen zu können.[17] Aber nicht nur in der Tagespresse fand die *Culturomics*-Idee Resonanz. Sehr bald wurden wissenschaftlich fundierte Bewertungen des neuen Verfahrens vorgenommen, und im Laufe der Wochen und Monate bildete sich ein Diskussionsprozess heraus, in welchem sich viel Zustimmung mit konkreter Detailkritik, aber auch mit entschiedener Ablehnung mischte. Im Folgenden sollen an Beispielen die wichtigsten Pros und Kontras dieser Debatte vorgestellt werden.

5. Ein wissenschaftlicher Paradigmenwechsel?

Wie Darnton und Grafton glaubten noch manche andere Kommentatoren, im Auftreten von *Culturomics* einen Paradigmenwechsel in den Geistes- und Kulturwissenschaften erkennen zu können. So etwa bezeichnete der Linguist Geoffrey Nunberg, von der *School of Information at the University of California at Berkeley,* das Erscheinen des *Science*-Artikels als markantes Datum in der Geschichte der ›Humanities‹: Er verwies darauf, dass es sich bei dem Begriff ›Culturomics‹ um eine Analogiebildung zu ›genetics‹ (›culturome‹/›genome‹) handle (Erez Lieberman Aiden hat seinen PhD in Applied Mathematics and Bioengineering erworben), und dass dem neuen Modell also ein spezifisch biologisches Verständnis von Kultur zugrunde liege, indem diese als eine Riesenmenge an strukturierter Information verstanden werde, die es mittels hoher Rechenleistung zu ›knacken‹ gelte.[18] Die ›Humanities‹ als Programm zur Erforschung des kulturellen Genoms der Menschheit aufzufassen, wäre nun in

---

16 Robert L. Hotz, »World-Wide Web Launches: New Google Database Puts Centuries of Cultural Trends in Reach of Linguists«, *The Wall Street Journal* (17. Dezember 2010), http://online.wsj.com/article/SB10001424052748704073804576023741849922006.html (26. April 2011). Darnton ist einer der engagiertesten Propagatoren jener digitalen Bibliothek, mit der das gesamte Weltwissen weltweit kostenlos zugänglich gemacht werden soll. Zu seinen Positionen vgl. auch Robert Darnton, *The Case for Books. Past, Present, and Future* (New York: Public Affairs, 2010).

17 Vgl. John Bohannon, »Google Books, Wikipedia, and the Future of Culturomics«, *Science* 331.6014 (14. Januar 2011): 135, http://www.sciencemag.org/content/331/6014/135 (26. April 2011).

18 Vgl. Geoffrey Nunberg, »Counting on Google Books«, *The Chronicle Review* (16. Dezember 2010), http://chronicle.com/article/Counting-on-Google-Books/125735 (26. April 2011).

der Tat ein kühnes neues Paradigma – allerdings auch ein durchaus diskussionswürdiges. Sehr wahrscheinlich handelt sich hierbei mehr um zeitgeistige Metaphorik denn um ein methodisch umsetzbares Konzept. Nunberg spricht denn auch davon, dass sich viele Wissenschaftler vom Studium solcher Massendaten und von der Verwandlung von ›literary scholarship‹ in ein ›engineering problem‹ wenig versprechen dürften. Er selbst schätzt das Potenzial der neuen ›quantitative corpus investigations‹ im Feld der Kultur- und Sozialwissenschaften aber als sehr hoch ein und sieht im *Google*-Projekt den Beginn einer neuen Phase in der Anwendung solcher quantitativer Verfahren.

Unter dem Begriff ›Metaknowledge‹ setzten sich James A. Evans und Jacob G. Foster mit neuen methodischen Ansätzen auseinander, große Mengen von ›Wissen über Wissen‹ nach bestimmten Regularitäten zu untersuchen – *Culturomics* ist für sie nur ein Beispiel für einen generellen Trend in den Wissenschaften.[19] Sie gehen optimistisch davon aus, dass solches ›metaknowledge research‹ die Wissenschaftler in die Lage versetzen könnte, ihren Disziplinen in vielen Fällen eine neue Gestalt zu geben, indem sie bislang nicht wahrgenommene Forschungsfelder identifizieren könnten, alte Gewissheiten kritisch neubewerten und neue Pfade durch scheinbar bekannte Landschaften der Erkenntnis und der wissenschaftlichen Annahmen legen könnten, auch um traditionelle Grenzlinien zwischen den Disziplinen aufzuweichen. Sie begrüßen es ausdrücklich, dass die technologische, informationelle Revolution quantitative ›large scales‹-Untersuchungen möglich gemacht hat; mit dem *Culturomics*-Projekt etwa könne nun in weit größerem Umfang als bisher ein ›natural language processing‹ betrieben werden, und aus der Zusammenführung mit qualitativen Studien, die ja in reichem Maße vorlägen, ließen sich vielfältige neue Einsichten letztlich auch in das Wesen von Wissenschaft gewinnen.

Evans und Foster zeigen sich dabei nicht blind für die mit diesem Typus von Forschung verbundenen Probleme, für die verdeckten, impliziten Vorannahmen, die es schwierig machten, wahrhaft neue Sichtweisen zu entwickeln. Gerade die ›metaknowledge investigations‹ könnten jedoch originelle Ansätze kreieren und zugleich voreilige Thesenbildungen (›ghost theories‹) verhindern oder in Frage stellen. Ganz generell sehen die Autoren im ›informatic turn‹ in den Wissenschaften eine einzigartige Chance, durch entsprechendes ›knowledge mining‹ die komplexen Prozesse der Wissensproduktion und -rezeption zu erhellen.

6. Hauptkritikpunkte

Die Reaktionen auf *Culturomics* erschöpften sich aber keineswegs in positiven oder euphorischen Stellungnahmen; es wurde auch z. T. sehr konkrete Kritik geübt. Diese konzentrierte sich auf zwei Punkte: erstens auf die quantitative Methode als solche, und zweitens auf die Qualität der Datenbasis.

---

19 Vgl. James A. Evans und Jacob G. Foster, »Metaknowledge«, *Science* 331.6018 (11. Februar 2011): 721–725, http://www.sciencemag.org/content/331/6018/721.abstract (26. April 2011). Der Beitrag enthält eine Vielzahl von Hinweisen auf einschlägige Forschungsansätze.

Die grundsätzlichsten Einwände bezogen sich auf den Einsatz quantitativer Analyseformen in den Geisteswissenschaften; für einige Kritiker beruht dieser ganz generell auf einem Missverständnis. Wie verbreitet solche Vorbehalte auch in den amerikanischen ›Humanities‹ offenbar sind, lässt sich indirekt aus Geoffrey Nunbergs Bemühungen schließen, *Culturomics* vor dem Vorwurf in Schutz zu nehmen, die neue Analysetechnik betreibe eine Trivialisierung der Wissenschaft.[20] Der Linguist kann in solchem ›distant reading‹, in dessen Rahmen gleich tausende von Texten auf bestimmte Merkmale gleichzeitig untersucht werden, keine Gefahr für das ›close reading‹ erkennen; aus seiner Sicht stehen die beiden Annäherungsweisen an literarische Werke in einem Ergänzungsverhältnis, denn manches quantitative ›nugget‹ fordere ja erst zu narrativer oder wissenschaftlicher Explikation heraus. Im Einklang mit kritischen Bemerkungen der an der *Yale University* tätigen Komparatistin Katie Trumpener erwartet er, dass zahlreiche ›second-rate scholars‹ eine Unmenge an bedeutungslosen Kurven produzieren werden; ein ›original thinker‹ könne bei der Interpretation von maschinell generierten Daten aber durchaus zu guten Ergebnissen gelangen.

In der europäischen Rezeption von *Culturomics* hat der Totalvorbehalt gegenüber den Quantifizierungsmethoden einen markant kulturpessimistischen Hintergrund. Ein Beispiel dafür liefert ein in der *Neuen Zürcher Zeitung* Ende Dezember 2010 erschienener Artikel, in welchem Roman Bucheli – hierin Umberto Eco folgend – den Unterschied zwischen dem ›Lesen‹ und dem ›Benutzen‹ eines Textes unterstreicht.[21] Bucheli stellt mit Bedauern fest, dass heute die *Benutzer* von Texten im Vormarsch seien, von denen Werke nicht mehr auf ihre immanente Intentionalität befragt, sondern nach zitierfähigen Belegen für eine kulturwissenschaftliche Theorie durchsucht würden. Mit der Digitalisierung riesiger Buchbestände durch *Google,* aber auch durch viele eigenständige universitäre Projekte sei diese bisher mühselige Arbeit nun in ganz anderem Maßstab zu leisten – nur müsse man jetzt mehr Informatiker, Physiker oder Mathematiker als ein Kulturwissenschaftler sein, um sich dieser Verfahren zu bedienen. Im »Zeitalter der Volltextsuche« sieht Bucheli eine neue Stufe erreicht; was noch vor zwei Jahren nach Zukunftsmusik klang, sei mit dem Forscherteam um Michel und Lieberman Aiden und ihrer gigantischen Datenbank Wirklichkeit geworden. Die von dem Team gegebenen Kostproben empfindet er jedoch als »ernüchternd« und »alles andere als bahnbrechend«; letztlich werde es dabei bleiben, dass wir, wie beim *Orakel von Delphi*, »lediglich Antworten erhalten, die wir ohnehin geahnt haben«. Bezeichnenderweise mit Proust als Gewährsmann argumentierend, bedauert er den Vormarsch des Fundstellen-Fetischismus,

---

20 Geoffrey Nunberg, »Counting on Google Books« (2010). Der Linguist hatte sich bereits im August 2009 als scharfer Kritiker von *Google Book Search* gezeigt, vgl. hierzu Geoffrey Nunberg, »Google's Book Search: A Disaster for Scholars«, *The Chronicle Review* (31. August 2009), http://chronicle.com/article/Googles-Book-Search-A/48245/ (26. April 2011).

21 Roman Bucheli, »Schneller lesen. Immer zahlreicher werden Bücher und Handschriften digitalisiert und ins Netz gestellt – mit ungewissem Ausgang«, *NZZ online* (29. Dezember 2010), http://www.nzz.ch/nachrichten/kultur/aktuell/schneller_lesen_1.8925672.html (28. April 2011).

der zu Lasten des »ungesicherten Abenteuers des Lesens« gehe und die Leser des Glücks beraube, »zu finden, wonach sie nicht gesucht haben«.[22]

Buchelis Kritik geht im Grunde an der Sache vorbei, weil die ihm so sehr am Herzen liegende emphatische Buchlektüre vom Vorrücken quantitativer wissenschaftlicher Verfahrensweisen nicht wirklich tangiert wird. Positionen, die in der klassischen Hermeneutik immer noch die ›einzig wahre‹ geisteswissenschaftliche Methodik sehen, begegnen allerdings nicht nur im Feuilleton, sondern auch in der Welt der Wissenschaft.[23] Unter den ablehnenden Stimmen finden sich auch solche, die in den *Ngram*-Analysen nicht mehr als ein Kinderspielzeug erkennen wollen.[24]

Eine Vielzahl von kritischen Einwänden richtet sich auf die Datenbasis von *Culturomics*, jene 5,2 Mio. Bücher, die aus dem *Google Books*-Programm stammen und das Textkorpus der Forschergruppe um Michel und Lieberman Aiden (und des *Ngram Viewers*) darstellen: für einige ist sie stark verbesserungsbedürftig, für andere schlicht nicht verwendungsfähig. Anerkennung fand – neben der Mehrsprachigkeit – zunächst zwar der Umfang der Datenbank, die in dieser Hinsicht alles weit hinter sich lässt, was es bis dahin an digitalen Textkorpora gab; allein die englischsprachige Abteilung sei mit 360 Mrd. Wörtern unvergleichlich größer als das *Corpus of Historical American English* (COHA) der *Brigham Young University,* das

---

22 In seinem gleichzeitig erschienenen Kommentar zu dem genannten Artikel vertiefte Bucheli seine Kritik noch anhand konkreter Beispiele, bezogen diesmal nicht vorrangig auf *Google*, sondern auch auf Digitalversionen des Gesamtwerks Heinrich Heines, der Hamburger Ausgabe von Goethes Werken (*Kyushu-Universität*) und dessen Briefe, Thomas Manns Gesammelten Werken in 13 Bänden sowie diverser Wörterbücher, die von dem *Kompetenzzentrum für elektronische Erschließungs- und Publikationsverfahren in den Geisteswissenschaften* an der *Universität Trier* digitalisiert worden sind. Hier vollends wird Bucheli polemisch: »Und wagt da einer noch die naive Frage zu stellen, wie denn dieses oder jenes Buch zu verstehen sei, riskiert er, verspottet zu werden. Denn solche Subtilitäten interessieren im Zeitalter der Volltextsuche niemanden mehr.« Roman Bucheli, »Suchen statt lesen. Die Angebote digitalisierter Bücher im Internet sind ebenso vielfältig wie verführerisch. Doch das digitale Lesen birgt auch Probleme.«, *NZZ online* (29. Dezember 2010), http://www.nzz.ch/nachrichten/startseite/suchen_statt_lesen_1.8925645.html (28. April 2011).
23 Übrigens wird in der gleichen Zeitung am gleichen Tag, im Ressort *Wissenschaft*, auch eine ausgewogene Kurzdarstellung von *Culturomics* gegeben. Vgl. Stefan Betschon, »Quantitative Methoden für die Geisteswissenschaften. Google ermöglicht die statistische Analyse des Inhalts von Millionen Büchern aus fünf Jahrhunderten übers Internet«, *NZZ online* (29. Dezember 2010), http://www.nzz.ch/nachrichten/hintergrund/wissenschaft/quantitative_methoden_fuer_die_geisteswissenschaften_1.8925686.html (28. April 2011).
24 »Kulturkurven für Achtjährige: Ein kurzer Blick auf Googles Ngrammatologie«, *Libreas* (17. Dezember 2010), http://libreas.wordpress.com/2010/12/17/kulturkurven-fur-achtjahrige-ein-kurzer-blick-auf-googles-ngrammatologie/ (28. April 2011); »Google Ngram Viewer – Berlin schlägt Wien und Bern«, *eliteraror*-Blog (18. Dezember 2010), http://eliterator.blog.de/2010/12/18/google-ngram-viewer-berlin-schlaegt-wien-bern-10213813/ (28. April 2011); »Nettes Spielzeug: Google Ngram Viewer«, *Gefahrgut* (5. Januar 2011), http://gefahrgut.wordpress.com/2011/01/05/nettes-spielzeug-google-ngram-viewer/ (28. April 2011).

410 Mio. Wörter umfasst.²⁵ Das COHA wurde allerdings als die klar solidere Forschungsbasis angesehen, da dessen ›text-mining tool‹ weitaus differenziertere Analysen ermöglichte, wie das Aufsuchen sinnverwandter Wörter und Synonyme, die Berücksichtigung von Bedeutungs- und Funktionswandel u. a. m. Inzwischen (seit Mai 2011) gibt es aber die *Google American English*-Datenbank mit erweitertem Funktionsumfang, sodass in etwa die gleichen Suchstrategien angewandt werden können wie zuvor im COHA.²⁶

Am häufigsten gerügt wurden die im Scanverfahren unterlaufenen Fehler in der Texterkennung. Dabei ging es weniger um vereinzelte Lesefehler als vielmehr um systematische Falschlesungen des *Optical Character Recognition* (OCR)-Programms. Dass bei *Google Books* schon das Scanning alles andere als perfekt geraten war, suchte Danny Sullivan an einem drastischen Beispiel zu demonstrieren: Aus dem Verdacht heraus, dass in älteren Büchern besonders bei den Buchstaben ›s‹ und ›f‹ ein Problem vorliegen könnte, unterzog er das Wort ›fuck‹ einer genaueren Untersuchung und registrierte nicht zu erwartende Verwendungsspitzen im 17. Jahrhundert.²⁷ Beim Anklicken von *Google Books*-Beispielen stellte sich schnell heraus, dass es sich um einen typischen OCR-Fehler handelt: das ›lange s‹, wie es nicht nur in Frakturschriften zwingend, sondern auch in Antiquaschriften fakultativ verwendet wurde und in englischsprachigen Texten bis gegen 1800 in Gebrauch war, wurde vom Scanner regelmäßig mit dem ›f‹ verwechselt. Dieses gravierende Problem ist *Google* allerdings bekannt und wird inzwischen in der Einführung in den *Ngram Viewer* direkt angesprochen.²⁸ Gleichwohl scheinen sich besonders in den früheren Jahrhunderten die Lesefehler in einem Umfang zu häufen, der die Aussagekraft der Ergebnisse im Einzelfall in Frage stellen könnte.

Sullivan hegt außerdem Zweifel an der behaupteten gleichmäßigen Verteilung der Bücher über die Untersuchungszeiträume (tatsächlich führt es zu Verzerrungen in den Kurvenverläufen, wenn in einzelnen Jahren verhältnismäßig mehr Bücher berücksichtigt werden als in anderen Jahren) und er hegt berechtigte Zweifel an der Gleichmäßigkeit in der Verteilung der Genres – von einer Häufung wissenschaftlicher Bücher in bestimmten Zeiträumen ist, im Blick auf die Partnerbibliotheken des *Google*-Scanprogramms, realistisch auszugehen. Ernsthaftes Forschen mit dem *Ngram Viewer*, das steht für Sullivan fest, muss sich auf eine Vielzahl von Fallen einstellen.

Scharfe Kritik an der *Google Books*-Datenbasis übte in ihrem Blog auch Natalie Binder – an der Unzuverlässigkeit der maschinellen, nicht editorisch betreuten Texterkennung (die sie an

---

25 Vgl. Geoffrey Nunberg, »Counting on Google Books« (2010). Das von Mark Davies erstellte *Corpus of Historical American English* ist zugänglich unter http://corpus.byu.edu/coha (28. April 2011).

26 Für einen Vergleich der Korpora *Corpus of Historical American English, Google Books (Standard): American English* und *Google Books (BYU/Advanced): American English* vgl. http://corpus.byu.edu/coha/compare-googleBooks.asp (28. April 2011).

27 Danny Sullivan, »When OCR Goes Bad: Google's Ngram Viewer & The F-Word«, *search engine land* (19. Dezember 2010), http://searchengineland.com/when-ocr-goes-bad-googles-ngram-viewer-the-f-word-59181 (28. April 2011).

28 Vgl. »What's All This Do?«, http://ngrams.googlelabs.com/info (26. April 2011).

spektakulären Beispielen festmacht), vor allem aber an den Metadaten – jedes Buch wird ja von einem Datensatz begleitet, in welchem *Google* u. a. Angaben zu Autor, Verlag, Erscheinungsjahr und Buchform festhält.[29] Aufgrund überaus fehlerhafter Metadaten seien nun unzählige Bücher unter falschen Erscheinungsjahren eingeordnet worden, z. B. Bücher von Raymond Chandler oder Stephen King im Jahr 1899 (tatsächlich tauchen, durch Datierungsfehler, auch die Begriffe ›Internet‹ und ›Nanotechnology‹ bereits im 19. Jahrhundert auf!). Es handle sich dabei nicht um ein vernachlässigbares Problem; Katalogisieren sei ein hochspezialisiertes Gebiet für entsprechend ausgebildete Experten, die aber bei *Google* schlicht nicht vorhanden seien.[30] Bis zur Behebung dieser Probleme sei *Google Books* – und konsequenterweise auch der *Ngram Viewer* – für seriöse Forschungszwecke nicht verwendbar. Hierzu muss allerdings angemerkt werden, dass nach Auskunft von Michel, Lieberman Aiden und ihrem Team die 5,2 Mio. Bücher des *Ngram*-Tools eine geprüfte Auswahl aus dem Gesamtpool von *Google Books* darstellen, also auch in den Metadaten eine vergleichsweise höhere Qualität repräsentieren.

Ein weiterer Kritikpunkt – in mancher Hinsicht der gewichtigste – bezieht sich darauf, dass das Textkorpus auf Bücher beschränkt ist. Kulturanalysen, die einige Aussagekraft entwickeln wollen, müssten in der Tat auf einem viel breiteren Spektrum an Textgattungen und Medien aufbauen: Bücher reagieren zeitverzögert auf Entwicklungen und entfalten eine wesentlich größere Filterwirkung; demgegenüber bilden Zeitschriften und Zeitungen Rezeptionsprozesse anders und meist ungleich genauer ab.[31] Ob die Datenbasis in Zukunft erweitert werden kann, bleibt abzuwarten; gegenwärtig limitiert dieser Umstand aber die Validität der Ergebnisse.

7. Erfahrungsberichte

Eine besondere Form konstruktiver Kritik ergibt sich aus den Berichten über Versuche einer praktischen Anwendung des *Ngram Viewers*. Zu den frühesten Reports dieser Art zählt der Blog-Beitrag von Dan Cohen *Initial Thoughts on the Google Books Ngram Viewer and Datasets*

---

29 Natalie Binder, »Google's Word Engine Isn't Ready for Prime Time«, *The Pixel & Page* (17. Dezember 2010), http://thebinderblog.com/2010/12/17/googles-word-engine-isnt-ready-for-prime-time/ (27. Februar 2011); vgl. auch Natalie Binder, »The Problem With Google's Thin Description«, *The Pixel & Page* (18. Dezember 2010), http://thebinderblog.com/2010/12/18/google-ngrams-thin-description/ (27. Februar 2011).

30 In ihrem Posting trat die Userin Andromeda Yelton diesem Vorwurf mit der Information entgegen, *Google* habe Bibliothekskataloge ursprünglich in weit größerem Umfang verwenden wollen, diese aber als so fehlerhaft erkannt, dass darauf verzichtet werden musste. Vgl. die Leserreaktionen auf Natalie Binder, »Google's Word Engine Isn't Ready for Prime Time« unter http://thebinderblog.com/2010/12/17/googles-word-engine-isnt-ready-for-prime-time/ (27. Februar 2011).

31 Vgl. Tim Schwartz, »Culturomics: Periodicals Gauge Culture's Pulse«, *Science* 332.6025 (1. April 2011): 35–36, http://www.sciencemag.org/content/332/6025/35.3.citation (28. April 2011).

vom 19. Dezember 2010.³² Cohen sieht ein Positivum schon darin, dass die so einfach zu verwendenden Tools der *Ngram*-Seite viele Wissenschaftler veranlassen werden, sich mit den Möglichkeiten des ›digital research‹ und des ›datamining‹ in Texten zu befassen: »Digital humanities needs gateway drugs!« Er selbst zählt sich zu den (im *Science*-Artikel bedauerlicherweise nicht genannten) Vorläufern und Wegbereitern dieser ›Digital Humanities‹³³ und hat daher das neue Werkzeug sofort einer näheren Prüfung unterzogen. Diese Tests hätten ergeben, dass noch viel zu tun sei. Von seinen Ratschlägen und Monita sollen nur die wichtigsten hervorgehoben werden: Zum einen empfiehlt er, möglichst keine ›1-grams‹ (›unigrams‹), sondern längere ›n-grams‹ zu verwenden. ›4-grams‹ oder ›5-grams‹ versprächen weitaus interessantere Resultate, weil sie bereits einigen Kontext mit einbinden. Zum anderen empfiehlt er, die ›n-gram‹-Kurven stets in der Kombination mit anderen »datasets from cultural heritage collections« zu verwenden. Was die Beispielanwendungen der Harvard-Forschergruppe betrifft, so regt er an, vor allem jene als Muster zu nehmen, die auf komplexeren Formulierungen beruhen, wie zum Beispiel zu der Unterdrückung von Autoren in totalitären Regimes. Ein gravierendes und vorerst ungelöstes Problem sieht Cohen darin, dass es nicht möglich ist, nahtlos vom ›distant reading‹ zum ›close reading‹ überzugehen, von der Vogelschau zum eigentlichen Text. Wenn man sich vom *Viewer* (wie von diesem angeboten) zu den *Google Books*-Daten hinüberklicke, sei noch nicht gesagt, dass man jene Bücher zu Gesicht bekommt, auf welchen die *Ngram*-Daten beruhen (das sei anders z. B. beim *Time Magazine Corpus* von Mark Davies an der *Brigham University*³⁴). Wie Cohen vermissen auch andere Kommentatoren die Möglichkeit, die Kontexte der eingegebenen Begriffe in die Betrachtung mit einzubeziehen. Denn aus urheberrechtlichen Gründen ist die Textmasse, die ja bis ins Jahr 2008 reicht und daher eine Vielzahl noch geschützter Texte enthält, für den Nutzer nicht lesbar.

Als ein weiterer Anwendungsfall – nicht des *Viewers*, aber der Datenbasis – sei hier noch die *Science Hall of Fame* genannt, die Adrian Veres, einer der Co-Autoren des *Science*-Papers, in Zusammenarbeit mit John Bohannon erstellt hat. Veres hat die 750.000 Personeneinträge in *Wikipedia* herangezogen, um daraus eine 4.209 Namen umfassende Liste von Physikern, Chemikern, Biologen und Mathematikern zwischen 1800 und 2000 zu destillieren und diese in ein ›ranking by fame‹ zu bringen, das im Unterschied zu anderen ›Halls of Fame‹ nicht auf subjektivem Urteil, sondern auf der objektiv messbaren Häufigkeit der Namensnennungen in Büchern beruht.³⁵ Dieses Pantheon der Wissenschaft wurde von Bohannon in *Science* im

---

32 Dan Cohen, »Initial Thoughts on the Google Books Ngram Viewer and Datasets«, *Dan Cohen-Blog* (19. Dezember 2010), http://www.dancohen.org/2010/12/19/initial-thoughts-on-the-google-books-ngram-viewer-and-datasets/ (28. April 2011).
33 Vgl. »A Companion to Digital Humanities«, http://digitalhumanities.org/companion/ (28. April 2011). Dan Cohen wird gelegentlich auch als ›digital humanities guru‹ bezeichnet.
34 *Corpus of Historical American English*, http://corpus.byu.edu/time/ (28. April 2011).
35 Vgl. das Projekt »The Science Hall of Fame. Created and curated by Adrian Veres and John Bohannon«, *Sciencemag* (14. Januar 2011), http://www.sciencemag.org/site/feature/misc/webfeat/gonzoscientist/episode14/index.xhtml (26. April 2011). Für die weiterführende Webseite (mit Interviews, Video, Dataset-Download etc.) vgl. http://fame.gonzolabs.org/.

Januar 2011 als eine neue Form der Messung des Einflusses vorgestellt.³⁶ Ermittelt werde der ›cultural footprint‹ eines Wissenschaftlers über Zeiten und Gesellschaften hinweg. Angeführt wird das Ranking von Bertrand Russell, den Maßstab setzt aber der zweitplatzierte Charles Darwin, der zwischen 1839 und 2000 148.429 Mal, d. h. in immerhin 2 Prozent aller englischsprachigen Bücher erwähnt wird. Um eine Vergleichsmöglichkeit zu gewinnen, wurde daraus – durch Division der durchschnittlichen Jahresfrequenz durch tausend – eine Maßzahl, der ›milliDarwin‹ (mD), abgeleitet, wobei sich 1 mD immer noch als relativ hoher Wert entpuppte. Überraschend war, dass die Erringung eines Nobelpreises nicht automatisch zu einem sehr hohen Ranking führt – zwar trifft dies auf Albert Einstein (878 mD; 3. Platz) oder Max Planck (256 mD) zu, während 80 Prozent aller erfassten Nobelpreisgewinner unter 10 mD blieben und einzelne kaum mehr als 1 mD aufwiesen. Wer unsterblichen Ruhm anstrebt, sollte 1. in den Sozialwissenschaften tätig werden und Mathematik meiden; 2. wichtige Werke verfassen, ohne dabei aber am ›citations rat race‹ teilzunehmen, weil häufiges Zitiertwerden keine Ruhmesgarantie bedeutet; 3. ein populäres Buch schreiben; 4. keiner Kontroverse aus dem Weg gehen. Denn tatsächlich unterscheidet die Frequenzanalyse nicht zwischen ›fame‹ und ›infamy‹; auch eine Nennung in kritisch-ablehnendem Zusammenhang kann einen Wissenschaftler im Ranking nach vorne bringen – wie dies ja an Darwin beobachtet werden kann, ebenso an Bertrand Russell, der die Liste mit 1500 mD anführt.³⁷

Wenige Monate nach dem ›roll-out‹ befindet sich *Culturomics* v. a. dank des freien Zugangs zum *Ngram Viewer* in einer sehr lebendigen Testphase. Dies spiegelt sich hauptsächlich in der Blogging-Szene³⁸, inzwischen gibt es aber auch eine *Facebook*-Seite, auf der sich alle an diesem Ansatz Interessierten über ihre Ergebnisse austauschen können.³⁹ Tatsächlich scheint

---

36 John Bohannon, »The Science Hall of Fame«, *Science* 331.6014 (14. Januar 2011): 143, http://www.sciencemag.org/content/331/6014/143.3.full (26. April 2011).

37 Auch Geoffrey Nunberg kritisiert, dass in den breitflächig angelegten *celebrity studies* kein Unterschied gemacht wird zwischen ›fame‹ und ›eminence‹, wie dies in den wegweisenden Forschungen von Leo Braudy vorgeführt worden sei. Ruhm werde vorschnell gleichgesetzt mit der häufigen Erwähnung eines Namens. Vgl. hierzu Geoffrey Nunberg, »Counting on Google Books« (2010).

38 Vgl. etwa Jon Orwant, »Find Out What´s in a Word, or Five, with the Google Book Ngram Viewer«, *Googleblog* (16. Dezember 2011), http://googleblog.blogspot.com/2010/12/find-out-whats-in-word-or-five-with.html (27. Februar 2011, mit zahlreichen Links auf Postings zu dem *Ngram Viewer*); Peter Aldhous, Jim Giles und MacGregor Campbell, »Our Adventures in Culturomics«, *NewScientist. Short Sharp Science-Blog* (17. Dezember 2010), http://www.newscientist.com/blogs/shortsharpscience/2010/12/our-adventures-in-culturomics.html (27. Februar 2011); Ed Young, »The Cultural Genome: Google Books Reveals Traces of Fame, Censorship and Changing Languages«, *Discover Magazine-Blog* (16. Dezember 2010), http://blogs.discovermagazine.com/notrocketscience/2010/12/16/the-cultural-genome-google-books-reveals-traces-of-fame-censorship-and-changing-languages/ (27. Februar 2011, mit Vorschlägen zu »more interesting/amusing/silly searches«). In Deutschland vgl. u. a. Bastian Greshake, »Culturomics – Genug zu lesen«, *SciLogs* (7. Januar 2011), http://www.scilogs.de/wblogs/blog/bierologie/allgemein/2011-01-07/culturomics-genug-zu-lesen (27. Februar 2011); Daniel Rettig, »Culturomics – Google ermöglicht Sprachforschung«, *alltagsforschung.de* (17. Dezember 2010), http://www.alltagsforschung.de/culturomics-google-ermoglicht-sprachforschung/ (27. Februar 2011).

39 Vgl. »N-teresting N-grams«, http://www.facebook.com/nteresting.ngrams (28. April 2011).

Culturomics nicht nur in den USA, sondern auch schon in Deutschland zu einer Art Gesellschaftsspiel geworden zu sein.[40]

Auf Anwendungsmöglichkeiten im didaktischen Zusammenhang hat die Forschergruppe auf ihrer Homepage von Anfang an hingewiesen.[41] Dieser Anregung folgend, hat Mills Kelly das *Ngram*-Tool in der universitären Lehre eingesetzt und am 17. Oktober 2010 im Weblog *edwired* über seine Erfahrungen berichtet.[42] Er ließ die Studierenden zunächst mit Wortpaaren arbeiten wie ›Krieg‹/›Frieden‹; in einem weiteren Schritt sollten sie darüber nachdenken, was sich in solchen Worthäufigkeitskurven widerspiegelt. Daraus eröffnete sich ein Fragenraum, der Ansatzpunkte zu vielfältigen Diskussionen lieferte. Weitere, anspruchsvollere Stufen des Werkzeuggebrauchs zielten darauf ab, den Bedeutungswandel von Begriffen zu erfassen oder zur Kritik an der Quellenbasis anzuleiten. Soweit sich daran theoretische Debatten anschlossen, wurden diese von den Studierenden viel eher als sinnvoll empfunden als ohne eine solche Vorbereitung. Der Gebrauch des *Ngram Viewers* in der universitären Lehre scheint mithin durchaus aussichtsreich, mindestens um Interesse an Fragestellungen zu wecken – Fragestellungen, die auch buchwissenschaftlicher Art sein könnten.

8. Buchwissenschaft als angewandte Culturomics

Das Auftreten von *Culturomics* gibt nicht zuletzt auch den Anstoß zu Überlegungen, ob und in welcher Weise mit solchen quantitativen Verfahrensweisen das (ohnehin schmale) Methodenrepertoire der Buchwissenschaft bereichert werden könnte. Unsere Disziplin darf sich ja als allererste angesprochen fühlen, wenn es darum geht, Bücher als Zeugnisse der Kulturentwicklung zu verstehen und auszuwerten, beruht doch unser Fachverständnis auf der Überzeugung, dass Bücher über viele hundert Jahre hinweg das wichtigste Trägermedium des Kultur- und Wissensprozesses gewesen sind. *Culturomics* macht Ernst mit dieser Überzeugung, und es wäre wenig plausibel, an einem so eminent buchbezogenen Projekt kein Interesse zu entwickeln.

Im Folgenden sollen daher einige, vorerst als spielerisch aufzufassende Versuche gezeigt werden, den *Ngram Viewer* im Rahmen buchwissenschaftlicher Fragestellungen einzusetzen. Dabei werden einige der Anregungen aufgegriffen, die von Michel, Lieberman Aiden et al. in ihrem Artikel in *Science* gegeben worden sind. Zunächst bietet sich die Eingabe einfacher Sachbegriffe an, bezogen etwa auf die Frage, wie sich im Textkorpus die Diffusion von technischen Innovationen im Druckwesen abbildet. Wie lang dauert es, vom Zeitpunkt der Erfindung an, bis sich eine neue Drucktechnik durchgesetzt hat? Besonders die Lithographie drängt

---

40 Vgl. Zettel, »Kennen Sie schon den Google NGram Viewer? Ein neues geniales Projekt von Google. Sie werden fasziniert sein. Vielleicht«, *Zettels Raum-Blog* (8. Februar 2011), http://zettelsraum.blogspot.com/2011/02/kennen-sie-schon-den-google-ngram.html (28. April 2011).
41 Vgl. »FAQ-Culturomics«, http://www.culturomics.org/Resources/faq#culturomics (28. April 2011).
42 Mills Kelly, »Visualizing Millions of Words«, *edwired* (17. Dezember 2011), http://edwired.org/2010/12/17/visualizing-millions-of-words/ (28. April 2011).

sich auf, allerdings scheint es opportun, gleichzeitig den Begriff ›Steindruck‹ einzugeben, der nämlich – wie der Graph ausweist – von 1800 weg dominierte, bis er kurz vor 1840 von ›Lithographie‹ überholt wurde.

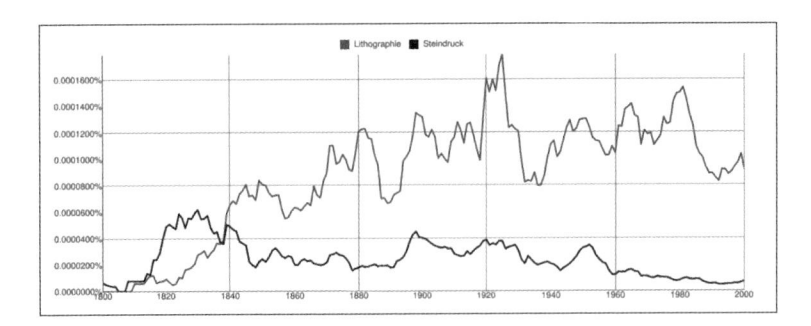

Abbildung 2: Abfrage zu ›Lithographie‹ und ›Steindruck‹[43]

Hier zeigt sich nicht nur eine terminologische Problematik, sondern es stellt sich sofort auch die Frage nach der Aussagekraft solcher Wortfrequenzanalysen. Denn was wurde konkret untersucht? Die Häufigkeit, mit der lithographische Verfahrensweisen Anwendung gefunden haben (in der Druckindustrie? in künstlerischen Zusammenhängen?), oder doch nur die Intensität, mit der das Verfahren in der Fachliteratur diskutiert bzw. in Lehr- und Handbüchern behandelt worden ist? Eine Klärung solcher Fragen könnte tatsächlich nur durch genauere Untersuchungen zu den Kontexten erfolgen, in denen die Suchbegriffe auftreten.

Aus buchhandelsgeschichtlichem Interesse könnte im Zeitraum 1900–2000 der Begriff ›Bücherstube‹ abgefragt werden; er bezeichnet das Auftreten eines neuen, kundenfreundlichen Typus der Innenraumgestaltung von Buchhandlungen, mit dem der ›Schwellenangst‹ der Kunden begegnet werden sollte. Dem ersten Spitzenwert um 1920 folgt ein zweiter, in dieser Höhe nicht so erwarteter um das Jahr 1950. Eine noch größere Überraschung liefert der Begriff ›Jungbuchhandel‹, der im ausgewerteten Textkorpus nicht etwa in den 1920 und 1930er Jahren (der Entstehungsphase), sondern zwischen 1950 und 1970 Konjunktur hatte. Der Buchhandelshistoriker könnte weiteren Stoff zum Nachdenken gewinnen, wenn er, bezogen auf größere Zeiträume (1500–2000), die Frage stellt, ab wann eigentlich der Begriff ›Verlag‹ Bedeutung gewinnt oder warum die Kurve zum Stichwort ›Antiquariat‹ um 1930 und 1950 Kulminationspunkte zeigt, seit 1970 aber nur relativ bescheidene Werte erreicht.

Während aber bei reinen *Sach*begriffen häufig Zweifel bleiben, ob sich in den errechneten Verlaufskurven reale Entwicklungen abbilden, kann man von der Eingabe typischer

---

43 ›Lithographie‹ und ›Steindruck‹, http://ngrams.googlelabs.com/graph?content=Lithographie%2C Steindruck&year_start=1800&year_end=2000&corpus=8&smoothing=3 (26. April 2011).

*Diskurs*begriffe prinzipiell aussagekräftigere Ergebnisse erwarten. Ein Beispiel liefert der Begriff ›Buchkultur‹, der zwar in keinem einzigen (Fach-)Lexikon erläutert wird, trotz seiner Unbestimmtheit aber eine beliebte Reflexionsfigur im Mediendiskurs geworden ist. In der *Ngram*-Suche zeigt sich zwischen 1900 und 2000 ein erstes, niedriges Plateau seit 1920, ein zweites, etwas höheres zwischen 1950 und 1980 und danach ein sprunghafter Anstieg bis 2000. Ein Bewusstsein von den Spezifika der Buchkultur scheint also erst mit dem Eintritt in das ›Medienzeitalter‹ und dem Verlust mancher Selbstverständlichkeiten entstanden und auf den Begriff gebracht worden zu sein.

Diese Versuche mit Einzelstichwörtern können hier nicht sämtlich in Abbildungen vorgeführt werden, und müssen es auch nicht: Der Leser dieses Beitrags kann unter http://ngrams.googlelabs.com/ mühelos diese und andere Begriffe selbst eingeben, dabei auch mit dem Beobachtungszeitraum variieren oder mit dem ›smoothing‹, denn sowohl auf der Zeitachse wie auch z. B. durch gänzlichen Verzicht auf Glättung lassen sich manche Trends genauer fokussieren. Darüber hinaus können Vergleiche durch Verwendung unterschiedlicher Sprachkorpora angestellt werden. Einige aussichtsreiche Anwendungsbereiche sollen aber noch etwas genauer vorgeführt werden, beispielsweise zur buchwissenschaftlichen Prominenzforschung. Die größte ›celebrity‹ ist hier wohl Johannes Gutenberg, im Jahr 2000 zum ›man of the millenium‹ ausgerufen. Die um den Erfinder des Buchdrucks mit beweglichen Typen geführten Diskussionen und das rund um die diversen Gutenberg-Feiern (1837/1840, 1900, 1940, 2000) entstandene Schrifttum zeichnen sich im *Ngram*-Graphen deutlich ab (Eingabe: ›Gutenberg‹; Zeitraum 1700–2008; ›smoothing‹ auf ›0‹). Die Auswahl des englischen oder französischen Textkorpus zeigt übrigens deutlich andere Kurvenverläufe.

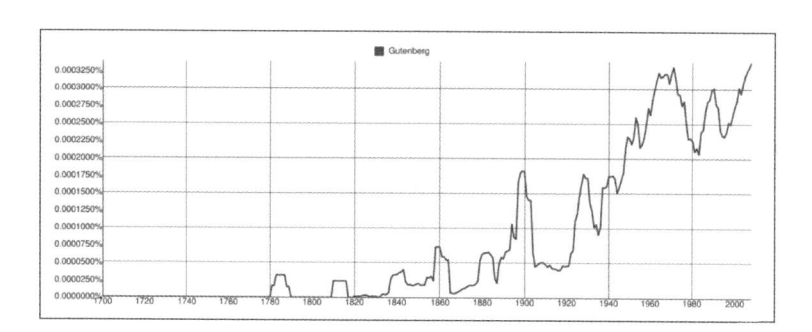

Abbildung 3: Abfrage zu ›Gutenberg‹[44]

Analog zu dem von Michel, Lieberman Aiden et al. in *Science* vorgestellten Zensurprojekt könnte eine entsprechende Auswahl von Verlagen daraufhin untersucht werden, ob sich mit dem

---

44 ›Gutenberg‹, http://ngrams.googlelabs.com/graph?content=Gutenberg&year_start=1700&year_end=2008&corpus=8&smoothing=3 (26. April 2011).

Jahr 1933 ein Bruch ergibt: für die einen negativ, mit einem Absinken der Frequenz, für andere positiv, mit einem deutlichen Anstieg. Dies soll hier probeweise an den Beispielen Rowohlt und Kiepenheuer sowie Hanseatische Verlagsanstalt und Franz Eher[45] demonstriert werden.

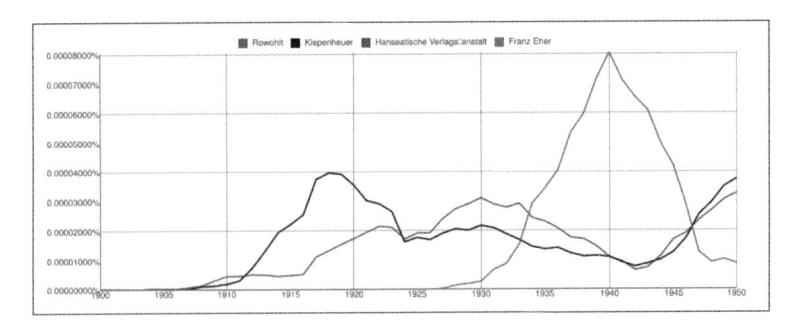

Abbildung 4: Abfrage zu ›Rowohlt‹, ›Kiepenheuer‹, ›Hanseatische Verlagsanstalt‹ und ›Franz Eher‹[46]

Die Ergebnisse sind in diesem Fall eindeutig. Sie zeigen aber auch gewisse Kontinuitätslinien auf, sowohl im Abstieg der einen wie im Aufstieg der anderen; das Jahr 1933 markiert also keinen absoluten Wendepunkt. Im Übrigen bestätigt sich hier einmal mehr der Verdacht, dass für die letzten Jahre des Weltkriegs mit einer Irregularität im deutschsprachigen Textkorpus zu rechnen ist: bedingt durch den Zusammenbruch der Buchproduktion 1944/1945 im Deutschen Reich stand für das *Google* Scan-Programm offensichtlich nur eine sehr geringe Zahl von Büchern zur Verfügung. Im Glättungsfaktor 3 wirkt sich der Fehler auch auf die umliegenden Jahre (zurück bis 1940/41) aus; bei Untersuchungen zur NS-Zeit sollte daher das ›smoothing‹ ausgeschaltet werden.

Das vielleicht aussichtsreichste Feld eröffnet sich aber in der Erforschung von Bucherfolgen. Der *Ngram Viewer* bietet sich an, anhand von Buchtiteln Themenkarrieren zu verfolgen und den Verlauf von Diskursen, wie sie von typischen ›Debattenbüchern‹ ausgelöst werden, nachzuzeichnen. Kommt man hier zu überzeugenden Ergebnissen, könnte diese Methode einen Beitrag zur Etablierung einer ›Buchwirkungsforschung‹[47] liefern, als Spezialgebiet der Medienwirkungsforschung. Eine wichtige Ausgangsvoraussetzung dürfte hier in der Prägnanz

---

45 Die genaue Verlagsbezeichnung ›Verlag Franz Eher's Nachf.‹ scheint hier weniger praktikabel, erst recht nicht mit dem Zusatz ›Zentralverlag der NSDAP‹.

46 ›Rowohlt‹, ›Kiepenheuer‹, ›Hanseatische Verlagsanstalt‹ und ›Franz Eher‹, http://ngrams.googlelabs.com/graph?content=Rowohlt%2CKiepenheuer%2C+Hanseatische+Verlagsanstalt%2CFranz+Eher&year_start=1900&year_end=1950&corpus=8&smoothing=3 (26. April 2011).

47 Vgl. *Buchwissenschaft und Buchwirkungsforschung. VIII. Leipziger Hochschultage für Medien und Kommunikation.* Hrsg. Dietrich Kerlen und Inka Kirste (Leipzig: Institut für Kommunikations- und Medienwissenschaft, 2000).

Culturomics. Digitale Bibliotheken als Basis für quantitative Kulturanalysen 73

eines Buchtitels zu sehen sein – erfüllt wird diese Bedingung z. B. von Ernst Haeckels seinerzeit breit rezipiertem Buch *Die Welträthsel*, wobei zu berücksichtigen wäre, dass es schon seit 1908 mit modernisierter Schreibung des Titels (*Die Welträtsel*) erschienen ist. In der originalen Schreibweise sind das Allzeit-Hoch in den Jahren nach 1900 sowie die Ansätze zu einer Haeckel- bzw. *Welträthsel*-Renaissance in der Zeit des Nationalsozialismus deutlich zu erkennen; weniger nachvollziehbar ist der Anstieg zwischen 1980 und 2000.

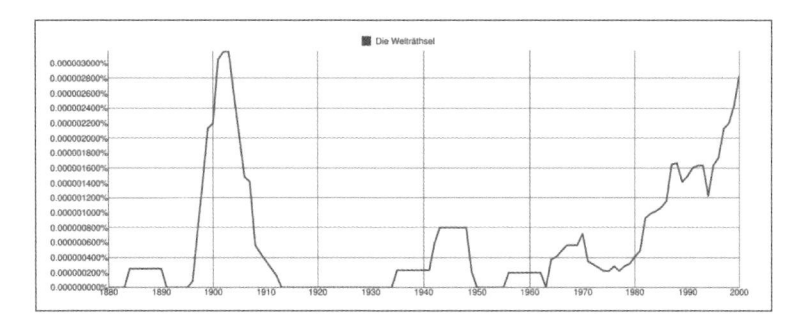

Abbildung 5: Abfrage zu ›Die Welträthsel‹ (I)[48]

Gibt man die Schreibung ›Die Welträtsel‹ ein, so wird beispielsweise die Wirkung der wissenschaftlichen Neuausgabe 1960 im Akademie-Verlag sichtbar. Generell ist ja bei Werken dieser Art eine Korrelation des Kurvenverlaufs mit der Auflagengeschichte, z. B. auch mit der Veranstaltung von Reprints, zu erwarten.

Abbildung 6: Abfrage zu ›Die Welträthsel‹ (II)[49]

48 ›Die Welträthsel‹, http://ngrams.googlelabs.com/graph?content=Die+Weltr%C3%A4thsel&year_start=1880&year_end=2000&corpus=8&smoothing=3 (26. April 2011).
49 ›Die Welträtsel‹, http://ngrams.googlelabs.com/graph?content=Die+Weltr%C3%A4tsel&year_start=1880&year_end=2000&corpus=8&smoothing=3 (26. April 2011).

Aus verschiedenen Gründen bietet sich auch eine Probe mit Adolf Hitlers *Mein Kampf* an. Wählt man einen engeren Betrachtungszeitraum von 1920–1950 ohne Glättung, so zeigt sich, dass Hitlers Programmschrift bis 1932 jedenfalls in Büchern kaum erwähnt worden ist; in der danach aufsteigenden Kurve kommt es 1936 zu einer Aufgipfelung, danach zeigt sich ein bis 1942 stark nachlassendes Interesse, bis dann direkt nach Kriegsende eine intensive Befassung erfolgte, die den absoluten Spitzenwert bewirkt. Kritische Vergleiche mit den Erkenntnissen, die Othmar Plöckinger über die Rezeptionsgeschichte gewonnen hat, bieten sich an: Einerseits findet sein Bestreben, die These vom ›ungelesenen Bestseller‹ zu widerlegen, für die Zeit bis 1932 im *Ngram Viewer* keine Stütze, andererseits können aber die äußerst niedrigen Werte vor der ›Machtergreifung‹ – im Einklang mit Thesen Plöckingers – auch als Beleg dafür bewertet werden, dass die Auseinandersetzung mit dem *Kampf*-Buch lange Zeit auf Rednerbühnen und nicht im politischen Buch geführt worden ist.[50]

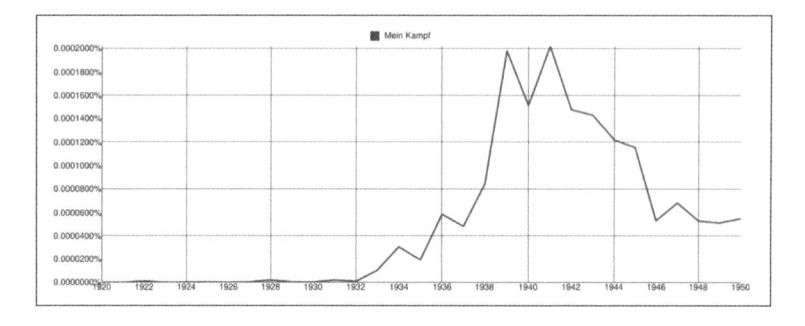

Abbildung 7: Abfrage zu ›Mein Kampf‹[51]

Für die Zeit nach 1945 stellen ›Skandalautoren‹[52] wie Günter Wallraff ein dankbares Studienobjekt dar – aufsehenerregende Publikationen wie *Der Aufmacher – Der Mann, der bei ›Bild‹ Hans Esser war* (1977) oder *Ganz unten. Beschreibung des Schicksals von illegal eingeschleusten Arbeitern* (1985) hinterlassen ihre Spuren im *Ngram*-Graphen. Hohe Werte in den Jahren 1982 und 2006 könnten ihre Erklärung aber in Popularitätsschüben finden, wie sie durch Gerichtsprozesse oder verstärkte Medienpräsenz bewirkt werden. Auch Bestsellerautoren entwickeln eine charakteristische Popularitätskurve, wie z. B. Johannes Mario Simmel-Kurve, der 1985/86 das Frequenzmaximum erreichte.

50 Othmar Plöckinger, *Geschichte eines Buches. Adolf Hitlers ›Mein Kampf‹ 1922-1945.* (München: Oldenburg, 2006).
51 ›Mein Kampf‹, http://ngrams.googlelabs.com/graph?content=Mein+Kampf&year_start=1920&year_end=1950&corpus=0&smoothing=0 (26. April 2011).
52 Anregungen dazu bieten die Bände *Literatur als Skandal. Fälle – Funktionen – Folgen.* Hrsg. Stefan Neuhaus und Johann Holzner (Göttingen: Vandenhoeck & Ruprecht, 2007) sowie *Literaturskandale.* Hrsg. Hans-Edwin Friedrich (Frankfurt a. M.: Lang, 2009).

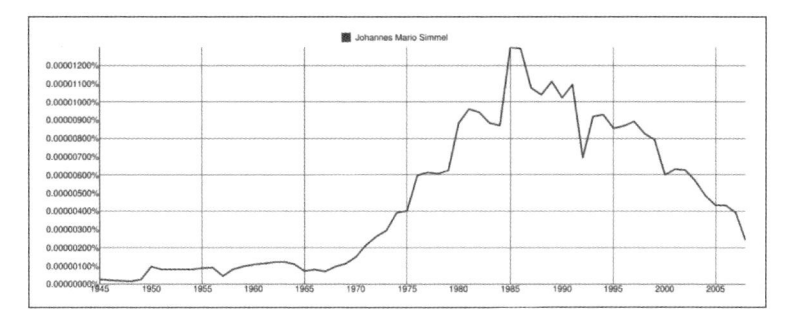

Culturomics. Digitale Bibliotheken als Basis für quantitative Kulturanalysen 75

Abbildung 8: Abfrage zu ›Johannes Mario Simmel‹[53]

Es werden aber spätestens an solchen Beispielen sehr rasch die Limitierungen des Verfahrens bewusst, die daraus rühren, dass Literaturrezeption zu weiten Teilen in der Tagespresse oder in Zeitschriften erfolgt und sich in neuerer Zeit überwiegend in eine differenzierte Medienöffentlichkeit verlagert hat, die von *Ngram*-Analysen (bislang) überhaupt nicht erfasst wird. Eine auf Bücher beschränkte Rezeption wird daher in der Hauptsache Kanonisierungsprozesse abbilden: Wer als Schriftsteller oder Künstler dauerhaft und hochfrequent in Büchern erwähnt wird, hat den Sprung von der bloßen Zeiterscheinung in den großen Kanon der Kunst und Literatur geschafft. Als ein Beispiel sei Bertolt Brecht genannt, der – nicht ganz überraschend – in den 1960er, 1970er und 1980er Jahren unvergleichlich höhere Werte erreichte als zu Lebzeiten.

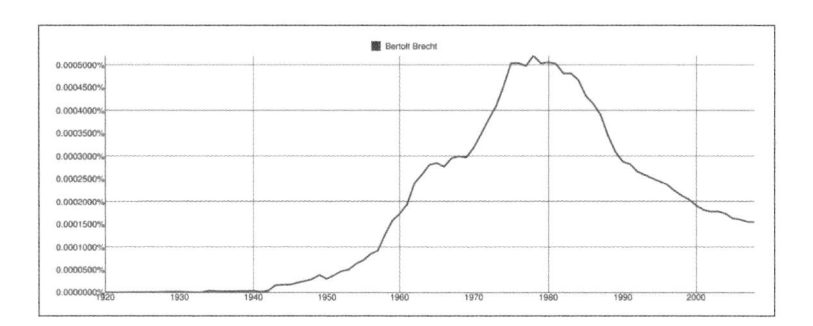

Abbildung 9: Abfrage zu ›Bertolt Brecht‹[54]

---

53 ›Johannes Mario Simmel‹, http://ngrams.googlelabs.com/graph?content=Johannes+Mario+Simmel&year_start=1945&year_end=2008&corpus=8&smoothing=3 (26. April 2011).
54 ›Bertolt Brecht‹, http://ngrams.googlelabs.com/graph?content=Bertolt+Brecht&year_start=1920&year_end=2008&corpus=8&smoothing=3 (26. April 2011).

9. Kritisches Fazit

Es war an dieser Stelle nicht möglich, all die Überlegungen und Bedenken auszubreiten, die jede einzelne der oben vorgestellten Anwendungen der *Culturomics*-Methode begleitet haben – Fragen nach der zielführenden Formulierung der eingegebenen *Ngrams*, nach Alternativen dazu oder nach Kontrollbegriffen, nach der sinnvollen zeitlichen Eingrenzung oder der angemessenen Kurvenglättung, ebenso nach Störfaktoren, die das Ergebnis verfälschen und verzerren, wie dies in krasser Form bei verschiedensten Formen von Äquivokationen wie Homonymien und Polysemien, Namensgleichheiten, unterschiedlichen Namensschreibungen etc. der Fall sein kann. Warnungen vor unsachgemäßem und unbedachtem Gebrauch gibt es von Seiten der *Culturomics*-Forschergruppe, die ihren Ansatz selbst als ›work in progress‹ präsentiert, schon seit Zugänglichmachung der Datenbasis. Die Berechtigung dieser Warnungen kann aus der Sicht des Verfassers nur unterstrichen werden, selbst wenn man die unausgewogene Datenbasis und die Dunkelziffer an OCR-Fehlern unberücksichtigt lässt. Die explanatorische Kraft der von diesem Tool produzierten Kurven muss als eng begrenzt angesehen werden: Mit dem *Ngram Viewer* lassen sich hauptsächlich Bestätigungen von vorhandenem Wissen gewinnen, günstigenfalls Anhaltspunkte für weitere Nachforschungen, kaum jedoch originäre Forschungsergebnisse. Und wie Kritiker zutreffend feststellen, entwickeln die errechneten Daten nicht von sich aus eine kulturgeschichtliche Bedeutung, allenfalls gelingt es dem versierten Kulturhistoriker, sie zum Sprechen zu bringen.

Allerdings, die Voraussetzungen für quantitative Analysen in digitalen Bibliotheken werden sich laufend verbessern. Durch Nachbearbeitung der Scans können in *Google Books* noch Fortschritte erzielt werden; außerdem gibt es inzwischen immer mehr mit Sorgfalt erstellte digitale Textsammlungen, die entsprechende Recherchemöglichkeiten bieten, z. B. die digitale Bibliothek von *TextGrid*.[55] Fortschritte sind aber auch durch Verfeinerung der Methoden zu erwarten. Wenn es heute noch eine berechtigte Frage ist, wie weit die Aussagekraft von simplen Wortfrequenzanalysen reicht, so werden innovative Formen des ›natural language processing‹ neue Möglichkeiten eröffnen. Die Diskussion über diese Ansätze ist namentlich in den USA ungleich weiter vorangeschritten als in Deutschland. Unter Stichworten wie ›topic modeling‹ oder ›latent semantic analysis‹ wird nach Algorithmen gesucht, die es erlauben, in großen Textmengen nach Wörtern ähnlicher Bedeutung zu suchen und sie, unter Berücksichtigung der Kontexte, zu ›clustern‹ und zu automatischer Beschreibung und Einordnung von Texten zu nutzen.[56] Diskutiert wird auch, in welcher Weise große Textkorpora einer ›cross-reference

---

55 Vgl. »TextGrid«, http://www.textgrid.de/ueber-textgrid/digibib.html (26. April 2011).
56 Vgl. hierzu z. B. Kat Hagedorn, »How Topic Modeling is Useful in Digital Libraries«, *MLibrary* (7. Oktober 2010), http://www.lib.umich.edu/gallery/events/topicmodeling (30. Mai 2011) oder Mark Steyvers und Tom Griffiths, *Probabilistic Topic Models*, http://psiexp.ss.uci.edu/research/papers/Steyvers GriffithsLSABookFormatted.pdf (30. Mai 2011). Vgl. zudem auch die Webseite von »MAchine Learning for LanguagE Toolkit (MALLET)«, http://mallet.cs.umass.edu/topics.php (30. Mai 2011) sowie den Beitrag von Hal, »Topic Modeling: Syntactic versus Semantic«, *Natural Language Processing-Blog* (21. August 2007), http://nlpers.blogspot.com/2007/08/topic-modeling-syntactic-versus.html (30. Mai 2011).

analysis‹ unterzogen werden können; so etwa hat Shai Ophir – aufbauend auf dem 1995 vorgestellten ›Ideometry‹-Ansatz Luciano Floridis – zu zeigen versucht, wie in den von *Google Books* bereitgestellten Textmengen nach ›hidden patterns‹ gesucht werden kann, indem er am Beispiel des Deutschen Idealismus ideometrische Verfahren im Feld der Ideengeschichte angewandt hat.[57] An vielen Orten wird zum ›Semantic Web‹ geforscht; die dabei gewonnenen Erkenntnisse können ebenfalls in die Analyse digitaler Bibliotheken einfließen.[58]

Ohne Zweifel: quantitative Verfahren haben Zukunft. Wäre dies daher nicht der geeignete Moment, um darüber nachzudenken, in welcher Weise der ›digital turn‹ (oder ›informatic turn‹) auch für die Buchwissenschaft produktiv gemacht werden könnte? Kritische Beobachter wie Natalie Binder sind zwar der Meinung: »The humanities don't need a hard-science parent to take them in the digital age.«[59] In der Naturwissenschaft hat aber die Analyse riesiger Datenmengen zu faszinierenden Entdeckungen geführt – warum sollte das nicht auch in den Geisteswissenschaften möglich sein? Gerade die Buchwissenschaft würde immens davon profitieren, wenn sie die ›datamining‹-Technologien, die auf der quantitativen Analyse des in Büchern überlieferten Kulturerbes aufbauen, für sich erobern und – weit über buchmarktstatistische Zwecke hinaus – für ihre Fragestellungen nutzbar machen könnte.

Dabei könnte die Buchwissenschaft durchaus an eigene Fachtraditionen anknüpfen.[60] Jedenfalls findet sich im *Lexikon des gesamten Buchwesens* das Stichwort ›Bibliometrie‹ mit einer Begriffserklärung, die sehr eindeutig auf die Anwendung quantitativer Verfahren noch im Vor-Computerzeitalter hinweist.[61] Auch wenn sich die Bibliometrie bald auf eine Scientometrie, auf die Bewertung wissenschaftlicher Leistungen eingeengt hat (durch Messung der

---

57 Vgl. Shai Ophir, »A New Type of Historical Knowledge«, *The Information Society* 26.2 (2010): 144–150, http://www.informaworld.com/smpp/content~content=a919375720~db=all~jumptype=rss (30. Mai 2011).
58 So etwa fand im Juli 2011 an der *Johannes Gutenberg-Universität* in Mainz im Rahmen des ›Forschungsschwerpunkts Medienkonvergenz‹ eine von Axel-Cyrille Ngonga Ngomo gemeinsam mit Christoph Bläsi organisierte Tagung *Semantics and Media* statt, auf der Experten aus den Bereichen ›Semantic Web‹ und ›Linked Open Data‹ einen Überblick über aktuelle Entwicklungen gaben.
59 Natalie Binder, »The Problem with Google's Thin Description« (2010).
60 Anknüpfen ließe sich auch an die schon seit längerem in der Kommunikationswissenschaft erprobte Praxis der computergestützten Inhaltsanalyse bzw. der Online-Inhaltsanalyse. Vgl. hierzu Brigitte Lederer und Marcus Hudec, *Computergestützte Inhaltsanalyse. Ein Modell für die Printmedien* (Frankfurt a. M./New York: Campus, 1992) oder *Die Online-Inhaltsanalyse. Forschungsobjekt Internet*. Hrsg. Martin Welker (Bremen: Halem, 2010).
61 »Bibliometrie ist die Metrik (Messung, Statistik) des Buchwesens im weiteren Sinne. Sie untersucht den Einsatz mathematisch-statistischer Methoden, die quantitativen Regelhaftigkeiten (Bradfordsches Gesetz, Lotka-Regel, Zipf-Regel) von Printmedien im Informationsstrom (Informetrie, Zitatenanalyse) in Beziehung zur Wissenschaftstheorie und -forschung. Der Begriff B. ist seit 1969 eingeführt durch Alan Pritchard mit der Publikation ›Statistical Bibliography or Bibliometrics?‹ Wichtige Untersuchungen der letzten Jahre sind bes. der Entwicklungsgeschichte der Printmedien nach Gattungen, Ursprungsländern sowie inhaltlich nach Fachgebieten oder speziellen Forschungsthemen gewidmet.« H. R. Simon, »Bibliometrie«, *Lexikon des gesamten Buchwesens*. 6 Bde., Bd. 1: A bis Buch. 2. Aufl. Hrsg. Severin Corsten, Stephan Füssel und Günther Pflug (Stuttgart: Hiersemann, 1987) 374.

Häufigkeit, mit der die Publikationen eines Forschers in anderen Publikationen zitiert werden, sowie des ›Impact Factors‹ der Zeitschriften, in denen publiziert wird[62]), so könnte mit den Datenreservoiren und den Werkzeugen von heute eine innovative Form von Bibliometrie entstehen, die der Buchwissenschaft zweifellos neue Impulse verleihen und zugleich eine Pionierrolle im Rahmen der ›Digital Humanities‹ sichern würde.

---

62 Zur aktuellen Kritik an diesen Methoden vgl. u. a. Alex Rühle, »Wie misst man Exzellenz? Bibliometrie ist das Zauberwort der universitären Evaluation«, *Süddeutsche Zeitung* 23 (29. Januar 2009): 11.

Bibliothek aus Daten

Gerhard Lauer

Seminar für Deutsche Philologie, Universität Göttingen

Es war ein epochaler Schritt, der doch aus vielen Trippelschritten und nicht wenigen Rückschritten bestand, als im Übergang zur Neuzeit die systematisch angeleitete Beobachtung zur bestimmenden Methode der Wissenschaften aufstieg.[1] Das beharrliche Sammeln von Daten, die offene und geteilte Auswertung der Daten in den sich spezialisierenden wissenschaftlichen Disziplinen und die Wiederholbarkeit der Datengenerierung im Experiment hatte die Kuriosenkabinette und deduktiven Syllogismen des Mittelalters abgelöst. Mit Versuchen wie dem Galileo Galileis zum freien Fall 1623 oder Methodenlehren wie Francis Bacons *Novum organon scientiarum* von 1620 wurde die datenbasierte Wissenschaft allmählich und mit vielen Widersprüchen zu der spezifisch modernen Weise des Erkennens. Immanuel Kant hat diese moderne Epistemologie in der Vorrede zur zweiten Auflage seiner *Kritik der reinen Vernunft* pointiert zusammengefasst:

> Die Vernunft muß mit ihren Prinzipien, nach denen allein übereinkommende Erscheinungen für Gesetze gelten können, in einer Hand, und mit dem Experiment, das sie nach jenen ausdachte, in der anderen, an die Natur gehen, zwar um von ihr belehrt zu werden, aber nicht in der Qualität eines Schülers, der sich alles vorsagen läßt, was der Lehrer will, sondern eines bestallten Richters, der die Zeugen nötigt, auf die Fragen zu antworten, die er ihnen vorlegt.[2]

Und wie das Gericht eine Institution ist, die Akten und Beweisstücke aufbewahren muss, so haben schon Francis Bacon und dann auch Christian Gottlob Heyne in Göttingen auf die Notwendigkeit von wissenschaftlichen Bibliotheken hingewiesen, die das Wissen der Alten und das neue Wissen zusammenführen:

> The works touching books are two – first, libraries, which are as the shrines where all the relics of the ancient saints, full of true virtue, and that without delusion or imposture, are preserved and reposed; secondly, new editions of authors, with more correct impressions, more faithful translations, more profitable glosses, more diligent annotations, and the like,

notiert Bacon im fünften Abschnitt seines zweiten Buches aus dem *Advancement of Learning*, einer frühen Methodenlehre der Wissenschaften von 1605.[3] Und das galt jahrhundertelang.

---

1 Lorraine Daston und Elizabeth Lunbeck, *Histories of Scientific Obserservation* (Chicago, IL: University of Chicago Press, 2011).
2 Immanuel Kant, »Kritik der reinen Vernunft. Vorrede zur zweiten Auflage«, *Immanuel Kant. Werke in zehn Bänden*. Bd. 3. Hrsg. Wilhelm Weischedel (Darmstadt: Wissenschaftliche Buchgesellschaft, 1956) 23.
3 Francis Bacon, *Advancement of Learning. The Second Book* (1605). Hrsg. Hartmut Krech nach der Ausgabe von G. W. Kitchin. Online zugänglich über die *Renascence Editions* unter http://www.luminarium.org/renascence-editions/adv2.htm (15. Mai 2011).

Die wissenschaftlichen Bibliotheken wurden zu weit mehr als es gängige, aber eher statische Metaphern vom Haus des Wissens oder den Orten des Gedächtnisses nahelegen. Eher wären sie, so meine ich, in dynamischen Bildern vom Fluss des Wissens zu fassen, der kaum ein Wissen lange bestehen lässt und doch ein Flussbett braucht, das ihn fließen lässt. Bibliotheken gleichen dann einem solchen Flussbett und weniger den konventionellen Bildspendern Haus oder Ort. Nicht ohne einen tragizistischen Ton hat bekanntlich Max Weber diese Dynamik modernen Wissens in seinem legendären Vortrag *Wissenschaft als Beruf* bereits 1917 formuliert:

> Jeder von uns dagegen in der Wissenschaft weiß, daß das, was er gearbeitet hat, in 10, 20, 50 Jahren veraltet ist. Das ist das Schicksal, ja: das ist der *Sinn* der Arbeit der Wissenschaft, dem sie, in ganz spezifischem Sinne gegenüber allen anderen Kulturelementen, für die es sonst noch gilt, unterworfen und hingegeben ist: jede wissenschaftliche ›Erfüllung‹ bedeutet neue ›Fragen‹ und *will* ›überboten‹ werden und veralten. Damit hat sich jeder abzufinden, der der Wissenschaft dienen will.[4]

1. Daten – Informationen – Wissen

Was Weber mit Zeiträumen von 10, 20, 50 Jahren angegebenen hat, sind in einigen Disziplinen wie etwa den Lebenswissenschaften heute eher Monate, manchmal nur Wochen. Diese Dynamik, die selbst ein Max Weber sich kaum vorzustellen vermocht hat, generiert immer mehr und immer größere Datenmengen. Und damit nicht genug – es entstehen auch noch immer mehr Datenformate. Beides zusammen kann vor dem Hintergrund der Bibliotheksgeschichte nicht folgenlos bleiben, so vermute ich. Denn Bibliotheken privilegieren das Buch, dann auch die gebundene Zeitschriften, taten und tun sich aber schwer mit allen anderen Formaten, seien es akustische Aufzeichnungen oder Bildermaterialien, Objekte, Rituale oder Tänze, die dann eher dem Bereich Museum zugeschlagen wurden. Das hängt mit der Privilegierung der buchorientierten Wissenschaften innerhalb der Geistes- und teilweise auch der Sozialwissenschaften zusammen, die in einer Mediengesellschaft einerseits, aber mehr noch in einer digitalen Gesellschaft an Bedeutung verliert, viele sagen: dramatisch an Bedeutung verliert. Möglich, dass wir die letzte Generation sind, für die die Unterscheidung zwischen ›offline‹ und ›online‹ noch leitend ist. Aber das ist schon Spekulation. Ich meine dagegen, dass in einer digitalen Welt die eingespielte Arbeitsteilung zwischen Bibliothek und Museum systematisch obsolet geworden sein dürfte, so sehr sie historisch gewachsen ist. Die akustische Aufzeichnung eines Holocaust-Zeugnisses und die Videoaufzeichnung einer ethnologischen Beobachtung unterscheiden sich im vielem, aber sie sind ebenso digitale Daten wie eine Stammzellenbank oder die Statistik einer Langfriststudie zur Entwicklung von Familien. Zugleich sind die Formate, in denen diese Daten abgelegt werden, heterogener als sie das analoge Zeitalter je kannte. Verwaltet werden diese Daten zumeist in Rechenzentren. Und

---

4 Max Weber, *Wissenschaft als Beruf.* 7. Aufl. (Berlin: Duncker & Humblot, 1984) 15.

auch der Unterschied zwischen Bibliotheken und Rechenzentren ist im digitalen Zeitalter nicht mehr zwingend. Schon in erster Näherung konstatiere ich daher, dass die Bibliotheken schon jetzt vor anderen Herausforderungen stehen, und dass unter diesen Herausforderungen die Daten, ihre schiere Menge und ihre Heterogenität unter die nicht eben kleinsten zählen. Als These zugespitzt: Daten gehören zum Sammelauftrag der Bibliotheken. Für eine solche Änderung des Sammelauftrags plädiere ich im Folgenden: den Daten-Bibliotheken spreche ich das Wort zu. Der Unterschied zwischen Museen, Bibliotheken und Rechenzentren ist ein historischer, kein notwendiger.

Daten sind noch keine Informationen und erst recht kein Wissen. Sie sind zunächst nur eben Daten. Diese Unterscheidung von Daten, Information und Wissen ist ebenso trivial wie sie wichtig ist. Warum, das sieht man an einem klassischen Projekt zum Sammeln von Daten, dem *Corpus Inscriptionum Latinarum* von Theodor Mommsen. Mommsen hatte Mitte des 19. Jahrhunderts ein Projekt angestoßen, das nicht weniger vorsah als die Sammlung möglichst aller Inschriften des Römischen Reiches. Geordnet nach Provinzen sollten sie ein einzigartiges Quellenkorpus für die Klassische Philologie und verwandte Fächer werden, ohne dass die gesammelten Inschriften schon gleich verstanden wären oder gar zu einem Wissen geordnet werden könnten. Nach mehr als einem Jahrhundert des akribischen Sammelns sind heute in mehr als 17 Bänden in über 70 Teilen ca. 180.000 Inschriften gesammelt und ediert.[5] Wer sich mit der römischen Lebenswelt und Geschichte befasst, kann diese epigraphischen Daten für seine Forschung nutzen, was immer seine oder ihre Fragestellung im Einzelnen ist. Das gibt das Korpus nicht vor. Und gerade darin ist es so nützlich und zeigt, wie Daten, Informationen und Wissen zusammenhängen. Daten wie die epigraphischen Zeugnisse des Alten Roms werden aber nur gesammelt, wenn man die klassizistischen Vorannahmen teilt, die einst Mommsen und seine Schüler angeleitet haben. Epistemische Objekte sind Daten immer nur aufgrund solcher Vorentscheidungen und werden nur ihretwegen dann auch in Bibliotheken zur Verfügung gestellt. Daten sammeln sich nicht von selbst. Hinter ihrer Sammlung stehen viele Vorentscheidungen, die wiederum auf Wissen und Urteilen – auch falschen – beruhen. Daten sind also keine Naturgegebenheiten, sondern das Ergebnis wissenschaftlich hergestellter Tatsachen, einschließlich irriger Tatsachen.

Das Beispiel des *Corpus Inscriptionum Latinarum* illustriert, warum wissenschaftliche Daten keine Beiläufigkeit in der modernen Wissenschaftswelt und keineswegs ein Problem nur der Natur- und Lebenswissenschaften sind. Dort aber sind sie besonders herausfordernd. Die Datenmenge, die der neue Teilchenbeschleuniger in Genf innerhalb eines Jahres produziert, beläuft sich nach vorsichtigen Schätzungen auf mehr als 15 Petabytes.[6] Das sind mehr als 30 Millionen CD-ROMs Daten, würde man diese Datenmenge auf derzeit gerade noch ›herkömmlichen‹ Speichermedien ablegen. Aufeinandergeschichtet ergibt das einen Daten-

---

5 Das Vorhaben leitet die heutige Berlin-Brandenburgische Akademie der Wissenschaften. Vgl. hierzu *Corpus Inscriptionum Latinarum* unter http://cil.bbaw.de (19. September 2011).
6 Vgl. »Worldwide LHC Computing Grid«, http://lcg.web.cern.ch/lcg/public/ (16. Juni 2011).

berg, der um einiges höher als der *Mont Blanc* wäre. Anders visualisiert sind 15 Petabytes eine Datenmenge die mehr als 1.000 Mal größer wäre als die Menge der Bücher der *Library of Congress*. Die Reihe solcher bis vor kurzem noch unvorstellbarer Datenmengen ließe sich fortsetzen, etwa unter Verweis auf DNA-Sequenziermaschinen, die gegenwärtig schon innerhalb von Minuten mehr als ein Terrabyte Daten erzeugen können oder die Milliarden Events, die in ›Social Networks‹ wie *Facebook* jeden Tag gesammelt werden.

Kulturkritisch gestimmte Köpfe würden einwenden, dass solche Zahlen Frevel seien und dass es auf die informierte Auswahl der Daten ankäme, nicht auf das sinnlose Anhäufen der Daten. Das ist natürlich richtig, übersieht nur den epistemischen Konstruktionscharakter der Datenerzeugung. Den aufgezeichneten Daten steht auch im digitalen Zeitalter eine weit größere Menge nicht aufgezeichneter Daten gegenüber. Nur der kleinste Teil der Daten wird überhaupt für weitere Forschung aufgehoben. In der Teilchenphysik ist es eins von einer Million, wenn nicht sogar eins von einer Milliarde Events, das dauerhaft aufgezeichnet bleibt. Und in der Klimaforschung werden mehr als 90 Prozent der Daten verworfen.[7] Löschen von Daten ist also integraler Bestandteil einer sinnvollen Datenpolitik; Löschen gehört zur Epistemologie der Daten. Viktor Meyer-Schoenberger spricht gar von der ›Tugend des Vergessens‹ im digitalen Zeitalter.[8] Ohne die Auswahl wären Daten nur ein Haufen unlesbarer digitaler Zustände. Wie in Mommsens Projekt braucht man ein hohes komplexes (Vor-)Wissen, um zu unterscheiden, was aufgehoben und was verworfen wird. Gerade darin ähnelt sich das Datensammeln römischer Inschriften dem Datensammeln der Teilchen- oder Klimawerte.

Und dennoch ist die Datenmenge immens, die in diesen Fächern produziert wird, ja mehr noch ist diese Menge ein schnell wachsendes Problem. Der Zeitschrift *Science* war das Problem der Daten ein ganzes Heft wert.[9] Im Jahr 2007 seien zum ersten Mal mehr Daten produziert worden als maschinell verarbeitet werden können. Mit knapp drei Zetabits gespeicherten Daten pro Jahr, also mehr als 400 Milliarden CD-ROMs an Daten rechnen die *Science*-Autoren, was in vorstellbaren CDs einen Turm ergibt, der bereits über den Mond hinausreicht. Und schon 2011 mussten sie ihre eigenen Befunde nach oben korrigieren, da bereits 2010 mehr als 1.250 Milliarden Gigabytes neue Daten erzeugt worden seien, was in Bits mehr Daten sind als alle Sterne des Universums zusammen. Während die Verarbeitungsgeschwindigkeit der Computer ›nur‹ ca. alle anderthalb Jahre sich verdopple, die Speicherkapazitäten gar ›nur‹ alle vier Jahre derzeit zu verdoppeln sind, wachse hingegen die jährliche Datenmenge um fast 60 Prozent gegenüber dem Vorjahr. Das Problem liegt auf der Hand.

Hinzu kommt die zunehmende Heterogenität der Daten, weil in der wissenschaftlichen Praxis Bytes nicht ausreichen, sondern komplexe Datentypen durch Aneinanderreihung

---

7   Jonathan Overpeck et al., »Climate Data Challenges in the 21ˢᵗ Century«, *Science* 331.6018 (11. Februar 2011): 700–702, http://www.sciencemag.org/content/331/6018/700.full (16. Juni 2011).
8   Vgl. Viktor Meyer-Schoenberger, *Delete. The Virtue of Forgetting in the Digital Age* (Princeton, NJ: Princeton University Press, 2007).
9   Science Staff, »Challenges and Opportunities«, *Science* 331.6018 (11. Februar 2011): 692–693, http://www.sciencemag.org/content/331/6018/692.short (16. Juni 2011).

von Bytes neue Bitmuster erzeugen. Die Anordnung der Bytes in den Computerspeichern wird dadurch uneinheitlicher und jeder Datentransfer aufwändiger. Jede Anwendung, auch so verbreitete wie *Word* oder *Excel,* bringt eigene Datenformate mit sich.[10] Und selbst der so gängige *ASCII*-Codestandard wird nicht ganz einheitlich verwendet. Ohne Kenntnis des Datentyps sind Datentransfers kaum möglich. Die Herausforderungen sind also alles andere als klein. Worauf es meines Erachtens aber ankommt, ist diese Dynamik moderner Wissenschaft auch mit Blick auf die Bibliotheken nicht in den Denkschablonen der Kulturkritik zu verstehen. Denn dann bleibt nur die Beschwörung einer guten alten Zeit und damit die Abkopplung der Bibliotheken von ihren neuen Aufgaben.

2. Daten sammeln in der Wissensgesellschaft

Daten auch in dieser Größe und Komplexität zu sammeln, ist alles andere als Selbstzweck, weil es in den Wissenschaften sonst nichts zu tun gäbe. Die Autoren des *Science*-Heftes von 2011 haben für ihre Untersuchung zur Datenpolitik in den Wissenschaften von mehr als 1.700 Kolleginnen und Kollegen Rückmeldungen zu deren Umgang mit großen Datenmengen erhalten. Etwa 20 Prozent von ihnen nutzen demnach regelmäßig Datensets von bis zu 100 Gigabytes, und etwa 7 Prozent von ihnen sogar solche bis zu einem Terabyte. In Fächern wie der Astrophysik, die das Potenzial der Forschungsdaten vielleicht am frühesten erkannt hat, wurde in einem Projekt wie dem *Sloan Digital Sky Survey* (SDSS)[11] seit 1998 der Himmel digital kartographiert, und damit eine ebenso gewaltige wie gut strukturierte Datenmenge aufgebaut, dass nun die Phase beginnen kann, in der weitere Forschung auf diesen Daten aufbauen kann. Die Fernrohre sind dann auf die Daten und nicht den Himmel gerichtet, ein virtuelles Observatorium aus Daten ist entstanden. Ich meine, dass Vorhaben wie das *SDSS* Paradigmen einer neuen Form wissenschaftlicher Erkenntnisgewinnung sind. Der Mehrwert der so aufbereiteten Daten wie im *SDSS* liegt auch für die anderen Disziplinen auf der Hand, ob es sich um Klimadaten handelt, die an verschiedenen Orten über große Zeiträume gesammelt worden sind, ob um Krankenakten, die Auskunft über Krankheitstypen und -verlaufsformen geben können[12], um archäologische Georeferenzdaten, die es ermöglichen, unterschiedliche Ausgrabungen miteinander zu vergleichen[13] oder um Korpora von Tausenden von Sprachen, die Regelmäßigkeiten in der evolutionären Entwicklung von Sprachen aufzeigen lassen.[14]

---

10 Eine Übersicht zu den Kategorien der Datenformate findet sich im *Wikipedia*-Artikel »Datenformat«, http://de.wikipedia.org/wiki/Kategorie:Datenformat (16. Juni 2011).
11 »Sloan Digital Sky Survey«, http://www.sdss.org (16. Juni 2011).
12 Z. B. »MediGRID«, http://www.medigrid.de (16. Juni 2011).
13 Z. B. »ArcheoInf«, http://www.archeoinf.de sowie »Arachne«, http://www.arachne.uni-koeln.de/drupal/ (16. Juni 2011).
14 Z. B. »CLARIN«, http://www.clarin.eu/external/ (16. Juni 2011).

Wissenschaftliche Daten gehören damit zu den Phänomenen der Informationsgesellschaft, die der britische Informationswissenschaftler Luciano Floridi als »Re-Ontologisierung«[15] bezeichnet hat, den Umstand also, dass wissenschaftliche Daten zu neuen Entitäten in der Welt würden, die diese Welt damit zugleich verändern. Das schiere Vorhandensein strukturierter wissenschaftlicher Daten erweitert die Möglichkeiten der wissenschaftlichen Untersuchung, ja der möglichen Fragestellungen. Medien- und Sozialwissenschaftler wie Alex Pentland etwa sprechen dann auch von einer neuen Qualität von Wissenschaften, die entstehen: »In short, a computational social science is emerging that leverages the capacity to collect and analyze data with an unprecedented breadth and depth and scale. Substantial barriers, however, might limit progress«.[16] Und Tony Hey, einer der Vizepräsidenten der *Microsoft*-Forschungsabteilung, spricht gar von einem ›Vierten Paradigma‹ der Wissenschaften, dem der datenintensiven Wissenschaften[17], von denen nicht nur er die wesentlichen Durchbrüche in den nächsten Jahren erwartet. Wer es pathetisch formuliert haben möchte, findet im Artikel von Chris Anderson, dem Chefredakteur des Magazins *Wired*, die entsprechende Formulierung:

> The opportunity is great: The new availability of huge amounts of data, along with the statistical tools to crunch these numbers, offers a whole new way of understanding the world. Correlation supersedes causation, and science can advance even without coherent models, unified theories, or really any mechanistic explanation at all. There's no reason to cling to our old ways. It's time to ask: What can science learn from *Google*?[18]

Oder altmodischer mit Max Weber gesagt: die Daten sind das Schicksal der Wissenschaften, mindestens in den nächsten Jahren. Das wird die Wissenschaften verändern, aber auch die Computer[19] und letztlich auch immer die Gesellschaft.[20]

Umso erstaunlicher ist, dass nach der Umfrage von *Science* fast die Hälfte der befragten Forscher ihre Daten in den jeweils eigenen Laboren aufbewahrt.[21] Jedem ist bewusst, dass dies

---

15 Luciano Floridi, »Internet. Which Future for Organized Knowledge, Frankenstein or Pygmalion?«, *International Journal of Human-Computer Studies* 43.2 (1995): 261–274.
16 David Lazer, A. Sandy Pentland et al., »Life in the Network. The Coming Age of Computational Social Science«, *Science* 323.5915 (6. Februar 2009): 721–723, http://www.sciencemag.org/content/323/5915/721.full (16. Juni 2011); vgl. auch Alex Pentland, »Building a Nervous System for Society: The ›New Deal of Data‹ and How to Make Health, Financial, Logistics, and Transport Systems Work«, *The Semantic Web. Lecture Notes in Computer Science* 7032 (2011): 390.
17 Vgl. Tony Hey, Stewart Tansley et al., *The Fourth Paradigm. Data-Intensive Scientific Discovery* (Seattle: Microsoft Research, 2010), http://research.microsoft.com/en-us/collaboration/fourthparadigm/ (16. Juni 2011).
18 Chris Anderson, »The End of Theory. The Data Deluge Makes the Scientific Method Obsolete«, *Wired Magazine* 16.7 (2008), http://www.wired.com/science/discoveries/magazine/16-07/pb_theory (16. Juni 2011).
19 Ian Foster, »2020 Computing: A Two-Way Street to Science's Future«, *Nature* 440 (2006): 419.
20 Luciano Floridi, »The Future Development of the Information Society«, *Jahrbuch der Akademie der Wissenschaften zu Göttingen* (Berlin/New York: De Gruyter, 2007) 175–187.
21 Science Staff, »Challenges and Opportunities«, *Science* 331.6018 (11. Februar 2011): 692–693, http://www.sciencemag.org/content/331/6018/692.short (16. Juni 2011).

keine günstige Lösung ist. Noch weniger geht es an, dass die immer mehr wissenschaftlichen Artikeln hinterlegten Forschungsdaten den wenigen weltweit agierenden Verlagskonzernen zur ausschließlichen Nutzung überlassen werden dürfen, weil damit das schon jetzt bestehende Oligopol noch weiter verfestigt wird. Sind Daten tatsächlich eine der wesentlichen Ressourcen der Wissensgesellschaft, gehören sie einer offenen Gesellschaft und nicht einem Oligopol. Das anzumerken ist trivial, aber alles andere als eine Selbstverständlichkeit angesichts der massiven Interessen, die dabei im Spiel sind.

Und hier spätestens kommen die wissenschaftlichen Bibliotheken ins Spiel. Mit den Rechenzentren, Museen und Laboren sind sie die ausgezeichneten Orte, die Daten nachhaltig und offen vorzuhalten. Das ist eine enorme Aufgabe, der Menge wegen, der Heterogenität wegen, und auch aufgrund der Fluidität der Formate und der ungeklärten Rechtslagen. Viele Bibliotheken haben längst damit begonnen, Daten über die klassischen Katalogdaten hinaus aufzunehmen, Repositorien einzurichten, ›Grids‹ zu unterstützen und in virtuellen Forschungsumgebungen bis zur Ununterscheidbarkeit mit Laboren, Rechenzentren und Museen zusammenzuarbeiten. Das sollte aus meiner Sicht nicht die Ausnahme sein, sondern im Gegenteil die Regel. Wer sonst könnte verlässlich in einer Wissensgesellschaft Daten über den Tag hinaus lesbar halten, wenn nicht die Bibliotheken. Das wird ihre Herausforderung sein und ist schon heute ihre Zukunft.

Hand und Wort. Eine phänomenologische Reminiszenz zum digitalen Ende der Bibliotheken

Uwe Jochum

Bibliothek der Universität Konstanz

1. Vorklärung

Als André Leroi-Gourhan, der große französische Anthropologe und Paläontologe, in den 1960er Jahren sein Buch über *Hand und Wort* veröffentlichte, ging es ihm u. a. darum, den Zusammenhang zwischen der Entwicklung des Menschen und seinem Werkzeug- und Mediengebrauch aufzuzeigen. Dabei lag die Pointe der Argumentation darin, dass die im aufrechten Gang frei werdende menschliche Hand, deren Greifmotorik immer weiter verfeinert wurde, mit einer Umorganisation des Gehirns zusammenfällt, besonders einer Ausbildung der Frontallappen, in denen die Funktionen rationaler und motivgebundener Handlungssteuerung und damit verbunden auch Konzentrations- und Aufmerksamkeitsleistungen lokalisiert sind.[1] Nimmt man das ernst, dann ist der Werkzeug- und Mediengebrauch keine einfache Indienstnahme eines Gegenstandes, die den Menschen unverändert lässt, sondern der Werkzeug- und Mediengebrauch greift direkt in den menschlichen Organismus ein. Ob das zum Guten oder Bösen ausschlägt, hängt dann freilich nicht allein vom Willen des Menschen ab, mit einem Werkzeug oder Medium in bestimmter Weise umzugehen; vielmehr ist hier ein die Anthropogenese beeinflussendes Potenzial der Werkzeuge und Medien in Anschlag zu bringen, das sich von dem her bestimmt, was die Materialität und die auf der Materialität beruhende Funktionalität der Werkzeuge und Medien als Spielraum vorgeben. Wie ernst man das nehmen muss, zeigen die neueren Forschungen von Maryanne Wolf, die empirisch belegen konnte, wie sich die interne Organisation des Gehirns durch die Nutzung der digitalen Medien verschiebt und wie durch den Gebrauch dieser Medien Aufmerksamkeits- und Konzentrationsstörungen hervorgerufen werden.[2] Das hat für Aufsehen gesorgt, nicht nur, weil Wolfs Arbeiten den bis dahin in der Debatte um die neuen Medien und das Internet vorherrschenden apologetischen Utopismus, der einem fröhlichen, weil konsequenzlosen Mediengebrauch das Wort redete, in Frage stellten, sondern auch, weil Wolf das konventionelle, auf Papier gedruckte Buch als ein Medium wiederentdeckte, bei dessen Lektüre Konzentration und Aufmerksamkeit geschult und hirnphysiologisch verankert werden. Als

---

1 André Leroi-Gourhan, *Hand und Wort. Die Evolution von Technik, Sprache und Kunst*. Übers. Michael Bischoff (Frankfurt a. M.: Suhrkamp, 1980) 42–82 und 296–320.
2 Maryanne Wolf, *Das lesende Gehirn. Wie der Mensch zum Lesen kam – und was es in unseren Köpfen bewirkt*. Übers. Martina Wiese (Heidelberg: Spektrum Akademischer Verlag, 2010).

dann einige Bücher, die sich an das allgemeine Publikum richteten, Wolfs Untersuchungen populär machten[3], kam die Mediendebatte auch in den Feuilletons an.

Es scheint, dass der einzige Ort, an dem diese Debatte spurlos vorüberging, die Bibliotheken sind. Denn dort hat man sich seit den 1960er Jahren nahezu vorbehaltlos einer Förderung der Datentechnik verschrieben und ging konsequenterweise in den 1970er Jahren zunächst dazu über, die Kataloge in elektronische Form zu überführen, um in den späten 1990er Jahren dann auch die Buch- und Zeitschriftenbestände zu digitalisieren.[4] Das geschah zum Teil in der Hoffnung, die gute alte Bibliothek durch ihre datentechnische Modernisierung gesellschaftlich attraktiver zu machen, zum Teil aber setzte man kühl kalkulierend darauf, die Bibliotheken als digitale Avantgarde ins Spiel bringen zu können und dadurch nicht einfach an gesellschaftlicher Relevanz zu gewinnen, sondern auch an Macht und Einfluss in einem wissenschaftspolitischen Umfeld, das die Digitalisierung als einen Hebel zur Ökonomisierung von Wissenschaft betrachtete und folglich bei allem, was mit dem Internet zu tun hatte, eine Hebung der Renditen des Wissenschaftssystems erwartete – und bis heute erwartet. Es versteht sich, dass man in einem solchen Umfeld kein Interesse an einer Debatte haben konnte, die die Handlungsprämissen der bibliothekarischen Entscheider fundamental in Frage stellte. Damit aber schlägt die Interesselosigkeit, die sich den Einwänden aus Anthropologie und Psychologie gegenüber blind und taub macht, in reine Ideologie um, die je länger je mehr vor dem Problem stehen wird, die unbefragten Begrifflichkeiten von gestern vor der Kritik von heute und morgen abzuschotten. Das ist umso gravierender, als es hier um kein beliebiges Akzidens der Bibliotheken geht, sondern um ihre Substanz – um die Frage nämlich, was eine Bibliothek zu leisten vermag und ob diese Leistung von der digitalen Bibliothek in derselben Weise erbracht werden kann wie von der konventionellen.

Was Bibliotheken bisher leisteten, war einfach dies: Sie sammelten Bücher und Zeitschriften und liehen diese bei Bedarf aus. Damit stand die Bibliothek medientechnisch in ebenjenem Raum, in dem im Umgang mit dem Medium Buch Konzentration und Aufmerksamkeit geschult wurden. Wenn die digitale Bibliothek nun diesen medientechnischen Raum aufgibt, dann verstärkt und beschleunigt sie genau jene negative Rückkopplungsschleife, die von den digitalen Medien in Gang gesetzt wurde, und die zu einem Abbau grundlegender menschlicher Kompetenzen führt. Am Ende dieser Schleifenstruktur wird keine Bibliothek stehen, die mit ihren digitalen Dienstleistungen als ein ›Informationsknoten‹ im Internet fungieren kann, denn die aufgrund des überwiegenden Gebrauchs digitaler Medien unkonzentriert

---

3   Zu nennen sind beispielsweise Frank Schirrmacher, *Payback. Warum wir im Informationszeitalter gezwungen sind zu tun, was wir nicht tun wollen, und wie wir die Kontrolle über unser Denken zurückgewinnen* (München: Blessing, 2009); Susanne Gaschke, *Klick. Strategien gegen die digitale Verdummung* (Freiburg: Herder, 2009) sowie Nicholas Carr, *The Shallows. What the Internet is Doing to Our Brains* (New York: Norton, 2010).

4   Für eine Darstellung dieser Trends vgl. Uwe Jochum, *Kleine Bibliotheksgeschichte*. 3. Aufl. (Stuttgart: Reclam, 2007) 205–241 und Uwe Jochum, *Geschichte der abendländischen Bibliotheken* (Darmstadt: Wissenschaftliche Buchgesellschaft, 2010) 127–143.

und motivationslos gewordenen User werden von dem, was das Wort ›Information‹ einmal meinte, keinen blassen Schimmer mehr haben. Ganz zu schweigen davon, dass sie das, was sie da als häppchenweise ›Informationen‹ vorfinden werden, dann auch nicht mehr als personales ›Wissen‹ integrieren können; denn das hieße, zu so etwas wie einer motiviert-konzentrierten Reflexion des vermeintlich Gewussten in der Lage zu sein.[5]

Nun ist es freilich eine Sache, den Effekten der Medien von anthropologischer und psychologischer Seite her nachzugehen. Es ist aber eine andere Sache, diese Effekte auf jenen sehr konkreten Spielraum zurückzuführen, der der Materialität der Medien[6] als anthropogenes Entwicklungspotenzial innewohnt. Dieser Spielraum soll im Folgenden in einem sehr grundsätzlichen Gang durch die Mediengeschichte skizziert werden.

2. Wandmedien

Ich beginne meine Überlegungen mit jener medialen Konstellation, die etwa 40.000 Jahre vor heute erkennbar wird. Damals begann der Mensch etwas zu tun, was er in dieser Form vorher noch niemals getan hatte: Er benutzte plötzlich Ritztechniken, um Steine, Holz oder Knochen mit Mustern zu versehen, und er malte sogenannte ›Höhlenbilder‹. Eines der bekanntesten dieser Bilder entstand vor etwa 19.000 Jahren in Lascaux und findet sich dort im sogenannten ›Schacht‹. Es zeigt einen auf der Erde liegenden Mann, der, wie es scheint, von einem Bison zu Boden gestoßen wurde und sich nun in einer bedrohlichen Lage befindet, während links von ihm ein Nashorn davontrottet.[7]

Der Realismus dieses und vieler anderer Höhlenbilder hat immer beeindruckt und seinen Ausdruck in prächtigen Bildbänden gefunden[8], die diese Bilder mehr oder weniger glatt der Malerei zuschlagen. Schaut man freilich genauer hin, muss man nicht nur den unterstellten Realismus in Frage stellen, sondern auch die Charakterisierung der Höhlenbilder als Malerei. So kann man ja kaum verkennen, dass der am Boden liegende Mann im Vergleich zum Bison mit deutlich vermindertem Realismus gezeichnet ist und insgesamt einer kindlichen Strichzeichnung gleicht: Der Kopf ist zu einem Vogel- oder Entenkopf gequetscht, die Hände auf

---

5 Zum Begriff der ›Information‹ und seiner historischen Genese vgl. Rafael Capurro, *Information. Ein Beitrag zur etymologischen und ideengeschichtlichen Begründung des Informationsbegriffs* (München: Saur, 1978). Zur Differenz von ›Information‹ und ›Wissen‹ vgl. Uwe Jochum, »Information oder Wissen und Gedächtnis«, *Wolfenbütteler Notizen zur Buchgeschichte* 27 (2002): 145–157.
6 Siehe dazu schon früh den Band *Materialität der Kommunikation*. Hrsg. Hans Ulrich Gumbrecht und Karl Ludwig Pfeiffer (Frankfurt a. M.: Suhrkamp, 1988).
7 Das Bild ist oft reproduziert worden, etwa in Uwe Jochum, *Geschichte der abendländischen Bibliotheken* (2010) 15. Am einfachsten findet man es über die offizielle Website der Lascaux-Höhle unter http://www.lascaux.culture.fr/index.php#/de/02_07.xml (19. September 2011).
8 Vgl. hierzu *Die Höhlenmalerei von Lascaux. Auf den Spuren des frühen Menschen*. Hrsg. Mario Ruspoli und Odile Bertheny (Augsburg: Weltbild, 1998) und die umfangreiche Dokumentation bei Arlette Leroi-Gourhan, Jacques Allain et al., *Lascaux inconnu* (Paris: CNRS, 1979).

vier Finger reduziert, und der im Todeskampf erigierte Penis – falls das hier dargestellt sein sollte – ist als einfacher Strich an den Unterleib angefügt; die realistische Bildebene wird weiter durchstoßen durch das unterhalb der Füße des Mannes liegende Objekt, bei dem man nicht weiß, ob es sich um einen Pfeil oder eine Harpune oder einen abstrakten Gegenstand handelt; falls es sich überhaupt um *einen* Gegenstand handelt und nicht vielmehr eine Kombination von Objekten; und endlich ist die realistische Bildebene durchstoßen bei jenem merkwürdigen Vogel, der auf einem Stab sitzt oder von einem Stab durchbohrt wurde und dessen Realitätsgehalt – was wäre ein ›Vogelstab‹ im Jahre 17000 v. Chr., welche Funktion hätte er? – vollends fraglich ist. Man sah sich daher bei diesem wie bei anderen Höhlenbildern stets genötigt, die realistische Bildebene (Mann ist Jäger und wurde von Bison zu Boden gestoßen, Bison ist durch Pfeile verwundet) durch eine symbolische Gesamtdeutung des Dargestellten zu überhöhen, die aber, weil wir über keinen Schlüssel zu den Symbolen verfügen, offen bleibt. Nimmt man den Vogelstab als Todessymbol, könnte das Bild einen schamanistischen Übergangsritus zwischen Leben und Tod darstellen. Konzentriert man sich auf die Punkte, Pfeile und Striche, die auf dem Bild zu sehen sind, könnte man das Ganze aber auch für die Abbildung einer Sternkonstellation halten.[9]

Diese Schwierigkeiten veranlassten André Leroi-Gourhan, die Unterstellung eines abbildenden Realismus und die daraus abgeleitete Charakterisierung der Höhlenbilder als Malerei beiseite zu setzen. Stattdessen betrachtete er die Bilder als Zeichensysteme, die noch nicht mit einer standardisierten Lautung verbunden waren, aber aufgrund eines mehr oder weniger konventionellen Zeicheninventars in der Lage waren, den Gehalt von Erzählungen zu fixieren. Kurz: Leroi-Gourhan sah in den Höhlenbildern ›Mythogramme‹, graphische Notation nicht von naiver Wirklichkeit, sondern von komplex Abstraktem, sodass die Linie, in der die ›Mythogramme‹ stehen, nicht die Linie der bildenden Kunst ist, sondern die Linie der Sprache und der Schrift.[10]

Dass diese Sichtweise trägt, ergibt sich daraus, dass die Höhlenbilder in der Tat voller Zeichen sind, die ohne jeden Abbildungsbezug nur als abstrakte Zeichen aufgefasst werden können und diese abstrakte Zeichenhaftigkeit noch dadurch unterstreichen, dass sie in ganz verschiedenen Höhlen wiederkehren. Ausgehend von unserem Beispiel gilt das schon für das X-förmige Zeichen, in das der Vogelstab nach unten ausläuft, ohne es zu berühren; es gilt für die merkwürdigen sechs Punkte, die sich neben dem Anus des Nashorns befinden, das aus der Szene mit dem Mann und dem Bison nach links abgeht; und es gilt erst recht für die in vielen Höhlen zu findenden Punktlinien, schlüsselförmigen Zeichen, merkwürdigen ›Wappen‹ – und nicht zuletzt das in Lascaux in der *Galerie der Feliden* gefundene rätselvolle Zeichen, das dem römischen Zahlzeichen XIII aufs Haar gleicht.[11]

---

9 Einen Überblick über die bisherigen Deutungsversuche des Bildes gibt Michael A. Rappenglück, *Eine Himmelskarte aus der Eiszeit?* (Frankfurt a. M.: Lang, 1999) 25–28.
10 André Leroi-Gourhan, *Hand und Wort. Die Evolution von Technik, Sprache und Kunst* (1980) 237–255.
11 »Zeichen XIII«, http://www.lascaux.culture.fr/index.php#/de/02_05_01.xml (19. September 2011).

Bringt man das alles auf eine Begrifflichkeit, wie sie seit der Semiotik von Charles Sanders Peirce Verbreitung gefunden hat, kann man sagen: Die Höhlen des Jungpaläolithikums sind angefüllt mit Ikonen (Zeichen, die direkt etwas abbilden), Indexen (Zeichen, die auf etwas anderes hindeuten[12]) und Symbolen (abstrakt-willkürlichen Zeichen). Mit ebendiesem Zeicheninventar, das im Prinzip dasselbe ist, das wir heute noch benutzen, wurden die ›Mythogramme‹ notiert, die nun also in der Tat als das genommen werden müssen, was sie sind: als zeichenhafter Ausdruck einer komplexen Reflexionsleistung, deren Umfang wir nicht bestimmen können, weil wir nicht wissen, worauf die Zeichen denotieren, die aber offenbar das Welt- und Selbstverhältnis der Menschen des Jungpaläolithikums zum Gegenstand hatte.

Nun muss man nur noch festhalten, dass diese Zeichen gewordene Reflexionsleistung so zum Ausdruck gebracht wurde, dass man die ›Mythogramme‹ auf den Höhlenwänden direkt lesbar anbrachte. Das scheint trivial, ist es aber nicht, denn daraus ergeben sich zwei fundamentale Eigenschaften für das die ›Mythogramme‹ tragende Medium: Erstens handelt es sich um ein autoptisches Medium, also ein Medium, bei dem wir mit eigenen Augen und ohne Dazwischenschaltung von Technik sehen können, was da zu sehen ist; und zweitens handelt es sich um ein zweidimensionales und lokal fixiertes Medium, also eines, das für alle Zeit an dem Ort, an dem es sich findet, bleibt und dort sich als zweidimensionale Zeichenfläche präsentiert.

Ich schlage für diesen Typ von Medium, der zweidimensional-flächig, lokal fixiert und autoptisch ist, den Neologismus ›Wandmedium‹ vor. Wandmedien gehörten einer Kultur an, die in den Höhlen lokal fixierte Medienräume anlegte, die als kultische Zentren dienten. Für die Menschen des Jungpaläolithikums lief der Sinn der Welt auf diese Zentren zu und wurde von diesen Zentren aus semantisch erschlossen, wobei offenbar die verschiedenen lokalen Gemeinschaften sich gleichsam sternförmig um ihre lokalen Sinnzentren gruppieren konnten. Wer wissen wollte, was für seine Gruppe oder Gemeinschaft die Welt im Innersten zusammenhält, konnte sich in ein solches Sinnzentrum begeben und erfuhr dann, was die Generationen vor ihm dazu zu sagen gehabt hatten und was er selbst den Nachgeborenen mitgeben sollte.

3. Handmedien

Seit dem achten Jahrtausend v. Chr. begann sich in Mesopotamien ein neuer Medientyp abzuzeichnen, dessen Ursprung in den Verwaltungsprozessen zu suchen ist, die in den sich zu Städten verdichtenden Siedlungen notwendig wurden. Denn damals kam es zum ersten Mal

---

12 So könnten etwa die sechs Punkte am Anus des Nashorns ein Zeichen für den Kot des Tieres sein und wären dann, wie vielleicht andere Punktzeichen auch, als Anzeichen zu lesen: Der Tierkot bildet eine Spur, auf der man zum Tier selbst gelangen kann. Zu den Punkten als Defäkationszeichen vgl. Russell D. Guthrie, *The Nature of Paleolithic Art* (Chicago, IL: University of Chicago Press, 2005) 270–271.

in der Geschichte der Menschheit darauf an, Waren und Produkte aller Art zu zählen und ihre Verteilung im Rahmen eines redistributiven staatlichen Wirtschaftssystems zu steuern. Das geschah anfangs mittels einfacher Zählsteine, deren Gestalt einen bestimmten Warentyp repräsentierte.[13] Ab etwa der Mitte des vierten Jahrtausends v. Chr. verwahrte man diese Zählsteine in hohlen Tonkugeln, um durch die Versiegelung der Kugel die nachträgliche Manipulation der Zählvorgänge verhindern und also einen Zählvorgang dauerhaft protokollieren zu können. Da man nun aber außen an der Tonkugel sichtbar machen musste, was sich in der Kugel befand, ging man dazu über, auf die Tonkugel die Gestalt und Anzahl der in der Kugel befindlichen Zählsteine einzudrücken. Dadurch hatte man freilich ein doppeltes Protokoll der festzuhaltenden Transaktion erstellt: Die *auf* der Hohlkugel eingedrückten Umrisse und die Anzahl der Zählsteine repräsentierten die *in* der Hohlkugel befindliche Anzahl der Zählsteine, die wiederum reale Güter repräsentierten. Ganz offensichtlich ist der mittlere dieser Repräsentationsschritte überflüssig, und in der Tat ließ man diesen Schritt bald aus und begnügte sich damit, Umrisse und Anzahl der Zählsteine in den Ton zu pressen, der dann auch keine Kugelform mehr haben musste, sondern eine plane Fläche sein konnte. Sobald man schließlich dazu überging, die Gestalt der Zählsteine nicht mehr in den Ton zu pressen, sondern mittels eines Stiftes in den Ton zu ritzen, konnte man auch die Zählsteine aufgeben und benötigte fürs Protokollieren der Transaktionen nichts weiter mehr als eine Tontafel und einen Stift. Damit waren die schreibtechnischen Grundlagen für die Keilschrift gelegt.

Dieser Prozess, der mit versiegelten Tonkugeln begann und mit flachen Tontafeln und Schreibstiften endete, spielte sich überraschend schnell ab: Er begann um 3500 v. Chr. und endete etwa 3000 v. Chr., indem das Inventar der Zeichen, die man in die Tontafeln ritzte, um Zeichen für Laute ergänzt wurde und die Menschheit damit zum ersten Mal in der Geschichte in der Lage war, gesprochene Sprache zu notieren. Damit war zugleich eine Medientechnik geboren, deren Prinzipien für die nächsten 5.000 Jahre unverändert beibehalten wurden. Diese Prinzipien sind phänomenologisch leicht zu beschreiben.

Erstens wurden in diesem Prozess der Ausbildung der Keilschrift die abbildenden Zeichen (Ikone) und die Anzeichen (Indexe) allmählich durch rein abstrakte Zeichen (Symbole) ersetzt, die im letzten Entwicklungsstadium mit einer Lautung verbunden wurden. Zweitens wurde die zweidimensional-flächige Anordnung der ›Mythogramme‹ zugunsten einer linearen Anordnung der Zeichen aufgegeben, und dank dieser linearen Anordnung war es möglich, den Fluss der gesprochenen Sprache im linearen Nacheinander der mit einer Lautung verbundenen Zeichen abzubilden.[14] Drittens schließlich fand in diesem Prozess ein Übergang von einem zweidimensionalen Zeichenträger (der Wand) zu einem dreidimensionalen (der Tontafel in Mesopotamien, der Papyrusrolle in Ägypten) statt, wobei ein Medium entstand, das man in der Hand halten, mit sich herumtragen und versenden konnte.

---

13 Dazu und zum Folgenden vgl. Denise Schmandt-Besserat, *Before Writing*. 2 Bde. (Austin, TX: University of Texas Press, 1992) und Denise Schmandt-Besserat, *How Writing Came About* (Austin, TX: University of Texas Press, 1996).

14 Dazu André Leroi-Gourhan, *Hand und Wort. Die Evolution von Technik, Sprache und Kunst* (1980) 243–255.

Seither besteht die kulturelle Leitaktivität nicht mehr darin, Bilder an Wänden anzuschauen, sondern auf transportablen dreidimensionalen Zeichenträgern die symbolisch-abstrakten Zeichen einer linearen Schrift zu lesen. Für diesen Medientyp schlage ich den Neologismus ›Handmedium‹ vor.[15]

Welches Potenzial den Handmedien innewohnt, zeigt ein Vergleich mit den Wandmedien. Wo diese auf einer Fläche fixiert sind und damit der Kontext, aus dem die Bedeutung der Zeichen gewonnen werden muss, statisch und lokal begrenzt bleibt, führt die leichte Transportierbarkeit der Handmedien dazu, dass diese in beliebige Kontexte versetzt werden können und eine Reichweite haben, die lange Zeit nur durch die Laufleistung des Menschen begrenzt war. Damit können die Handmedien nicht nur zu Medien der kulturellen Durchdringung und Ausbreitung werden, sondern im Gegenteil auch zu Medien der kulturellen Aneignung, und es ist daher alles andere als ein Zufall, dass die ersten Imperien, die die Geschichte kennt, in ebenjener Zeit entstanden, da mit den Handmedien ein Medientyp bereitstand, der die imperialen Durchdringungsprozesse zu steuern und zu bewältigen erlaubte.[16]

Darüber hinaus sorgt die Dreidimensionalität der Handmedien dafür, dass die Lektüre nun nicht einfach nur den Schriftzeilen folgt, in denen sich das zeitliche Nacheinander der Stimme abbildet, sondern dass die Schrift selbst eine dritte Dimension hinzugewinnt: Zur Zeitachse des Vorher und Nachher der linearen Schrift kommen nun nicht nur das flächige Koordinatensystem des Daneben, Darüber und Darunter hinzu, sondern auch die Dimension des Davor und Dahinter. Dadurch werden die Handmedien volumig und füllen Räume, während Wandmedien Räume nur auskleiden. Aus dieser Raumfüllung der Handmedien resultiert dann aber auch die Notwendigkeit, darüber zu befinden, welche Handmedien aus welchen Gründen welche Räume füllen sollen, kurz: Aufgrund der beliebigen De- und Rekontextualisierbarkeit von Handmedien muss man immer wieder darüber entscheiden, welche Kontexte jeweils gelten sollen, und diese Kontexte werden räumlich abgebildet in dem, was dann als Archiv und Bibliothek architektonisch und organisatorisch Gestalt gewinnen sollte.[17] Handmedien drängen sich also mit ihrem Volumen nicht einfach in die Räume von Archiven und Bibliotheken, sie machen Archive und Bibliotheken vielmehr gerade auch als Organisationsinstrumente von Kontextbestimmungen notwendig: Das Dazugehören oder Ausscheiden eines Handmediums ist eine Raumfrage und zugleich eine Geltungsfrage.

---

15 Siehe auch die Differenzierung zwischen ›lokostatischen‹ und ›lokomobilen‹ Medien bei Konrad Ehlich, »Funktion und Struktur schriftlicher Kommunikation«, *Schrift und Schriftlichkeit. Writing and Ist Use. Ein interdisziplinäres Handbuch internationaler Forschung*. 2 Bde., Bd. 1. Hrsg. Hartmut Günther und Otto Ludwig (Berlin/New York: De Gruyter, 1994) 18–41, 30.

16 Klaus Schmidt, »Von den ersten Dörfern zu frühurbanen Strukturen«, *Grundlagen der globalen Welt. Vom Beginn bis 1200 v. Chr.* Hrsg. Albrecht Jockenhövel (Darmstadt: Wissenschaftliche Buchgesellschaft, 2009) 128–144; Erhart Graefe, »Das Alte Ägypten«, *Grundlagen der globalen Welt. Vom Beginn bis 1200 v. Chr.* Hrsg. Albrecht Jockenhövel (Darmstadt: Wissenschaftliche Buchgesellschaft, 2009) 147–183 sowie Hans Neumann, »Mesopotamien«, *Grundlagen der globalen Welt. Vom Beginn bis 1200 v. Chr.* Hrsg. Albrecht Jockenhövel (Darmstadt: Wissenschaftliche Buchgesellschaft, 2009) 184–215.

17 Zu den frühen Archiven und Bibliotheken zusammenfassend Uwe Jochum, *Kleine Bibliotheksgeschichte* (2007) 14–16 und Uwe Jochum, *Geschichte der abendländischen Bibliotheken* (2010) 22–27.

Bei alldem bleiben die Handmedien übrigens wie die Wandmedien autoptische Medien: Ohne alle Dazwischenkunft von Technik zeigen sie uns auf ihren Oberflächen, was es zu lesen und zu verstehen gibt. Damit bleiben auch die Räume, die von den Wandmedien angefüllt werden, autoptische Räume: Auf den Regalen der Archive und Bibliotheken können wir mit eigenen Augen sehen, was zum jeweiligen Bedeutungsraum dazugehört, in welchen Nachbarschaften sich bestimmte Schriften oder Schriftkomplexe befinden und wo es Lücken gibt.

Beides zusammen – dass für die Handmedien Raumfragen immer zugleich Geltungsfragen sind und dass die autoptischen Räume, die sich daraus ergeben, begrenzte Räume sind – setzt der Ausbreitungs- und Durchdringungstendenz der Handmedien eine Grenze. Denn was immer man sich dank der Handmedien an Fremdem aneignen kann, wohin auch immer man das Eigene dank der Handmedien mitnimmt, es muss dafür ein Ort gefunden werden und an dem Ort ein Raum, in dem das Eigene und/oder Fremde Platz hat, und dieser Raum kann kein beliebiges Volumen annehmen, sondern unterliegt Grenzen: der Tragfähigkeit von Decken, der materialabhängigen Gebäudehöhe, den für den Bau zur Verfügung stehenden finanziellen Mitteln u. a. m. Aber diese Grenzen sind variabel, und innerhalb dieser variablen Grenzen kann das handmediale Material jederzeit nach den unterschiedlichsten Kriterien seinen Platz tauschen oder neuem Material Platz machen.

Aus all dem folgt, dass Handmedien einerseits fluide Bedeutungsräume stiften, Räume, in denen die Medien gesammelt, ausgetauscht und auch vernichtet werden können, dass aber andererseits die zur Räumlichkeit drängende Dreidimensionalität der Handmedien dem Fluss der Bedeutungsräume eine Grenze setzt. Ebendiese Grenzziehung, die als Archiv oder Bibliothek Gestalt gewinnt, fixiert den fluiden Bedeutungsraum, wenn auch immer nur auf Zeit; aber solange diese Fixierung gilt, präsentiert sich uns der Bedeutungsraum der Handmedien wie der ganz andere Bedeutungsraum der Wandmedien: Auch die Handmedien, die an den Wänden von Archiven und Bibliotheken auf Regalen gelagert werden, kleiden gleichsam die Räume aus und lassen uns den schriftlichen Teil unserer Kultur als einen Bedeutungsraum erfahren, den wir wie den Bedeutungsraum der Wandmedien betreten können und an dessen Wänden wir finden, was für uns von Bedeutung ist.

Aus dieser dialektischen Spannung zwischen Fluidität und Fixierung resultiert die Notwendigkeit, den Kontext der Medien und Schriften eigens zu reflektieren und diesen Kontext bei Bedarf über Sicherungstechniken zu stabilisieren. Das geschah damals, wie bereits die frühen Archive zeigen, dadurch, dass die fluiden Medien einen Revisionsprozess durchliefen, in welchem ihr authentischer Text festgestellt wurde, wonach man die Medien nach Themen und/oder Autoren gruppierte und darüber entschied, welcher Platz welchen Medien in welchen Regalen zukam. Was in Mesopotamien begann, wird sich über die Jahrhunderte hin allmählich zur Philologie entwickeln.[18]

---

18 Zur Herkunft des philologischen Instrumentariums am Museion in Alexandria aus den archivarischen und bibliothekarischen Praktiken Mesopotamiens vgl. Rudolf Pfeiffer, *Geschichte der klassischen Philologie. Von den Anfängen bis zum Ende des Hellenismus* (München: C. H. Beck, 1978) 35–36.

In der Tat resultiert das, was wir gerne und schnell als ›Kultur‹ bezeichnen, aus dem Spielraum, den die Materialität der Handmedien eröffnet und zugleich absteckt. Es sind, wenn ich es recht sehe, vier Eckpunkte, die diesen Spielraum markieren.

Erstens geben die autoptischen Handmedien der Kultur einen universalistischen Zug mit, der seit etwa 5.000 Jahren dafür sorgt, dass auf der Basis der Handmedien kulturelle und imperiale Durchdringungs- und Integrationsprozesse stattfinden. Zweitens benötigen die autoptischen Handmedien aufgrund ihrer leichten Transportierbarkeit kein absolut fixiertes Zentrum mehr, sondern können kulturelle Zentren beliebig streuen und zurücknehmen, ohne dass dadurch der Gesamtprozess der Integration und Durchdringung gefährdet würde.[19] Drittens aber gilt für jedes dieser kulturellen Zentren, dass wir dort den Raum unserer (oder einer anderen) Kultur nicht nur sehen, sondern zugleich als Raum wahrnehmen können; als einen Raum, der dem universalistischen Zug der Handmedien eine Grenze setzt und dessen Ordnung die Ordnung der Welt, sei sie nun theologisch, ökonomisch oder politisch fundiert, widerspiegelt. Viertens schließlich gilt für diese kulturellen Zentren, dass in ihnen die autoptischen Handmedien jederzeit vermehrt, ergänzt, ausgetauscht, reduziert oder vernichtet werden können. Das macht die handmediale Kultur nicht nur zu einer Kultur fluider Grenzen, sondern auch zu einer Kultur, die zum ersten Mal in der Geschichte bewusst Medienpflege betreiben muss und in dieser Medienpflege sich um sich selbst zu sorgen hat. Denn erst seit den Handmedien stellt sich jeden Tag aufs Neue die Frage, was zu einer Kultur gehört und was nicht, was ergänzt und was ausgeschieden werden soll und was, wenn es bleiben soll, gepflegt werden muss. Seit den Handmedien ist Kulturpflege Medienpflege.

Man sieht leicht, dass das, was wir ›Kultur‹ nennen, nichts anderes ist als diese unauflösliche Doppelpflege. Es ist ein Pflegeprozess, der vor etwa 5.000 Jahren, als die Handmedien entstanden, notwendig wurde und den Raum der Geschichte, der der Raum der handmedialen Schriftmedien ist, von dem ganz anderen Raum der wandmedialen Vorgeschichte trennt. Dass dieser handmediale Kulturraum ›unser‹ Kulturraum ist, liegt daran, dass es in den vergangenen 5.000 Jahren immer wieder gelang, den medial-kulturellen Pflegeprozess an bestimmten Orten und dort in bestimmten Räumen namens Archiv und Bibliothek so zu organisieren, dass wir uns in diesen Räumen orientieren und also kulturell verorten konnten.

4. Digitalia

Die digitalen Medien brechen diese seit rund 5.000 Jahren herrschenden Medien- und Kulturverhältnisse abrupt auf. Was wir bislang dank den autoptischen ›Handmedien‹ in den Regalen von Archiven und Bibliotheken als unsere eigene Tradition wahrnehmen konnten, verschwindet unter die glänzende Oberfläche von ›Gadgets‹, um sich erst dann wieder zu

---

19 Nur die beiden Extrempole der Vernichtung aller gestreuten Zentren oder der zu weitgehenden Streuung von Zentren bringen den Durchdringungs- und Integrationsprozess zu einem Halt.

zeigen, wenn wir auf diesen Oberflächen in Suchschlitzen Suchsequenzen eingeben und auf reale Knöpfe oder virtuelle ›Buttons‹ drücken oder klicken. Was sich in den Sekundenbruchteilen zwischen Eingabe und Bildschirmanzeige tut, entzieht sich unserer Kenntnis, benötigt aber einen ganzen Technikpark, der von den nach neuestem Design entworfenen und in unserer Hand befindlichen Gerätschaften über die unsichtbar werdenden Leitungen und Übertragungsfrequenzen bis hin zu mikroskopisch kleinen Schaltungen und Bauteilen reicht, in denen von Algorithmen gesteuerte Speicherungs-, Übertragungs- und Anzeigeprozesse stattfinden. Während daher die autoptischen Medien in ihrer langen Geschichte für uns sichtbar anzeigten, *dass* sie etwas anzuzeigen und – wenn man die Schrift lesen kann – *was* sie anzuzeigen haben, zeigen die Digitalmedien auf ihrer materiellen Oberfläche gar nichts mehr an: weder ob sie überhaupt beschrieben oder mit Daten gefüllt sind noch von welcher Art das Beschriebene ist. Wer das wissen will, muss das Gerät einschalten und erkennen, dass er mit einem heterotechnischen Medium umgeht, das nur dann funktioniert, wenn der Technikpark zwischen Datenspeicher und Anzeigeoberfläche eingeschaltet ist und störungsfrei läuft.

Man muss sich das so deutlich vor Augen halten, weil die Industrie versucht, mit viel Aufwand zu suggerieren, die Digitalmedien seien auf neuestem technischem Stand das Äquivalent der Handmedien. Geschickt gemachte Werbespots buhlen um die Aufmerksamkeit und das Kaufinteresse für immer weiter verkleinerte und immer leichtere Geräte, die als die direkten Nachfolger des Buches vermarktet werden, um bei dieser Nachfolge das dröge, weil statische, Medium Buch in ein mediales Ensemble einzufügen, in dem durch allerlei Bewegtbilder und Töne ein ›Mehrwert‹ zustande kommen soll.

Dabei überspielt man jedoch den einfachen Sachverhalt, dass der Mehrwert des Buches als eines Handmediums genau in seiner medialen Stasis liegt. Als statisches autoptisches Handmedium ermöglicht es gerade jenen Prozess, der als der entscheidende Kulturprozess der vergangenen 5000 Jahre betrachtet werden muss: die Stauung der auf autoptischen Handmedien schriftlich fixierten Überlieferung, die in der Räumlichkeit von Archiv und Bibliothek jedes einzelne Handmedium in einen Kontext einfügt, in dem es seine Bedeutung entfalten kann. Die Digitalia hingegen unterliegen einer technikparkbedingten Dynamik, die alles einem ›Zug ins Futur‹ unterwirft[20], indem das Vorhandene im Moment seines Vorhandenseins bereits veraltet ist und alsbald durch ein Update oder gar Upgrade ersetzt werden muss. Dieser dynamische Prozess kennt keine Kontexte mehr, in denen etwas eingefügt werden könnte, vielmehr kennt er nur noch systemische Transformationen, die sich hinter dem Rücken der User vollziehen und ihnen zwar auf Knopfdruck etwas anzeigen, aber das Angezeigte sofort wieder durch anderes Angezeigtes ersetzen, ohne dass all das Angezeigte jemals noch so etwas wie einen Ort haben könnte, an dem man sich mit eigenen Augen von der Validität und Verlässlichkeit der Daten überzeugen könnte. Kurz und gut: die heterotechnischen Digitalmedien sind auf der technischen Ebene vollständig dekontextualisierte Medien.

---

20 Uwe Jochum, *Kritik der Neuen Medien. Ein eschatologischer Essay* (München: Fink, 2003) 19–39.

Man merkt den Unterschied sofort, wenn man den Modus des Sammelns, wie er auf der Ebene der Handmedien ganz selbstverständlich funktioniert, auf die Digitalia zu übertragen versucht: Wo sich die Handmedien in der Sammlung zu Archiven und Bibliotheken formieren und sich an diesen Orten der Gedächtnisraum unserer Überlieferung sinnlich erfahren lässt, ist eine Sammlung von Handys und *iPads* (oder was immer alsbald an ihre Stelle treten wird) nach kurzer Zeit nichts weiter als ein dysfunktionaler Schrotthaufen, der höchstens noch für die Sammler seltener Metalle und Erden einen Wert hat.

Natürlich wird man dagegen einwenden, dass das Geheimnis der Digitalia nicht in dem liegt, was wir temporär in den Händen halten, sondern im Technikpark, der das Netz am Laufen hält, in dem all die Daten gespeichert sind, zirkulieren und jederzeit an jedem Ort abgerufen werden können. Die einzelnen ›Gadgets‹, so wird man hinzufügen, seien im Grunde uninteressant und nichts weiter als mehr oder weniger gelungene Zapfstellen für das Netz. Aber damit bestätigt man nur, dass Digitalmedien keine Handmedien sind und all die kulturellen Prozesse, an die wir uns so lange gewöhnt haben, keine Rolle mehr spielen werden, weil sie auf der Ebene der Digitalia nicht reproduziert werden können. Man bestätigt, dass wir es mit einem heterotechnischen Medienensemble zu tun haben, das uns, indem es uns keinen Ort mehr finden lässt, an dem wir mit eigenen Augen unsere Überlieferung in ihren Kontexten sehen können, ebendiese Überlieferung entzieht. Man bestätigt, dass man uns zumutet, in Zukunft in einer Welt zu leben, die an die Stelle der lokal unterschiedlichen Kontexte in all ihrer lokal unterschiedlichen Sinnlichkeit ›das große eine Netz‹ setzen will, das nur noch dem Modus von Bildschirmanzeigen gehorcht, die immer anders und immer neu sein mögen, sich aber niemals zu einer begreifbaren Welt stabilisieren werden. Es wird Zeit, dass man die unaufhaltsame digitale Datenexplosion als das erkennt, was sie ist: die Kehrseite eines heterotechnischen Mediums, das auf seiner medienmateriellen Ebene keine Grenzen mehr kennt und daher keine humanen Kontexte mehr zu stiften vermag.[21]

Schaut man von hier aus zurück, muss man feststellen, dass die Handmedien in der Tat eine Mittelposition zwischen den Wandmedien und den Digitalia einnehmen. Während die ›Stasis‹ der Wandmedien unaufhebbar ist, können die Handmedien sowohl statisch als auch dynamisch operieren und also wie die Wandmedien räumlich begreifbare Kontexte ausbilden, diese Kontexte aber bei Bedarf wieder verflüssigen. Die Digitalia hingegen entziehen uns auf allen Ebenen die Kontexte und operieren im Modus einer universalen Verflüssigung, die alles an sich zieht und medial alles integriert, um nichts mehr an seinem Ort übrigzulassen und damit alles zu entwerten. Was immer man damit erreichen wird, es wird nicht das sein, was wir als Kultur kennengelernt haben.

---

21 Zur Datenexplosion aktuell Joachim Müller-Jung, »Wir googeln uns zu Tode«, *Frankfurter Allgemeine Zeitung* 35 (11. Februar 2011): 33.

5. Drei Einwände[22]

Erster Einwand: Medien sind immer schon technische Medien, sodass die Auszeichnung von autoptischen Medien als Medien, die ohne Dazwischenkunft von Technik mit bloßem Auge gelesen werden können, verfehlt ist.

Antwort: Kein Medium, das den Namen verdient, ist von Natur aus da; alle Medien sind Resultat intentionaler menschlicher Akte, bei denen Natur bearbeitet und in diesem Sinne dann auch ein technisches Medium hervorgebracht wird. Der Unterschied, den ich zwischen autoptischen und heterotechnischen Medien setze, meint nicht diese grundsätzliche Charakteristik von Medien, sondern einen Unterschied innerhalb der technischen Konfiguration von Medien. Dieser Unterschied liegt auf der Ebene der Sichtbarkeit und Sichtbarmachung von Zeichen: Autoptische Medien benötigen, um Zeichen sichtbar zu machen und sichtbar zu halten, nach dem initialen Herstellungs- und Schreibprozess keine weitere Technik, um benutzt und gelesen werden zu können. Heterotechnische Medien dagegen sind solche, die Zeichen nur sichtbar machen und sichtbar halten können, solange eine sehr komplexe Technik aus Hard- und Software – ich nenne das kurzerhand ›Technikpark‹ – die Zeichen anzeigt. Die Oberfläche heterotechnischer Medien zeigt sich dem Angezeigten gegenüber jederzeit völlig gleichgültig und erlischt nach dem Ende der Anzeige zu einer leeren Fläche. Die Oberfläche autoptischer Medien ist hingegen auf Dauer mit dem, was man sieht, verbunden.

Zweiter Einwand: Seit Kant sollte klar sein, dass ›Raum‹ kein dingliches Etwas ist, sondern als Form der Anschauung verstanden werden muss. Wenn sich das so verhält, muss man auch rein virtuelle Räume als Räume verstehen, denn auch in ihnen wird ›Raum‹ anschaubar, wenngleich auf andere Weise als in realen Räumen. Die Auszeichnung eines ›natürlichen‹ oder ›realen‹ Raumes, der gegen den virtuellen Raum ausgespielt wird, ist von daher verfehlt.

Antwort: In der Tat ist für Kant der Raum »nur die Form aller Erscheinungen äußerer Sinne, d. i. die subjektive Bedingung der Sinnlichkeit, unter der allein uns äußere Anschauung möglich ist«.[23] Das heißt aber nicht, dass er etwas Illusionäres sei, vielmehr betont Kant, dass der Raum im Hinblick auf all das, was uns äußerlich als Gegenstand vorkommen kann, Realität hat, dass er aber zugleich für den Menschen als reine Form der Anschauung transzendentale Idealität hat, d. h. nichts ist, »was den Dingen selbst zum Grunde liegt«.[24]

---

22 Für kritische Einwände danke ich den Teilnehmern der von der Schweizerischen Migros im Juni 2009 in Romainmôtier ausgerichteten Tagung zum Thema *Kultur und Digitalisierung II: speichern, aufschreiben, überliefern* und den Diskutanten der in Wolfenbüttel im Oktober 2010 ausgerichteten Tagung der Internationalen Buchwissenschaftlichen Gesellschaft zum Thema *Die Digitale Bibliothek – auf der Suche nach einem Phantom*. Besonderer Dank geht an Peter Haber (Basel), Georg Christoph Tholen (Basel), Dominik Landwehr (Winterthur), Thomas Stäcker (Wolfenbüttel), Reinhard Laube (Hannover), Ulrich Johannes Schneider (Leipzig) und Arne Ackermann (Leipzig).
23 Immanuel Kant, *Kritik der reinen Vernunft*. Hrsg. Raymund Schmidt (Hamburg: Meiner, 1993) B 42.
24 Ebd. B 43–B 44.

Diese transzendentale Idealität darf nicht mit Virtualität verwechselt werden, wie sich aus folgender Überlegung ergibt: Neben dem Raum ist gemäß Kant die Zeit die formale Bedingung a priori für all das, was uns in dieser unserer Welt real begegnen kann. Der Zeit kommt damit nicht weniger als dem Raum transzendentale Idealität zu.[25] Diese transzendentale Idealität ist aber nicht symmetrisch, denn nur der Raum kann virtualisiert werden, nicht jedoch die Zeit. So kommt es, dass das, was man ›virtuelle Realität‹ nennt, nichts weiter als eine Raumsimulation sein kann und folglich eine unvollständige Simulation bleiben muss: Man sitzt scheinbar in einem Raum, dem virtuellen, während man in Wahrheit zu ein und derselben Zeit in zwei Räumen sitzt, dem virtuellen und dem realen.[26]

Dabei ist der reale Raum ebenjener Raum, in dem die Maschinen stehen, mit deren Hilfe der virtuelle Raum simuliert wird: als ein zweiter Raum zusätzlich zum realen Raum zum Zeitpunkt *t*. Dieser Unterschied mag während der Simulation dem in der Simulation Agierenden nicht deutlich sein, aber der Unterschied bleibt ontologisch signifikant und ist unhintergehbar. Denn selbst wenn es gelänge, die Welt vollständig zu simulieren, wäre die simulierte Welt nicht dasselbe wie die reale Welt: Es gäbe aufgrund der Verdoppelung des Raumes für den Menschen immer die Möglichkeit, außerhalb der virtuellen Welt in der realen Welt eine Beobachterposition einzunehmen, von der aus sich die virtuelle Welt als virtuelle Welt zeigen würde. Dagegen ist für Menschen eine Beobachterposition jenseits der realen Welt unmöglich – diese Position ist Gott vorbehalten.

Dass aber eine vollständige Simulation von der Welt überhaupt gelingen könnte, muss man sehr bezweifeln. Denn die Welt ist etwas, in dem alles »in sich selbst einen Anfang von Veränderung und Bestand«[27] hat. Die virtuelle Welt hingegen kann nur solange existieren, wie die in der realen Welt arbeitenden Simulationsmaschinen ungestört laufen, und das hängt letzten Endes davon ab, ob und wie reale Menschen diese Maschinen warten. Jede noch so kleine technische Störung und jeder Wartungsfehler führt daher zu einem Zusammenbruch der Simulation, die im Augenblick der Störung auf die reale Welt zurückfällt und von dort aus als technisches Konstrukt sichtbar wird.

So sehr man daher auch in einem virtuellen Raum ›Raum‹ erfahren kann, es bleibt immer und überall ein geliehener Raum und eine geliehene Raumerfahrung, die auf ebenjenen realen Raum zurückverweist, der ihre technische Bedingung der Möglichkeit ist.

Dritter Einwand: Der Leib des Menschen ist, wie die moderne Phänomenologie zeigt, nicht mit der physischen Körperhülle identisch, sondern greift darüber hinaus: Noch bevor wir den Körper als solchen wahrnehmen, spüren wir ›Leibesinseln‹ in einem unsteten Gewoge, das dynamisch zwischen Engung und Weitung pulst und auch außerhalb des physischen Körpers

---

25 Ebd. B 49–B 53.
26 Martin Seel, »Vor dem Schein kommt das Erscheinen. Bemerkungen zu einer Ästhetik der Medien«, *Merkur* 534/535 (1993): 770–783, 777.
27 Aristoteles, *Physik*. Halbbd. 1. Hrsg. und übers. Hans Günther Zekl (Hamburg: Meiner, 1987) B 1, 192b.

liegen kann, wie es nach Amputationen bei Phantomgliedern festzustellen ist.[28] Diesen Leib jenseits der Körperhülle hat schon Maurice Merleau-Ponty als »virtuellen Leib«[29] bezeichnet, sodass man die in den virtuellen Welten auftretenden Avatare als virtuelle Leiblichkeit auf dem gegenwärtigen Stand der Technik bezeichnen kann. Daraus muss man den Schluss ziehen, dass der Unterschied von realem und virtuellem Leib, und daraus resultierend der Unterschied zwischen realem und virtuellem Raum, kein absoluter ist.

Antwort: Ich zweifle nicht daran, dass der Leib mehr und anderes ist als das, was die physische Körperhülle als animalischen Organismus umschließt. Die Frage ist aber, wie weit der Leib reicht. Folgt man Hermann Schmitz, dann ist der Leib dasjenige, was man »in der Gegend seines Körpers« von sich spüren kann und was keinen relativen Ort hat (keinen Ort, der aus einem System von Lage- und Abstandsbeziehungen gewonnen wurde), sondern einen absoluten (der Ort des Leibes hebt sich ohne weiteres als ein »Hier« vom Hintergrund der Welt ab[30]). Dieses Spüren des Leibes ist »an Gegenden gebunden«, »an Plätze im Raum«, auch dann, wenn es atmosphärisch ist: Man spürt dann den Leib vor dem Hintergrund der in einer Gegend oder an einem Platz herrschenden Atmosphäre (Binnenraumklima, Gewitteratmosphäre[31]). Das heißt: Der Leib hat sehr wohl eine Grenze, die zwar nicht mit der physischen Körperhülle zusammenfällt, aber im atmosphärischen Betroffensein des ganzen Leibes und im Spüren der »Leibesinseln« immer wieder auf den »absoluten Ort« des Leibes verweist. Um es mit Merleau-Ponty zu sagen: »Alles verweist uns so zurück auf die organischen Beziehungen des Subjekts und des Raumes, auf jenen Anhalt des Subjekts an seiner Welt, der der Ursprung des Raumes ist.«[32]

Wenn dieses Spüren an Gegenden und Plätze gebunden ist, dann ergibt sich daraus unmittelbar, dass diese Gegenden und Plätze real sein müssen: Sie müssen den Leib affizieren können. Hier ist eine wichtige Differenz in den Blick zu nehmen: Selbstverständlich wird unser Leib auch affiziert, wenn wir jenseits des praktisch-realen Alltags im Theater ein Drama sehen, am Fernsehgerät einen Krimi verfolgen oder uns im Kino von einem Science-Fiction-Film in 3D in Spannung versetzen lassen. Aber die Art und Weise, wie der Leib affiziert wird, ist dabei grundverschieden. Im Theater teilen wir mit den Schauspielern denselben Raum und werden in diesem Raum von einer Atmosphäre betroffen, in der wir uns leiblich als den in Aufregung

---

28 Hermann Schmitz, *Der Leib* (Bonn: Bouvier, 1965) 5–40; die Schmitz'schen Forschungen insgesamt zusammenfassend Hermann Schmitz, »Phänomenologie der Leiblichkeit«, *Leiblichkeit. Philosophische, gesellschaftliche und therapeutische Perspektiven.* Hrsg. Hilarion Petzold (Paderborn: Junfermann, 1985) 71–106.
29 Maurice Merleau-Ponty, *Phänomenologie der Wahrnehmung.* Übers. Rudolf Boehm (Berlin: De Gruyter, 1966) 291.
30 Hermann Schmitz, *Der Leib* (1965) 5–6 und Hermann Schmitz, »Phänomenologie der Leiblichkeit« (1985) 77–78. Siehe auch Maurice Merleau-Ponty, *Phänomenologie der Wahrnehmung* (1966) 169–172 und 290–293.
31 Hermann Schmitz, »Phänomenologie der Leiblichkeit« (1985) 77.
32 Maurice Merleau-Ponty, *Phänomenologie der Wahrnehmung* (1966) 293.

versetzten Zuschauer erfahren können; in dieser Aufregung werden wir als Zuschauer Teil der Theateratmosphäre, und diese Atmosphäre kann sich während der Vorstellung ganz verschieden ausgestalten; als gelungene Aufführung, bei der sich am Ende trotz der dramatischen Katastrophe womöglich Behagen einstellt, oder als Misserfolg, wenn der Aufbau der Atmosphäre den eigenen Erwartungen nicht entspricht. Wenn jedoch der Leib durch technische Simulationsmedien affiziert wird, wie das beim Fernsehen, im Kino oder in einem 3D-Simulator der Fall ist, ist die medial erzeugte Atmosphäre eigentümlich defizitär: Sie wird nicht von den agierenden Schauspielern und den Zuschauern als gemeinsame Atmosphäre dynamisch erzeugt, sondern ist eine Atmosphäre, die ohne menschliches Gegenüber nur von technischen Gerätschaften ausgeht und den Leib des Zuschauers atmosphärisch so betrifft, dass er sich von dieser Atmosphäre zwar abhebt, aber keine Möglichkeit hat, dynamisch auf die Atmosphäre zurückzuwirken. Kurz: Im Theater ist der Raum und seine Atmosphäre der gemeinsame Raum der real anwesenden Personen, der Schauspieler und der Zuschauer; dagegen ist in Fernsehen, Film und 3D-Simulator der Raum und seine Atmosphäre kein gemeinsamer Raum der sichtbaren Personen. Nur die Zuschauer sind reale Personen, die von der technischen Atmosphäre des Raumes betroffen werden, die Schauspieler hingegen sind technisch simulierte Personen, die als simulierte Personen nichts zur Atmosphäre im Zuschauerraum beitragen können und von dieser Atmosphäre auch nicht betroffen sind.

Für die Affizierung des Leibes ist also wesentlich, ob diese in einer realen ›Gegend‹ stattfindet oder in einer simulierten. Im Schauspiel ist die Gegend real, die Handlung des Dramas hingegen fiktiv; in Film, Fernsehen und 3D-Simulator reicht die Gegend bei fortschreitender Technik vom Fiktiven zum Simulierten, aber die Technik, mit deren Hilfe Fiktion und Simulation hervorgebracht werden, ist real. Und genau das ist ja der ästhetische Reiz dieser Fiktions- und Simulationstechniken: dass wir scheinbar in einem Raum sitzen, dem virtuellen, während wir in Wahrheit zu ein und derselben Zeit in zwei Räumen sitzen, dem virtuellen und dem realen. Und ebendieser reale Raum bildet den ›Boden‹, auf dem die Koinzidenz des virtuellen und des realen Leibes so stattfinden kann, dass der reale Leib eine Umwelt um sich herum entwerfen kann.[33] Zu dieser Umwelt mag hin und wieder auch ein virtueller Raum gehören, aber es sollte deutlich sein, dass die Basis des virtuellen Raumes wie des virtuellen Leibes der reale Raum und der reale Leib ist.[34]

---

33 Ebd. 292.
34 Zur Überdehnung des Virtuellen im Hinblick auf das Leibliche vgl. Hubert L. Dreyfus, *On the Internet* (London/New York: Routledge, 2001) 50–72.

Das Urheberrecht als Benutzungsrecht der digitalisierten Bibliothek

Eric W. Steinhauer

Universitätsbibliothek Hagen

1. Hinführung

Der erste Band des *Handbuchs der historischen Buchbestände* ist 1996 erschienen. Er beginnt mit einer wuchtigen Feststellung. Bernhard Fabian, der renommierte Buchwissenschaftler und Initiator des Handbuchprojekts, schreibt: »Wir befinden uns in einer Spätphase der Buchkultur […].«[1] Wenige Jahre zuvor konstatierte der Kulturwissenschaftler und Zivilisationskritiker Ivan Illich (1926–2002) in seinem wunderbaren Buch *Im Weinberg des Textes*: »Medien und Kommunikation, der Bildschirm, haben die Buchstaben, die Buchseiten und das Buchwesen verdrängt.«[2] Die Verdrängung der Buchkultur ist zudem ein massiver und gewaltsamer Prozess: »In jedem Computer«, so Illich weiter, »lauert ein Bulldozer«.[3] Diese beiden Zitate sind Beispiele. Sie ließen sich leicht um ähnlich gelagerte Äußerungen über die Zukunft der gedruckten Bücher ergänzen.

1.1. Der Trend zum Digitalen

Dass aber Bücher in ihrer überkommenen Form und Gestalt tatsächlich verschwinden werden, darf man mit guten Gründen bezweifeln.[4] Dennoch: Die allgegenwärtigen digitalen Medien ermöglichen für nicht wenige traditionell in Buchform verbreitete Inhalte mittlerweile bessere, weil ihrem Gegenstand adäquatere Darstellungs- und Nutzungsformen, die neben das Buch treten, es ergänzen, es freilich auch manchmal vollkommen ersetzen. Keiner wird bestreiten, dass digitale Inhalte in den letzten zwanzig Jahren unsere Bibliotheken nachhaltig verändert haben. Man denke nur an den bibliographischen Handapparat oder an das allmähliche Verschwinden der gedruckten Nationalbibliographien. Den Büchern mag man nachtrauern, den jetzt erreichten Recherchekomfort aber wird niemand mehr missen wollen.

Ein vergleichbarer Trend zu rein elektronischen Formaten lässt sich bei den technischnaturwissenschaftlichen Fachzeitschriften beobachten. In Verbindung mit bibliographischen

---

1 Bernhard Fabian in seinem Vorwort zum *Handbuch der Historischen Buchbestände in Deutschland*. 27 Bde., Bd. 1: Schleswig-Holstein – Hamburg – Bremen. Hrsg. Paul Raabe (Hildesheim: Olms, 1996) 9.
2 Ivan Illich, *Im Weinberg des Textes. Als das Schriftbild der Moderne entstand. Ein Kommentar zu Hugos ›Didascalicon‹*. Übers. Ylva Eriksson-Kuchenbuch (München: C. H. Beck, 2010) 7.
3 Ebd. 125.
4 Vgl. Jean-Claude Carrière und Umberto Eco, *Die große Zukunft des Buches Gespräche mit Jean-Philippe de Tonnac*. Übers. Barbara Kleiner. 2. Aufl. (München: Hanser, 2010).

Datenbanken sind phantastische Arbeitsumgebungen entstanden. Nicht weniger eindrucksvoll sind auch die Entwicklungen bei den Erwerbungsetats der Bibliotheken. Etliche Einrichtungen geben mittlerweile fast die Hälfte ihrer Mittel für Digitalia aus, bei weiter steigender Tendenz.[5] Begleitet wird dieser unübersehbare Wandel im Bibliothekswesen von neuen bibliothekarischen Dienstleistungen, wie die Vermittlung von Medien- und Informationskompetenz und das elektronische Publizieren, die neben die klassischen Aufgaben des Erwerbens, Erschließens und Bereitstellens von publizierten Informationen getreten sind. Diesen Wandel hat bereits der Gesetzgeber aufgegriffen. Man werfe nur einen Blick in die Bibliotheksgesetze der Bundesländer Hessen, Sachsen-Anhalt und Thüringen sowie in die Hochschulgesetze von Brandenburg und Thüringen.[6] Die wenigen Stellen im Urheberrechtsgesetz (UrhG) übrigens, an denen Bibliotheken ausdrücklich erwähnt werden, behandeln ebenfalls die Nutzung digitaler Medien. In diesem Bereich liegen auch die Schwerpunkte der (urheber-)rechtspolitischen Diskussion und damit einhergehender Konflikte. Ich erwähne nur die Musterprozesse der Verlage gegen die *Universitäts- und Landesbibliothek Darmstadt* wegen der elektronischen Leseplätze (§ 52b UrhG) und gegen die *FernUniversität in Hagen* wegen eines elektronischen Semesterapparates (§ 52a UrhG).[7] Diese Entwicklungen sind interessant und werden jedenfalls von ihrer urheberrechtlichen Seite her mittlerweile auch literarisch immer öfter gewürdigt.[8]

---

5   Nach einer Aufstellung im Bibliotheksindex (BIX) 2010 haben die Universitätsbibliotheken in Düsseldorf, Magdeburg und Paderborn mehr als 50 Prozent ihrer Etats für ihre elektronischen Bestände ausgegeben, über 40 Prozent waren es in Bielefeld, Hannover und Siegen. Zum wachsenden Stellenwert elektronischer Ressourcen beim Erwerbungsetat vgl. Monika Moravetz-Kuhlmann, »Das Bayerische Etatmodell 2010«, *Zeitschrift für Bibliothekswesen und Bibliographie* 57.5 (2010): 253–270.
6   § 68 Abs. 1 Brandenburgisches Hochschulgesetz: »Die Hochschulbibliothek […] fördert durch Schulungs- und Lehrangebote die Informations- und Medienkompetenz an der Hochschule. Sie fördert den freien Zugang zu wissenschaftlichen Informationen.«; § 3 Abs. 2 Hessisches Bibliotheksgesetz: »Wissenschaftliche Bibliotheken an den Hochschulen […] fördern durch geeignete Schulungs- und Lehrangebote die Informations- und Medienkompetenz und stellen den Mitgliedern der Hochschule eine Plattform zur elektronischen Publikation ihrer Arbeits- und Forschungsergebnisse zur Verfügung.«; § 38 Abs. 1 Thüringer Hochschulgesetz: »Die Hochschulbibliotheken […] fördern durch die Bereitstellung einer geeigneten Infrastruktur das elektronische Publizieren und den Aufbau digitaler Bibliotheken.«; § 3 Thüringer Bibliotheksgesetz: »Bibliotheken […] stärken die Lese-, Informations- und Medienkompetenz […]«; § 4 Abs. 2 Bibliotheksgesetz Sachsen-Anhalt: »Die wissenschaftlichen Bibliotheken […] fördern durch Schulungs- und Lehrangebote die Informations- und Medienkompetenz der Lehrenden und Studierenden ihrer Einrichtung. Sie wirken bei dem freien und ungehinderten Zugang zu Forschungsergebnissen ihrer Einrichtung mit.«
7   Vgl. Eric W. Steinhauer, »Die Reichweite der Unterrichtsschranke in der Hochschullehre: Zur Klage des Kröner-Verlages gegen die FernUniversität in Hagen«, *Kommunikation & Recht* 14.5 (2011): 311–315.
8   Beispielhaft sei genannt Benjamin Bajon, *Interessenausgleich im Wissenschaftsurheberrecht? Wissenschaftsschranken nach dem ›Zweiten Korb‹ der Urheberrechtsreform* (Münster: Monsenstein & Vannderdat, 2010).

1.2. Rechtsgrundlagen der Bibliotheksbenutzung

Im Rahmen dieses Beitrags soll demgegenüber ein bislang nur wenig beachteter Aspekt der zunehmenden Digitalisierung in den Blick genommen werden, nämlich die Auswirkungen der eingangs beschriebenen Entwicklungen auf das Benutzungsrecht vor allem der wissenschaftlichen Bibliotheken. Bei diesem Thema betreten wir die wohl konservativste Region der bibliothekarischen Praxis. Man kann das am Beispiel der *Herzog August Bibliothek* (HAB) in Wolfenbüttel anschaulich besichtigen. Das Benutzungsrecht der HAB ist in der *Benutzungsordnung für die Landesbibliotheken* vom 1. November 2004 geregelt, einem Runderlass des Niedersächsischen Ministeriums für Wissenschaft und Kultur.[9] Die Handlungsform des Runderlasses zur Regelung von Benutzungsfragen öffentlicher Einrichtungen freilich ist ein juristischer Dinosaurier, ein lebendes Fossil.

Ein Runderlass nämlich ist eine bloß verwaltungsintern zu beachtende Anweisung an nachgeordnete Dienststellen, eine Verwaltungsvorschrift, die gegenüber dem außerhalb der Verwaltung stehenden Bürger und Bibliotheksbenutzer grundsätzlich keine unmittelbare Rechtswirkung entfaltet.[10] Wir haben es beim Benutzungsrecht der HAB mit einem Verwaltungsresiduum zu tun, das nur im Licht der älteren Verwaltungsrechtswissenschaft verständlich ist. Zur Nutzung bereitgestellte Einrichtungen der öffentlichen Hand, man spricht hier ganz allgemein von ›Anstalten‹, regeln danach die Ordnung ihres Betriebes zwar im Rahmen der Gesetze, aber nicht auf gesetzlicher Grundlage, sondern allein Kraft ihrer Anstaltsgewalt. Schüler, Soldaten, Strafgefangene und eben auch Bibliotheksbenutzer befinden sich, wenn sie die Wohltaten ihrer jeweiligen Anstalten genießen, in einem sogenannten ›besonderen Gewaltverhältnis‹, in dem der Staat sein Handeln nicht gesetzlich legitimieren muss, sondern einfach obrigkeitlich gestaltet. Diese Sicht ist heute vollkommen überholt. Die Nutzung von Bibliotheken sollte stets auf der Grundlage echter Rechtsnormen, also Satzungen oder Rechtsverordnungen erfolgen.

Wir wollen dieses Thema nicht weiter vertiefen. Die aufgeworfenen Fragen zeigen aber den besonderen Reiz, moderne digitale Medien und das mitunter sehr altbackene Benutzungsrecht zueinander in Beziehung zu setzen. Dies soll nachfolgend in drei Schritten geschehen. Zuerst wird das traditionelle Buch in urheberrechtlicher Hinsicht betrachtet und seine Nutzung als Bibliotheksgut. Sodann wird untersucht, welche Konsequenzen es hat, wenn nicht ein gedrucktes Buch, sondern ein E-Book als Bibliotheksbestand genutzt wird. Der Vergleich von E-Book und gedrucktem Buch führt schließlich zu der Frage, ob tatsächlich noch das

---

9 Fundstelle: *Niedersächsisches Ministerialblatt* Nr. 39 (2004): 835.
10 Vgl. hierzu Hartmut Maurer, *Allgemeines Verwaltungsrecht*. 17. Aufl. (München: C.H. Beck, 2008) § 8, Rn. 32; Hans-Heinrich Rupp, »Die Verwaltungsvorschriften im grundgesetzlichen Normensystem: Zum Wandel einer verfassungsrechtlichen Institution«, *Juristische Schulung* 15 (1975): 609–617, besonders 615–616 sowie Thomas Clemens, »Normenstrukturen im deutschen Recht«, *Offene Staatlichkeit. Festschrift für Ernst-Wolfgang Böckenförde zum 65. Geburtstag*. Hrsg. Rolf Grawert, Bernhard Schlink, Rainer Wahl und Joachim Wieland (Berlin: Duncker & Humblot, 1995) 259–276.

Benutzungsrecht oder nicht vielmehr das Urheberrecht die entscheidenden Vorgaben für die Nutzung der digitalisierten Bibliothek und ihrer Dienstleistungen enthält.

2. Das Buch als Bibliotheksgut

Listig wie er ist, hat der Gesetzgeber auf eine Legaldefinition des Buches verzichtet, man lese nur einmal § 2 Buchpreisbindungsgesetz (BuchPrG). Offenbar wusste er ganz so wie die gelehrte Buchwissenschaft um die Komplexität des Gegenstandes.[11] Der Gesetzgeber benutzt den Begriff ›Buch‹ einfach in seiner alltagssprachlichen Bedeutung. Auch wir wollen unter einem Buch ganz schlicht das gedruckte und gebundene Verlagsprodukt verstehen, das man in jeder Buchhandlung käuflich erwerben und ins Regal stellen kann. Betrachtet man ein solches Buch als Rechtsobjekt, so lassen sich zwei Sphären unterscheiden. Die erste Sphäre ist das Buch als körperlicher Gegenstand, als Sache also, an der Eigentum, Sacheigentum, besteht. Die andere Sphäre des Buches ist das sogenannte ›geistige Eigentum‹, das Urheberrecht, das sich in dem Werk zwar sinnlich wahrnehmbar verkörpert, dessen genaue Reichweite jedoch der sinnlichen Anschauung nicht ohne weiteres zugänglich ist.

2.1. Sachenrecht

Wenn eine Bibliothek, ihre Rechtsfähigkeit als juristische Person sei der Einfachheit halber vorausgesetzt, im Buchhandel ein gedrucktes Buch kauft, so erwirbt sie durch Vermittlung der für sie handelnden Personen durch Einigung und Übergabe Sacheigentum an dem konkret gelieferten Exemplar.[12] Die Bibliothek ist Eigentümerin des Buches und kann nach § 903 BGB mit dem Buch tun und lassen, was sie will. Wenn sie das Buch in ihren Bestand aufnimmt, wird es bei einer Bibliothek der öffentlichen Hand in aller Regel zu einer Sache im Anstaltsgebrauch gewidmet.[13] Das Buch steht dann im Rahmen des Anstaltszwecks, der regelmäßig der Benutzungsordnung entnommen werden kann, jedermann nach Zulassung als Bibliotheksbenutzer im Rahmen der Benutzungsbestimmungen zur Verfügung.[14] Da Bibliotheken der öffentlichen Hand in besonderer Weise dem Grundrecht der Informationsfreiheit zu dienen bestimmt sind, wie es übrigens durchgängig in den jüngst in Kraft getretenen Bibliotheksgesetzen festgestellt wird[15], ist die Benutzung des Buches in der Bibliothek auch und gerade unter dem Aspekt der Grundrechtsgewährleistung zu sehen. Das Buch in der Bibliothek unterliegt also dem Recht

---

11 Vgl. Ursula Rautenberg und Dirk Wetzel, *Buch* (Tübingen: Niemeyer, 2001) 1–21; Ursula Rautenberg, »Buch«, *Lexikon der Bibliotheks- und Informationswissenschaft*. 3 Bde., Bd. 1, Lief. 2. Hrsg. Konrad Umlauf und Stefan Gradmann (Stuttgart: Hiersemann 2010) 132–133.
12 Vgl. Hildebert Kirchner, *Bibliotheks- und Dokumentationsrecht* (Wiesbaden: Reichert, 1981) 309.
13 Vgl. ebd. 176–178 sowie Hans Rainer Künzle, *Schweizerisches Bibliotheks- und Dokumentationsrecht* (Zürich: Schulthess, 1992) § 6, Rn. 31–32.
14 Vgl. Susanne Behnisch-Hollatz, *Recht auf Zugang zu öffentlichem Kulturgut* (Aachen: Shaker, 2004) 24.
15 Vgl. beispielsweise § 1 des Thüringer Bibliotheksgesetzes.

der öffentlichen Sachen und dient dadurch der Gewährleistung von Grundrechten.[16] Die Benutzungsordnung formt diese Zweckbestimmung des öffentlichen Buchbesitzes rechtlich aus. Das äußert sich vor allem in den Modalitäten der Zulassung zur Bibliotheksbenutzung: Wenn nicht schwerwiegende Gründe vorliegen, hat jedermann einen Zugangsanspruch.[17]

Diese – in groben und einfachen Zügen skizzierte – rechtliche Situation des Bibliotheksbuches ist der typische Regelfall des Benutzungsrechts. Und die meisten Bibliothekare werden sich mit dieser so umrissenen ›humanen Anstalt‹ Bibliothek[18], um ein Wort Paul Raabes zu gebrauchen, identifizieren.

2.2. Urheberrecht

Wie ist nun aber die urheberrechtliche Situation des Bibliotheksbuches zu beurteilen? Diese Frage ist, nimmt man es genau, falsch gestellt. Es geht hier ja nicht um das Buch als körperlichen Gegenstand, sondern um das im Buch verkörperte Werk, das als persönlich-geistige Schöpfung einer natürlichen Person in dem von der Bibliothek gekauften Buch als Werkstück vor uns liegt.[19] Welche Rechte hat nun die Bibliothek an dem Werk erworben, wenn sie beim Buchhändler ein Buch als konkretes Werkstück kauft? Die Antwort ist kurz und einfach: keine.[20] Was bedeutet das aber für die Benutzung des Buches in der Bibliothek? Der Urheber hat das ausschließliche Recht zur Vervielfältigung und Verbreitung sowie zur öffentlichen Wiedergabe, wozu nicht nur Lesungen, sondern auch und gerade das Einstellen des Buches als Digitalisat in ein Computernetzwerk, das Internet etwa, gehören. Das Vervielfältigungsrecht und auch die Internetpublikation interessieren uns zunächst nicht, wenn es nur darum geht, das konkret gekaufte Buch in der Bibliothek zu nutzen. Und das Lesen des Buches, der reine Werkgenuss, wie die Urheberrechtler sagen, ist keine rechtlich relevante Handlung.[21]

Ob in diesem Zusammenhang das publizistische Engagement gewisser internationaler Großverlage im Bereich der Neurowissenschaften das heimliche Ziel verfolgt, die mit dem Lesen verbundene Einspeisung der Inhalte des gelesenen Werkes in die neuronale Struktur des Gehirns als rechtserhebliche und damit vergütungspflichtige Vervielfältigung erscheinen zu lassen, ist natürlich reine Spekulation. Weniger spekulativ ist es freilich, dass die Ausleihe eines Buches, möglicherweise schon seine bloße Bereitstellung im Lesesaal, das in

---

16 Man spricht hier auch von der Gemeinwohlbindung der öffentlichen Sache. Vgl. hierzu Ernst Pappermann, Rolf-Peter Löhr und Wolfgang Andriske, *Recht der öffentlichen Sachen* (München: C. H. Beck, 1987) 129–130.
17 Vgl. Frank Fechner, *Medienrecht*. 12. Aufl. (Tübingen: Mohr Siebeck, 2011) Kap. 3, Rn. 85.
18 Vgl. Paul Raabe, *Die Bibliothek als humane Anstalt betrachtet. Plädoyer für die Zukunft der Buchkultur* (Stuttgart: Metzler, 1986).
19 Vgl. Haimo Schack, *Urheber- und Urhebervertragsrecht*. 5. Aufl. (Tübingen: Mohr Siebeck, 2010) Rn. 34–35.
20 Vgl. Thomas Dreier und Gernot Schulze, *Urheberrechtsgesetz. Urheberrechtswahrnehmungsgesetz, Kunsturhebergesetz, Kommentar*. 3. Aufl. (München: C. H. Beck, 2008) § 31, Rn. 104.
21 Vgl. Manfred Rehbinder, *Urheberrecht*. 16. Aufl. (München: C. H. Beck, 2010) Rn. 113.

ihm verkörperte Werk der Öffentlichkeit zugänglich macht, und damit an sich in das dem Urheber vorbehaltene Verbreitungsrecht aus § 17 UrhG eingreift.[22] Wenn das tatsächlich zutrifft, könnte der Urheber die Nutzung von Büchern und ihre Weitergabe sehr weitreichend kontrollieren.

Das ist kein schönes Ergebnis, wenn man bedenkt, dass man doch für den Erwerb eines Buches oft nicht wenig Geld ausgibt. Das Sacheigentum, das es dem Eigentümer gestattet, mit seiner Sache nach Belieben zu verfahren, wäre nicht unerheblich beeinträchtigt. Und der Handel mit gebrauchten Büchern wäre illegal. Das *Zentrale Verzeichnis Antiquarischer Bücher* (ZVAB) ist freilich keine ›Piratentauschbörse‹ für Bildungsbürger; der Handel mit gebrauchten Büchern ist rechtlich nicht zu beanstanden. Der Grund dafür liegt in dem sogenannten Erschöpfungsgrundsatz nach § 17 Abs. 2 UrhG. Danach erlischt das Verbreitungsrecht des Urhebers an einem Werkstück, sofern dieses Werkstück mit seinem Willen veräußert worden ist. Einzig die Gebrauchsüberlassung gegen Geld, die Vermietung, ist ihm noch vorbehalten. Die Ausleihe von Büchern aber kann der Urheber nicht untersagen. Dass hierfür die Unterhaltsträger der Bibliotheken die sogenannte Bibliothekstantieme nach § 27 Abs. 2 UrhG entrichten, ist übrigens keine Kompensation für die Erschöpfung des Verbreitungsrechts, sondern lediglich eine ›nette Geste‹ an die Kreativwirtschaft, die nach weit herrschender Meinung der Urheberrechtler ersatzlos entfallen könnte.[23] Mit dem Erschöpfungsgrundsatz hat sich das Sacheigentum an dem konkreten Buch gegen das geistige Eigentum durchgesetzt. Alles andere würde die Verkehrsfähigkeit des Buches als Sache unerträglich beeinträchtigen. Nicht vom Erschöpfungsgrundsatz erfasst wird allerdings das Vervielfältigungsrecht oder das Recht der öffentlichen Wiedergabe.[24] Hier können Bibliotheken nur im Rahmen der gesetzlichen Schranken des Urheberrechtsgesetzes handeln. Wollen sie darüber hinausgehen, müssen sie mit den Rechteinhabern entsprechende Vereinbarungen abschließen.

Halten wir an dieser Stelle fest: Für die Benutzung eines konkreten Buches als solches in der Bibliothek spielt das Urheberrecht keine Rolle. Die für die Benutzung des Buches relevanten Regelungen, wie also mit dem Buch als Sache umzugehen ist, kann allein der Benutzungsordnung entnommen werden. Sie konkretisiert zugleich den mit der Zuordnung des Buches zum öffentlichen Sachenrecht gegebenen Grundrechtsbezug.

---

22 Allgemeine Meinung, vgl. hierzu Reinhard Heydenreuter, »Urheberrecht und Archivwesen«, *Der Archivar* 41 (1988): Sp. 397–408, Sp. 404.

23 Vgl. Klaus Graf, *Urheberrechtsfibel – nicht nur für Piraten. Der Text des deutschen Urheberrechtsgesetzes, erklärt und kritisch kommentiert. PiratK-UrhG* (Berlin: Contumax, 2009) 63 sowie *Urheberrecht. Kommentar*. Hrsg. Gerhard Schricker und Ulrich Loewenheim. 4. Aufl. (München: C. H. Beck, 2008) § 27, Rn. 3.

24 Vgl. Thomas Dreier und Gernot Schulze, *Urheberrechtsgesetz* (2008) § 17, Rn. 30.

3. Das E-Book in der Bibliothek

Was passiert nun, wenn das Buch nur noch in digitaler Form vorliegt? Wenig, könnte man meinen, zumal die Bibliotheken in ihren Dienstleistungen sich nach Kräften bemühen, Medienbrüche zwischen der gedruckten und der digitalen Welt zu glätten und ihren Nutzern als hybride Bibliothek ein einheitliches Angebot zu präsentieren.[25] In diese Richtung geht auch § 1a des baden-württembergischen Pflichtexemplargesetzes.[26] Hier wird die Ausweitung des Sammelauftrages der beiden Landesbibliotheken in Stuttgart und Karlsruhe auch auf Netzpublikationen mit den schlichten Worten angeordnet, dass für diese Werke die Vorschriften des Gesetzes entsprechend gelten.

Ob das nicht vielleicht etwas zu einfach, zu naiv ist, werden wir gleich sehen. Rufen wir uns zunächst noch einmal das gedruckte Buch und seine rechtliche Situation in Erinnerung. Wir hatten es hier mit einem körperlichen Gegenstand im Sinne des Sachenrechts und zugleich mit einem sinnlich wahrnehmbar verkörperten Werkstück im Sinne des Urheberrechtsgesetzes zu tun. Wir hatten in diesem Zusammenhang von zwei Sphären gesprochen.

Bei einem E-Book freilich, das den Nutzern der Bibliothek üblicherweise im authentifizierten Fernzugriff über einen Verlagsserver bereitgestellt wird, entfällt der körperliche Gegenstand des Sachenrechts ersatzlos. Alle Benutzungsregelungen, die sich auf Sachen im Eigentum der Bibliothek beziehen, werden damit hinfällig. Mit dem E-Book haben wir das öffentliche Sachenrecht mit seinen grundrechtlichen Bindungen verlassen.

Dieser Medienbruch mag katalogtechnisch zu glätten sein[27], verwaltungsrechtlich aber ist er total. Deutlich wird dies vor allem in der urheberrechtlichen Stellung des E-Books.[28] Beim gedruckten Buch hat der Erschöpfungsgrundsatz in § 17 Abs. 2 UrhG dafür gesorgt, dass die Nutzung der Sache Buch aus dem Eigentumsrecht heraus gestaltet werden kann, ohne dabei besondere Rücksicht auf urheberrechtliche Aspekte nehmen zu müssen. Auch der reine

---

25 Vgl. Klaus Gantert und Rupert Hacker, *Bibliothekarisches Grundwissen*. 8. Aufl. (München: De Gruyter Saur, 2008) 343.
26 Gesetz über die Ablieferung von Pflichtexemplaren an die Badische Landesbibliothek in Karlsruhe und die Württembergische Landesbibliothek in Stuttgart (Pflichtexemplargesetz) vom 3. März 1976 (*Gesetzblatt für Baden-Württemberg*, 216), zuletzt geändert durch Artikel 5 des Gesetzes vom 12. Februar 2007 (*Gesetzblatt für Baden-Württemberg*, 105 und 107).
27 Vgl. Fabienne Kneifel, »Der Katalog 2.0«, *Handbuch Bibliothek 2.0*. Hrsg. Julia Bergmann und Patrick Danowski (Berlin/New York: De Gruyter Saur, 2010) 21–35 sowie Hermann Leskien, »Dienstleistungen der Bibliotheken bei Zugang und Distribution elektronischer Publikationen«, *Elektronisches Publizieren und Bibliotheken*. Hrsg. Karl Wilhelm Neubauer (Frankfurt a. M.: Klostermann, 1996) 46–54, besonders 53–54.
28 Vgl. hierzu Harald Müller, »Ist das E-Book seinem gedruckten Zwilling rechtlich gleichgestellt?«, *Kooperation versus Eigenprofil? Tagungsband der 31. Arbeits- und Fortbildungstagung der AspB e. V. Sektion 5 im Deutschen Bibliotheksverband. 25. bis 28. September 2007 in der Technischen Universität Berlin*. Hrsg. Ursula Flitner, Jadwiga Warmbrunn und Jürgen Warmbrunn (Karlsruhe: Universitätsverlag, 2008) 261–268.

Werkgenuss, die Lektüre des Buches, ist in keiner Hinsicht urheberrechtlich von Belang.[29] Beim gedruckten Buch tritt das geistige Eigentum am Werk hinter dem Sacheigentum am Werkstück in den Hintergrund.

3.1. Erschöpfungsgrundsatz für E-Books?

Ganz anders verhält es sich beim E-Book. Hier fehlt es an einem körperlichen Gegenstand, an dem sich ein Eigentumsrecht manifestieren, aus dem heraus die Benutzungsordnung der Bibliothek die Nutzung des Buches regeln könnte. Ein E-Book im Fernzugriff ist bloß ein unkörperliches Medienwerk. So hat es auch der Gesetzgeber im Gesetz über die Deutsche Nationalbibliothek (DNBG) definiert.[30] Diese geradezu geisterhafte Unkörperlichkeit hat einige unangenehme Konsequenzen. Dass der Erschöpfungsgrundsatz in § 17 Abs. 2 UrhG keine Anwendung findet[31], kann noch verschmerzt werden, da er ja nur das Erlöschen des körperlichen Verwertungsrechts der Verbreitung anordnet. Dass es aber an einer für unkörperliche Medienwerke entsprechenden Regelung fehlt[32], die dann eine Erschöpfung des für die Nutzung dieser Werke einschlägigen Verwertungsrechts der öffentlichen Zugänglichmachung zum Gegenstand haben müsste, ist demgegenüber schon schwerwiegender.[33]

Bei einem unkörperlichen Medienwerk nämlich bleiben die ausschließlichen Verwertungsrechte des Urhebers und die aus ihnen abgeleiteten Nutzungsrechte des Verlegers ungeschmälert erhalten. Die Konsequenz ist erheblich. Denn die Rechteinhaber sind in der Lage, die Nutzung eines E-Book umfassend zu bestimmen, begrenzt nur durch wenige gesetzliche Schrankenbestimmungen. Und die sind zu weiten Teilen einer abweichenden vertraglichen Vereinbarung zugänglich, jedenfalls außerhalb Allgemeiner Geschäftsbedingungen.[34]

Auch der schlichte Werkgenuss eines E-Books hat urheberrechtliche Relevanz. Das Lesen an sich ist freilich auch hier stets möglich. Im Gegensatz zum gedruckten Buch aber ist das ›Aufschlagen‹ des E-Book leider und notwendigerweise mit einer Vervielfältigung im Arbeitsspeicher eines Computers verbunden.[35] Diese Vervielfältigung ist ein Eingriff in das

---

29 Vgl. Thomas Dreier und Gernot Schulze, *Urheberrechtsgesetz* (2008) § 15, Rn. 20.

30 Vgl. § 3 Abs. 3 des Gesetzes über die Deutsche Nationalbibliothek (DNBG): »Medienwerke in unkörperlicher Form sind alle Darstellungen in öffentlichen Netzen«.

31 Vgl. *Handbuch des Urheberrechts*. Hrsg. Ulrich Loewenheim. 2. Aufl. (München: C. H. Beck, 2010) § 20, Rn. 34.

32 Vgl. ebd. § 19, Rn. 8 m. w. N. sowie Thomas Dreier und Gernot Schulze, *Urheberrechtsgesetz* (2008) § 17, Rn. 30.

33 Vgl. Paul T. Schrader, »Geltung des Erschöpfungsgrundsatzes beim Online-Erwerb durch unkörperliche Übertragung urheberrechtlich geschützter Werke«, *Kommunikation & Recht* 10.5 (2007): 251–257.

34 Vgl. Thomas Dreier und Gernot Schulze, *Urheberrechtsgesetz* (2008) §§ 44a ff., Rn. 9.

35 Dogmatisch etwas ungenau kommen daher Thomas Pflüger und Jürgen Heeg zu der Ansicht, dass bei den Digitalia bereits das Lesen eine vergütungspflichtige Handlung sei. Vgl. hierzu Thomas Pflüger und Jürgen Heeg, »Die Vergütungspflicht nichtkommerzieller Nutzung urheberrechtlich geschützter

entsprechende Verwertungsrecht des Urhebers. Zudem stellt die Übermittlung des E-Books von dem Verlagsserver auf den Bildschirm des Lesers einen Eingriff in das Verwertungsrecht der öffentlichen Zugänglichmachung dar. Mag die Kopie im Arbeitsspeicher des Computers noch über die Schranke des § 44a UrhG als technisch notwendige flüchtige Vervielfältigung ohne eigenen wirtschaftlichen Wert gerechtfertigt sein, die öffentliche Zugänglichmachung des E-Books, dass man es also tatsächlich lesen kann, kann einzig und allein auf der Grundlage eines zwischen der Bibliothek und dem Verwerter geschlossenen Lizenzvertrages erfolgen. Eine Schranke hierfür gibt es nicht.

3.2. Lizenzvertrag als Bezugspunkt

Was genau Gegenstand des Lizenzvertrages ist, kann nicht allgemein beantwortet werden. Es gibt hier keine gesetzlichen Standards. Im besten Fall erwirbt die Bibliothek ein dauerhaftes einfaches Nutzungsrecht zur Nutzung des E-Books. Die Reichweite dieses Nutzungsrechts ist nicht gesetzlich vertypt.[36] Im Gegenteil: Nach § 31 UrhG ist es gerade Sache der Vertragsparteien, sich über Umfang und Reichweite der Nutzungsrechtseinräumung zu verständigen. Hier kann der Verwerter, der in aller Regel der alleinige Anbieter eines bestimmten E-Book-Titels ist, die Bedingungen als Monopolist recht frei bestimmen. Diese Bestimmungsmacht wird zwar in bescheidenem Umfang durch gesetzliche Schranken modifiziert, etwa wenn es um die Frage geht, ob Nutzer Vervielfältigungen aus E-Books vornehmen dürfen, doch ist diese Einschränkung nur eine theoretische.

Der Verwerter kann sein E-Book durch technische Schutzmaßnahmen gegen nahezu alle außerhalb der vertraglichen Vereinbarung liegenden Nutzungen schützen.[37] Und der Gesetzgeber hat diese technischen Schutzmaßnahmen nicht nur anerkannt, sondern bei E-Books, die im Fernzugriff bereitgestellt werden, als in jedem Fall gegenüber gesetzlichen Schranken vorrangig ausgestaltet. Das ergibt sich aus § 95b Abs. 3 UrhG. Die Herrschaft des Verwerters über das E-Book ist damit absolut.[38]

Das Benutzungsrecht der Bibliothek, niedergelegt in der Benutzungsordnung, steht dieser Situation vollkommen machtlos gegenüber. Es kann nur dafür sorgen, dass die Benutzer, die ja nicht Vertragspartner eines zwischen der Bibliothek und dem Verwerter geschlossenen

---

Werke in öffentlichen Bildungs-, Kultur- und Wissenschaftseinrichtungen«, *Zeitschrift für Urheber- und Medienrecht* 52.8–9 (2008): 649–656, 652. Vergütungspflichtig ist jedoch nicht das Lesen, sondern das ›Aufschlagen‹ eines unkörperlichen Medienwerkes, weil dies immer eine dem Urheber nach § 19a UrhG vorbehaltene öffentliche Zugänglichmachung darstellt.

36 Vgl. Eric W. Steinhauer, »Lizenzverträge«, *Bibliotheksurheberrecht. Ein Lehrbuch für Praxis und Ausbildung.* Katja Bartlakowski, Armin Talke und Eric W. Steinhauer (Bad Honnef: Bock + Herchen, 2010) 152–153.
37 Vgl. Harald Müller, »Rechtliche Rahmenbedingungen für Digitale Informationen«, *Zeitschrift für Bibliothekswesen und Bibliographie* 57.5 (2010): 245–252, 250.
38 Kritisch dazu Thomas Dreier und Gernot Schulze, *Urheberrechtsgesetz* (2008) § 95b, Rn. 17.

Lizenzvertrages sind, die in diesem Vertrag stehenden Lizenzbestimmungen beachten.[39] Das Benutzungsrecht der Bibliothek wandelt sich von einer grundrechts- und freiheitssichernden Anstaltsordnung zu einem Vollstrecker kommerzieller Verwerterinteressen.

Spätestens hier wird deutlich, dass die schlichte Gleichsetzung der unkörperlichen Medienwerke mit Büchern, wie sie im baden-württembergischen Pflichtexemplargesetz geschehen ist, vielleicht ein wenig voreilig war.[40]

4. Urheberrecht und/oder Benutzungsrecht?

Wie verhalten sich nun Urheberrecht und Bibliotheksbenutzungsrecht zueinander? Die Antwort auf diese Frage ist einfach: Das Urheberrecht geht vor und bestimmt den Umfang der legalen Nutzung digitaler Inhalte in der Bibliothek. Dem Benutzungsrecht bleibt kaum mehr übrig, als die Vorgaben des Urheberrechts umzusetzen, indem es den Kreis der zur Nutzung der Digitalia zugelassenen Personen in Übereinstimmung mit den Vorschriften des Urheberrechts regelt. Zudem verpflichtet es die Nutzer auf die Einhaltung der urheberrechtlichen Vorgaben, vor allem der Bestimmungen der Lizenzverträge, und sanktioniert Verstöße dagegen mit Benutzungsausschluss. Damit aber ist das Urheberrecht letztlich das Benutzungsrecht der digitalisierten Bibliothek.[41] Wenn man die eingangs gemachte Feststellung bedenkt, dass nicht wenige Bibliotheken inzwischen mehr als die Hälfte ihres Erwerbungsetats für elektronische Inhalte ausgeben, wird sofort deutlich, dass die überkommene Rechtsgrundlage der Bibliotheksbenutzung in Form einer öffentlich-rechtlichen Anstaltsordnung nicht nur in Frage gestellt wird, sondern in weiten Teilen der Benutzung praktisch suspendiert ist.

5. Ausblick

Bibliotheken verstehen sich als hybride Einrichtungen, die körperliche und unkörperliche Medien gleichermaßen anbieten. Dabei wird leicht übersehen, dass für digitale und gedruckte Medien vollkommen unterschiedliche Benutzungsgrundlagen bestehen. Die rechtliche Ausgestaltung der Benutzung allein auf Grundlage der Benutzungsordnung vermag hier keinen einheitlichen Rahmen mehr zu gewährleisten. Vor diesem Hintergrund ist vielleicht das in den letzten Jahren immer vernehmlicher gewordene Engagement von Bibliothekaren

---

39 Vgl. beispielhaft § 21 Abs. 2 Satz 2 der Benutzungsordnung der Universitätsbibliothek Ilmenau vom 6. April 2004: »Urheber- und Lizenzbestimmungen müssen beachtet werden,« Fundstelle: *Verkündungsblatt der Technischen Universität Ilmenau* Nr. 9 (2004).
40 Zu den Konsequenzen etwa im Pflichtexemplarrecht vgl. Eric W. Steinhauer, »Pflichtablieferung von Netzpublikationen: Urheberrechtliche Probleme im Zusammenhang mit der Ablieferungspflicht von Netzpublikationen an die Deutsche Nationalbibliothek«, *Kommunikation & Recht* 12.3 (2009): 161–166.
41 Vgl. Eric W. Steinhauer, »Lizenzverträge« (2010) 152.

in urheberrechtspolitischen Fragen zu verstehen. Wir haben es hier nicht mit einem netten Hobby dienstlich nicht ausgelasteter Kollegen zu tun, sondern mit dem schlichten Versuch, im digitalen Bereich die alten grundrechtsfreundlichen Nutzungsverhältnisse des Anstaltsrechts wenigstens in Ansätzen zu gewährleisten.

An dieser Stelle taucht ein ganz unvermuteter Aspekt auf. Bei den Büchern hat das öffentliche Sachenrecht ihre Bereitstellung zur Grundrechtsverwirklichung in den Bereichen Information und Wissenschaft gewährleistet. Bei den unkörperlichen Medienwerken ist es der persönliche Einsatz der Bibliothekare, die zum einen beim Abschluss von Lizenzverträgen, zum anderen in einem urheberrechtspolitischen Engagement diese Grundrechtsgewährleistung herzustellen versuchen.[42] Grundrechtsgewährleistung durch persönliche Haltung und persönlichen Einsatz aber ist ein Kennzeichen hoheitlichen Handelns von Beamten.[43] Die starke Präsenz der Digitalia in den Bibliotheken gibt durchaus Anlass, die vor einiger Zeit geführte Entbeamtungsdiskussion in den wissenschaftlichen Bibliotheken kritisch zu hinterfragen.[44] Für das Benutzungsrecht dieser Bibliotheken bleibt festzuhalten, dass es künftig gerade in seinen innovativen Bereichen nicht mehr vom klassischen Verwaltungsrecht, sondern vom Urheberrecht bestimmt, beherrscht und nicht selten leider auch behindert wird. Das Urheberrecht ist das eigentliche Benutzungsrecht der digitalisierten Bibliothek.

---

42 Vgl. Karsten Schuldt, »Openess: die Bibliothek als demokratische und demokratiefördernde Einrichtung im Internetzeitalter«, *Handbuch Bibliothek 2.0*. Hrsg. Julia Bergmann und Patrick Danowski (Berlin/New York: De Gruyter Saur, 2010) 21–35, besonders 28–29.

43 Vgl. Josef Isensee, »Beamte«, *Staatslexikon Recht Wirtschaft Gesellschaft*. Hrsg. Görres-Gesellschaft. 5 Bde., Bd. 1. 7. Aufl. (Freiburg: Herder, 1985) Sp. 584–600 und Sp. 590–591; Walter Leisner, »Grundlagen des Berufsbeamtentums«, *Beamtentum: Schriften zum Beamtenrecht und zur Entwicklung des öffentlichen Dienstes 1968–1991*. Hrsg. Josef Isensee (Berlin: Duncker & Humblot, 1995) 111–162, besonders 121.

44 Vgl. Gabriele Beger, »Bibliotheksrecht«, *Die moderne Bibliothek: Ein Kompendium der Bibliotheksverwaltung*. Hrsg. Rudolf Frankenberger und Klaus Haller (München: Saur, 2004) 365–380, 368.

Das virtuelle Regal in der Handtasche –
Private digitale Bibliotheken als Forschungsobjekte

Anke Vogel

Buchwissenschaft, Universität Mainz

Der Markt für digitale Bücher hat sich in der jüngsten Vergangenheit durch ›Emerging Technologies‹ wie E-Book-Reader und Tablet-PCs stark erweitert und stellt sich derzeit als sehr dynamisch dar. Während vielfach über Chancen und Risiken für Buchhandel und Verlage diskutiert wird, oder darüber, wie öffentliche und wissenschaftliche Bibliotheken mit der zunehmenden Digitalisierung des Buchmarktes umgehen sollen – welche neuen Anforderungen von Seiten der Nutzer an sie herangetragen werden und welche Auswirkungen der Umgang mit digitalen Büchern als unkörperlichen Mediengütern auf die Organisation von Bibliotheken hat – bleiben die Nutzer und ihr Umgang mit ihren privaten digitalen Bibliotheken jedoch häufig ausgeblendet. Wenn von digitalen Bibliotheken die Rede ist, wird die Bibliothek zumeist als Institution verstanden, »die unter archivarischen, ökonomischen und synoptischen Gesichtspunkten publizierte Information für die Benutzer sammelt, ordnet und verfügbar macht.«[1] Die zweite Bedeutung, nach der Bibliotheken auch für den privaten Gebrauch bestimmte, geordnet aufgestellte Büchersammlungen sein können, wird im Rahmen der Forschung zu Digitalisierung von Bibliotheken zumeist nicht angesprochen. Dass es aber auch in diesem Bereich in naher Zukunft Veränderungen geben wird oder bereits gibt, legen empirische Befunde nahe: Die Studie *Umbruch auf dem Buchmarkt? Das E-Book in Deutschland* weist aus, dass die Zustimmung zu der Aussage »ich finde es schön, dass meine Bücher zuhause im Regal stehen« abgenommen hat.[2] Im Gegensatz dazu stimmt fast die Hälfte der Befragten (48 Prozent) der Aussage zu, dass E-Books[3] dabei helfen können, Platzprobleme zuhause zu lösen.[4] Scherzhaft wird das *Amazon Kindle* mancherorts auch als ›*IKEA Billy*-Killer‹ bezeichnet, weil es physische Bücherregale entbehrlich mache.[5] Ferner

---

1 Gisela Ewert und Walther Umstätter, *Lehrbuch der Bibliotheksverwaltung* (Stuttgart: Hiersemann, 1997) 10.
2 Während 2009 noch insgesamt 88 Prozent der Befragten dieser Aussage zustimmten, waren es 2011 nur noch 86 Prozent. Auch der Grad der Zustimmung hat sich verändert: Stimmten 2009 noch 60 Prozent der Aussage ›voll und ganz zu‹, waren es 2011 nur noch 51 Prozent. Vgl. *Umbruch auf dem Buchmarkt? Das E-Book in Deutschland* (Frankfurt a. M.: Börsenverein des Deutschen Buchhandels, 2011) 78.
3 Der Begriff E-Book wird in der Studie leider nicht weiter konkretisiert.
4 Vgl. *Umbruch auf dem Buchmarkt? Das E-Book in Deutschland* (2011) 80.
5 Vgl. Micha Röder, »Amazon Kindle – eBook-Reader und IKEA Billy-Killer«, *The Intelligence* (26. Juni 2011), http://www.theintelligence.de/index.php/feuilleton-/kultur/2856-amazon-kindle-ebook-reader-und-ikea-billykiller.html (27. Juni 2011).

wird in den Medien die neue Mobilität der digitalen privaten Bibliotheken schon seit Jahren als Vorteil gepriesen:

> So wie es der iPod möglich machte, dass Jugendliche mit 10.000 Songs in der Hosentasche spazieren gehen, so erlaubt der *Kindle* jetzt leichterdings, eine ganze Bibliothek von rund 200 Büchern mit sich herumzutragen und jederzeit darin zu stöbern: auf der Wiese, in der U-Bahn, am Strand.[6]

Einen weiteren Schritt in dieser Richtung stellt die zunehmend angebotene Möglichkeit dar, E-Books in der ›Cloud‹ zu nutzen. Einer der führenden Distributoren für digitale Bücher wirbt folgendermaßen: »Die Bücher folgen dem Leser wie eine virtuelle Datenwolke überallhin. Der Nutzer greift auf die eBooks zu, wann und wo immer er will.«[7] Die E-Book-Studie des Börsenvereins bestätigt die Attraktivität derartiger Angebote: 48 Prozent der befragten Personen finden es interessant, mehrere Bücher speichern und unterwegs nutzen zu können.[8] Als Kommentar zu einem *Kindle*-Test in dem populären Blog *Spreeblick* ist zu lesen, wie die Userin Merete mit ihrem *Kindle* umgeht: Sie äußert sich dahingehend, dass sie mit dem Gerät mehr Bücher liest als vorher in gedruckter Form. Als großen Vorteil sieht sie es an, dass sie sich auf Reisen das Gewicht der gedruckten Bücher und den Platz in der Reisetasche sparen kann. Auch das Lesen im Bett empfindet sie mit dem Gerät als angenehmer, weil es das Problem verhindert, dass durch die Lektüre von dicken und unhandlichen Büchern Hände oder Arme ›einschlafen‹. Bücher, welche die Userin als besonders schön empfindet, kauft sie z. T. als physisches Buch für das Bücherregal nach, um sich an deren Anblick zu erfreuen.[9]

Eine systematische, inhaltsanalytische Auswertung von Testberichten und Kommentaren zu digitalen Büchern und E-Book-Readern wie dem vorgestellten könnte sicherlich noch vielfältige Einsichten generieren, insbesondere auch deshalb, weil verschiedene Studien zeigen, dass das Lesen an elektronischen Endgeräten eine steigende Akzeptanz durch die Rezipienten aufweist.[10] Die aktuelle Studie des Börsenvereins des Deutschen Buchhandels stellt fest: »E-Book-Käufer haben das typische Profil von Innovatoren.«[11] Vor dem Hintergrund, dass der Durchbruch digitaler Bücher in Deutschland von verschiedenen Seiten erst für das Jahr 2011 prognostiziert wird, ist zu erwarten, dass sich zukünftig noch deutlichere Veränderungen im Mediennutzungsverhalten zeigen werden. Für die buchwissenschaftliche Forschung ergeben sich daraus vielfältige neue Fragestellungen. Im Folgenden werden einige mögliche Ansatzpunkte aufgezeigt.

---

6 Marco Evers, »Bibliothek in der Handtasche«, *Der Spiegel* 27 (2008): 114.
7 »Ciando-Kunden nutzen ›eBooks in the cloud‹«, *Pressebox* (1. März 2011), http://www.pressebox.de/pressemeldungen/ciando-gmbh/boxid/409431 (27. Mai 2011).
8 Vgl. *Umbruch auf dem Buchmarkt? Das E-Book in Deutschland* (2011) 77.
9 Kommentar der Userin Merete zu Johnny Haeusler, »Amazon Kindle: Ein Test in fünf Kapiteln [Update]«, *Spreeblick* (12. Mai 2011), http://www.spreeblick.com/2011/05/12/amazon-kindle-ein-test-in-funf-kapiteln/ (27. Mai 2011).
10 Vgl. hierzu z. B. *Lesen in Deutschland 2008. Eine Studie der Stiftung Lesen* (Mainz: Stiftung Lesen, 2009).
11 Vgl. *Umbruch auf dem Buchmarkt? Das E-Book in Deutschland* (2011) 76.

1. Aus welchen Quellen werden digitale Bücher für die private Sammlung bezogen?

Besonders naheliegend erscheint es, zunächst danach zu fragen, woher digitale Bücher stammen, die Nutzer in ihre Bibliotheken stellen. Grundsätzlich ist dabei zu unterscheiden, ob digitale Bücher auf legalem oder illegalem Wege beschafft werden. Bei der legalen Beschaffung kann weiterhin unterschieden werden, ob es sich um urheberrechtsfreie Bücher handelt, die vielfach kostenlos wie etwa beim *Project Gutenberg* zum Download angeboten werden[12], oder um urheberrechtlich geschützte Werke. Kommerzielle Downloadportale bieten häufig sowohl kostenfreie wie auch kostenpflichtige Titel an, so kooperiert etwa *Apples iBooks* mit dem *Project Gutenberg*. Der Bereich der kommerziellen Verbreitung digitaler Bücher stellt sich in Deutschland derzeit als hoch dynamisch dar: Im April 2011 ist der Onlinehändler *Amazon* mit dem *Kindle Store* in den deutschen Buchmarkt eingetreten[13], zuvor hatte *Apple* parallel zur Einführung des Tablet-PCs *iPad* zu Beginn des Jahres 2010 seinen *iBook-Store* vorgestellt[14], der zusätzlich zum Download von Buch-Apps aus *iTunes* eine Möglichkeit des Bucherwerbs darstellt und auch *Google* bereitet offensichtlich den Start seines E-Book-Stores in Deutschland vor. Daneben positionieren sich derzeit zahlreiche weitere Unternehmen im Bereich der digitalen Buchdistribution. Es ist jedoch bereits eine Umsatzkonzentration bei den großen Playern wie *Apple* und *Amazon* zu erkennen.[15] Welche Auswirkungen die große und noch wachsende Marktmacht dieser Unternehmen auf die Buchbranche und auch auf die Rezipienten hat und zukünftig haben wird, muss von der Forschung kritisch begleitet werden. So können etwa (um nur ein mögliches Beispiel herauszugreifen) Untersuchungen dazu, inwiefern *Amazon* eine Kommunikationskontrolle ausübt, ertragreich sein: An Ostern 2009 war es zu empörten Protesten und Boykottaufrufen von Autoren gegen *Amazon* und zu einer erregten Diskussion bei *Twitter* gekommen, als bekannt wurde, dass zahlreiche Titel von homosexuellen Autoren oder zu homosexuellen Themen aufgrund eines ›Katalogfehlers‹, wie der Onlinehändler später bekannt gab, aus dessen Bestsellerlisten verschwunden waren und ihren Verkaufsrang verloren hatten.[16] Auch wäre es sicherlich ertragreich, die Auswirkung von Rankings und automatischen Empfehlungen bei *Amazon*, *Apple* und zukünftig *Google*

---

12 Vgl. dazu auch beispielhaft folgende Übersicht: »eBooks kostenlos downloaden: Die 7 besten Webseiten für Gratis-Literatur«, *Winload.de* (13. Oktober 2010), http://www.winload.de/news/ebooks/ebooks-kostenlos downloaden-die-7-besten-webseiten-fur-gratis-literatur/ (27. Mai 2011).
13 Vgl. »Amazons Kindle-Buchladen öffnet in Deutschland«, *heise online* (21. April 2011), http://www.heise.de/newsticker/meldung/Amazons-Kindle-Buchladen-oeffnet-in-Deutschland-1231632.html (27. Mai 2011).
14 Vgl. Ibrahim Evsan, »iPad. Apple wird der Großverlag der Welt«, *Faz.net* (29. Januar 2010), http://www.faz.net/artikel/S31013/ipad-apple-wird-der-grossverlag-der-welt-30081701.html (27. Mai 2011).
15 Vgl. Werner Christian Guggemos, »Es gibt eine Tendenz zur Konzentration der Umsätze«, *boersenblatt.net* (23. Januar 2011), http://www.boersenblatt.net/410841/ (27. Mai 2011).
16 Vgl. Jochen Hung, »Wütende Proteste gegen Amazon«, *Zeit online* (16. April 2009), http://www.zeit.de/online/2009/17/amazon-empoerung (26. November 2010).

auf das Kauf- und Rezeptionsverhalten zu untersuchen. Neben den großen Playern und einer Vielzahl von (neuen) Distributionsunternehmen bieten zunehmend auch Publikumsverlage, die bisher – wenn überhaupt – nur eine geringe Anzahl von digitalen Buchprodukten im Programm hatten, Downloadmöglichkeiten auf ihren Webpräsenzen (teilweise in Kooperation mit Dienstleistern) an. Vereinzelt werden auch bereits ›enhanced‹ E-Books, also solche E-Books, die mit multimedialen Inhalten angereichert werden, angeboten. Zwar gehörten Bücher von Anfang an zu den Produkten, die sich im Internet sehr gut abbilden ließen, trotzdem wurden noch viele Funktionen entwickelt, die das Stöbern in der Buchhandlung und das Hineinblättern in ein Buch zu ersetzen versuchen. Vielfach werden Leseproben online angeboten. *Amazon*, *Apple* und weitere Händler bieten zudem die Möglichkeit, Leseproben, die zum Teil recht umfangreich sind, herunterzuladen, bevor der eigentliche Kauf eines E-Books erfolgt – der potenzielle Käufer kann das Produkt also tatsächlich ausprobieren. Eine große Zahl von Wissenschafts- und Fachverlagen verfügt bereits seit vielen Jahren über Portale, auf denen digitale Bücher angeboten werden. Als Beispiele können hier etwa *SpringerLink* oder die *Thieme E-Book Library* angeführt werden. Die traditionellen Unternehmen des verbreitenden Buchhandels suchen hingegen noch immer, und durch das zunehmende Angebot an belletristischer Literatur mittlerweile verschärft, nach Möglichkeiten, sich am Geschäft mit digitalen Büchern zu beteiligen, denn verschiedentlich werden Prognosen geäußert, dass der stationäre Buchhandel schnell an Bedeutung verlieren könnte.[17] Über den Umweg der E-Book-Cards wird versucht, die eigentlich körperlosen digitalen Produkte in physischer Form im Sortiment anzubieten.[18] Insbesondere soll damit die Möglichkeit erhalten bleiben, Bücher als Geschenk zu kaufen. Inwiefern dies jedoch Akzeptanz durch die Konsumenten erfahren wird, bleibt abzuwarten. Denkbar wäre auch, dass verstärkt Gutscheine zu Geschenkzwecken erworben werden. *Apple* startete, analog zu den Gutscheinen für *iTunes*, im November 2010 den Verkauf von Geschenkkarten in Elektronikflächenmärkten.

Ein Ausfluss des zunehmenden Angebots von digitalen Buchprodukten ist auch darin zu sehen, dass der Zwischenbuchhandel seine Aktivitäten mittlerweile stärker auch auf den Endkunden hin ausrichtet. Als Dienstleister bietet er Vertriebsmöglichkeiten in Form von Shop-Lösungen für den Bucheinzelhandel an. Der Börsenverein versucht mit der Branchenplattform *libreka!* ebenfalls, einen Vertriebskanal durchzusetzen, der sicherstellen soll, dass der stationäre Buchhandel am Geschäft mit dem digitalen Buch beteiligt wird. Ähnlich wie auch beim Zwischenbuchhandel, sollen ab Herbst 2011 bei *libreka!* ›White Label Shops‹ angeboten werden, die an das Corporate Design der Bucheinzelhändler angepasst werden

---

17 Vgl. hierzu z. B. »Für Carel Halff wird die Zukunft des Buchhandels digital«, *boersenblatt.net* (20. Januar 2011), http://www.boersenblatt.net/410653/ (27. Mai 2011) sowie Kathrin Passig, »Das Buch als Geldbäumchen«, *Merkur* 739 (2010): 1185–1190.

18 Vgl. »Digitale Ableger«, *buchreport online* (17. Mai 2011), http://www.buchreport.de/nachrichten/online/online_nachricht/datum/2011/05/17/digitale-ableger.htm (27. Mai 2011).

Abbildung 1: *iBooks* Geschenkkarten[19]

können.[20] Laut *FAZ* werden »die meisten Verkäufe […] hierzulande über *iTunes*, *Textunes*, *Libri*, *Libreka*, *Thalia* oder über die Websites der Verlage«[21] abgewickelt. Tatsächlich ist *libreka!* jedoch schon häufiger wegen seiner geringen Verkaufszahlen und mangelnder Akzeptanz bei den E-Book-Käufern von Buchhändlern und Verlagen angegriffen worden.[22] Der Onlinehändler *Amazon*, der über eine sehr hohe Markenbekanntheit verfügt, wird in dem zitierten *FAZ*-Artikel noch überhaupt nicht erwähnt, es ist jedoch zu erwarten, dass er sehr schnell einen hohen Marktanteil erreichen wird. Erfolgsfaktoren des Onlinehändlers sind seit jeher eine hohe Qualität im Kundenservice, extensive Marktforschung in Form von ›Datamining‹ sowie ein hohes Maß an ›Usability‹, wie sie etwa im patentierten ›One-Click-Buy-Verfahren‹ zum Ausdruck kommt. Vergleichende Zahlen zur Akzeptanz kommerzieller Vertriebswege für digitale Bücher durch Konsumenten liegen derzeit noch nicht vor, wären aber dringend erforderlich, um Entwicklungen in der Buchbranche fundiert prognostizieren zu können. Eine Studie, die auf Nutzer von E-Books fokussiert und deren Einkaufsstättenpräferenzen erfasst, könnte hilfreiche Erkenntnisse darüber liefern, welche Vertriebswege derzeit favorisiert werden und weshalb. Dabei wäre etwa auch die Bedeutung einer Mobilfunkverbindung von E-Readern (wie etwa beim *Amazon Kindle* mit *Whispernet*),

---

19 »*iBooks* Geschenkkarten«, *All About iPhon-Blog* (12. November 2010), http://allaboutiphonenet.blogspot.com/2010_11_01_archive.html (27. Mai 2011).
20 Vgl. »Geben und Nehmen. Ab Herbst 2011 White-Label-Shops von Libreka«, *buchreport online* (6. April 2011), http://www.buchreport.de/nachrichten/handel/handel_nachricht/datum/2011/04/06/geben-und nehmen.htm (27. Mai 2011).
21 Vgl. Felicitas von Lovenberg, »Mister Einprozent«, *Faz.net* (25. Mai 2011), http://www.faz.net/artikel/C30870/deutscher-e-book-markt-mister-einprozent-30361162.html (27. Mai 2011).
22 Vgl. hierzu z. B. René Kohl, »Libreka – Ende der Endkundenplattform?«, *buchreport.blog* (7. April 2011), http://www.buchreport.de/blog.htm?p=1368 (27. Mai 2011).

welche die Erweiterung der eigenen Bibliothek überall und zu jeder Zeit unproblematisch ermöglicht, abzufragen.

Obwohl E-Books auch am PC gelesen werden können, stellen die Auswahl von mobilen Endgeräten und damit die Frage nach den Möglichkeiten der Darstellung verschiedener Formate zunehmend einen bedeutsamen Einflussfaktor im Bereich des digitalen Buchvertriebs dar. Bei der Auswahl eines E-Book-Readers ist es aus Sicht der Nutzer besonders interessant, ob das Gerät ohne vorherige Konvertierung nur Dateien in einem proprietären Format (wie etwa *Kindle* oder *mobipocket* von *Amazon*) darstellen kann oder auch offene Standards wie ePUB unterstützt. Ferner stellt sich aus Nutzersicht die Frage, ob digitale Bücher, die zum Schutz vor illegalen Kopien mit *Digital Rights Management* (DRM)-Maßnahmen versehen sind, erworben werden oder ob lediglich nicht geschützte Titel in Frage kommen, die eine flexiblere Nutzung ermöglichen. Der Sortimenter-Ausschuss des Börsenvereins hat in einer Stellungnahme zum Thema darauf hingewiesen, dass dem Nutzer insbesondere durch harte DRM-Maßnahmen »viele Steine in den Weg gelegt«[23] werden. Selbst nach der Installation einer zusätzlichen Software (*Adobe Digital Editions*) ist die Nutzung des gekauften Buches deutlich eingeschränkt, da z. B. nicht alle Geräte die Software von *Adobe* unterstützen und auch die Anzahl der Ausdrucke, die angefertigt werden dürfen, begrenzt ist. Somit sei das »legal erworbene Produkt […] dem illegal heruntergeladenen um Längen unterlegen.«[24] Allerdings sind im Internet in zunehmendem Maße Programme wie etwa das kostenfreie *Calibre* zu finden, welche die Konvertierung von E-Book-Dateien ermöglichen. Mit Hilfe von entsprechenden ›Plugins‹ kann in wenigen Schritten selbst der DRM-Schutz von den Dateien genommen werden, sodass etwa geschützte ePUB-Dateien auch in ein für den *Kindle* lesbares Format überführt werden können.[25]

Digitale Bücher für die eigene Sammlung werden von vielen Nutzern nicht nur auf legalem Wege beschafft, sondern vielfach auch illegal aus dem Internet heruntergeladen. Die Buchbranche widmet sich diesem Thema bisher allerdings erst in Ansätzen. Die Studie *Gutenberg 3.0* kommt zu dem Ergebnis, dass insbesondere ›Direct Download Links (DDL)‹ durch die u. a. digitale Bücher über ›Filehoster‹ wie *Rapidshare* oder *Depositfiles* zugänglich gemacht werden können, große Bedeutung für die illegale Verbreitung von Dateien haben. Der Börsenverein, so konstatiert die Studie, fokussiert in der Diskussion aber bislang auf Tauschbörsen, die jedoch eine eher untergeordnete Rolle spielen.[26] Manuel Bonik und Andreas Schaale gehen

---

23 »Sortimenter-Ausschuss fordert ›barrierefreien Kauf von E-Books‹ «, *boersenblatt.net* (29. April 2010), http://www.boersenblatt.net/380918/ (27. Mai 2011).
24 Ebd.
25 Vgl. »EBook Formats, DRM and You – A Guide for the Perplexed«, *Apprentice Alf's-Blog* (13. Januar 2011), http://apprenticealf.wordpress.com/2011/01/13/ebooks-formats-drm-and-you-%E2%80%94-a-guide-for-the-perplexed/ (27. Mai 2011).
26 Manuel Bonik und Andreas Schaale, *Gutenberg 3.0 – Ebook-Piraterie in Deutschland* (Headford: Lisheennageeha Consulting, 2011) 8. Online abrufbar unter http://www.abuse-search.com/Gutenberg3.0-Ebook_Piraterie_in_Deutschland.pdf (27. Mai 2011).

Das virtuelle Regal in der Handtasche 121

Abbildung 2: *Ion Book Saver*[27]

davon aus, dass schon heute Millionen Deutsche illegale Downloadseiten besuchen. Illegale E-Book-Seiten, auf denen eine Vielzahl von Titeln bereit steht, erleben derzeit eine rapide Verbreitung. Insbesondere hochpreisige wissenschaftliche Titel sowie Belletristikbestseller sind dort vielfach zu finden.[28] Guido F. Herrmann vom *Thieme Verlag* berichtete: »Nachdem Internetpiraterie bislang vor allem die Musik- und Filmindustrie gebeutelt hat, kommt das Problem jetzt bei den Fachverlagen an.«[29] Als illegales Downloadangebot stehen sowohl ungeschützte digitale Produkte sowie illegal erstellte Rips (Transfers in andere Datenformate, häufig unter Umgehung von Kopierschutzmaßnahmen) oder illegale Digitalisate (z. B. Scans von Büchern[30]) bereit. Tatsächlich scheint es eine große Zahl von Personen zu geben, die sich die Mühe machen, Bücher zu digitalisieren, um sie dann kostenlos im Internet anzubieten. Auch wenn Geräte wie der preisgünstige (etwa 150 US-Dollar) Buchscanner *Ion Book Saver* technisch noch nicht ausgereift sind und noch viel manuelle Arbeit bei der privaten Digitalisierung von Büchern anfällt[31], so lässt sich doch vermuten, dass durch technische

27 »Ion Book Server«, http://www.ionaudio.com/products/details/book-saver (27. Mai 2011).
28 Vgl. Manuel Bonik und Andreas Schaale, *Gutenberg 3.0 – Ebook-Piraterie in Deutschland* (2011).
29 Ileana Grabitz, »Piraten entern die Verlage«, *Welt online* (13. März 2011), http://www.welt.de/print/wams/wirtschaft/article12797823/Piraten-entern-die-Verlage.html (27. Mai 2011).
30 Vgl. Eckart Baier, »Raubzug ohne Strafe«, *Börsenblatt für den Deutschen Buchhandel* 31 (2006): 13–15. Online zugänglich unter http://www.boersenverein.de/sixcms/media.php/976/enforcement_bbl_31_2006_ob.pdf (21. November 2008).
31 Vgl. Thaddeus Herrmann, »Ion Book Saver: Scanner mit Hindernissen«, *engadget* (10. Januar 2011), http://de.engadget.com/2011/01/10/ion-book-saver-scanner-mit-hindernissen/ (27. Mai 2011).

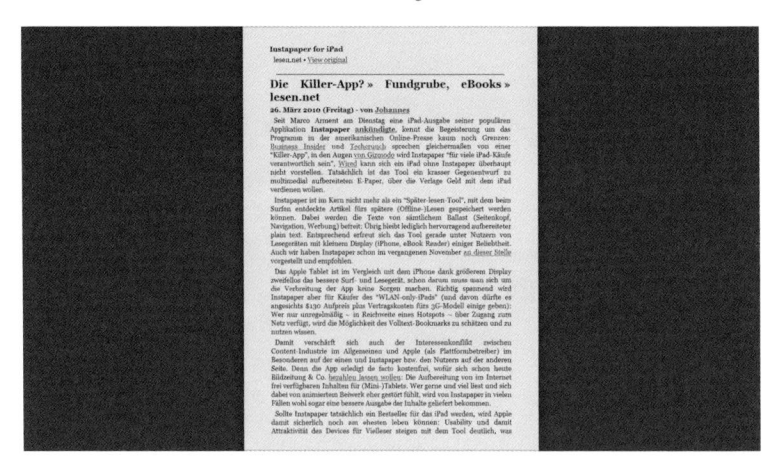

Abbildung 3: Artikel über *Instapaper* bei *lesen.net* (Anm. 36)
mit *Instapaper* gespeichert und an die *Kindle*-App gesendet

Innovationen – wie etwa Hochgeschwindigkeitskameras, die irgendwann vielleicht auch in Handys eingebaut werden können und mit entsprechender OCR-Software verbunden sind – das Speichern von Büchern stark beschleunigt werden könnte.[32]

Eine neue Möglichkeit, sich digitale Bücher zu beschaffen, stellt die private Ausleihe dar. Diese kann beispielsweise über den *Nook* von *Barnes & Noble* oder über die Funktion *Kindle Lending*, die seit Dezember 2010 in den USA zur Verfügung steht, erfolgen. Die Ausleihdauer wird dabei in der Regel recht restriktiv gehandhabt. Ein *Kindle*-Titel kann z. B. nur einmalig für eine Dauer von 14 Tagen entliehen werden. Danach wird der Titel automatisch wieder an den Buchbesitzer zurück übertragen. Der *Book Lending Club*, der zunächst bis zum Widerspruch von *Amazon* als *Kindle Lending Club* gestartet war, hat sich darauf spezialisiert, potenzielle Verleiher und Ausleiher zusammen zu bringen.[33] Und auch bei *Facebook* finden sich mittlerweile entsprechende Gruppen und Applikationen wie etwa *Lendle*[34], die das Bücherverleihen zwischen unbekannten Personen ermöglichen.

Neben den Inhalten, die von Medienunternehmen produziert werden, finden zunehmend auch weitere Inhalte Eingang in private digitale Bibliotheken. So ermöglicht es etwa die Software *Instapaper*[35], beim Surfen entdeckte Artikel, Blogeinträge oder auch einfach nur

---

32 Vgl. Oliver Markert, »Buchscanner. 200 Seiten in einer Minute speichern«, *Focus online* (29. März 2010), http://www.focus.de/digital/videos/buchscanner-200-seiten-in-einer-minute-speichern_vid_16427.html (27. Mai 2011).
33 Vgl. »FAQ What is Kindle Lending«, http://www.booklending.com/faq.htm (12. Juni 2011).
34 Vgl. »Lendle – Kindle Book Lending, Borrowing & Sharing«, http://www.lendle.me (12. Juni 2011).
35 Vgl. »Instapaper – Save Interesting Web Pages for Reading Later«, http://www.instapaper.com (27. Mai 2011).

Texte einer Webseite für das spätere (Offline-)Lesen zu speichern. Dabei, so schreibt der Chefredakteur der Plattform *lesen.net* Johannes Haupt,

> werden die Texte von sämtlichem Ballast (Seitenkopf, Navigation, Werbung) befreit: Übrig bleibt lediglich hervorragend aufbereiteter plain text. Entsprechend erfreut sich das Tool gerade unter Nutzern von Lesegeräten mit kleinem Display (iPhone, eBook Reader) einiger Beliebtheit.[36]

Texte, die in *Instapaper* archiviert wurden, können mühelos auch an die *Kindle*-App versendet werden, wo sie sich in der Darstellung kaum von den sonst distribuierten Buch- oder Zeitungs- und Zeitschrifteninhalten unterscheiden.

Dies eröffnet eine Möglichkeit, dass ›user generated content‹ Eingang in private digitale Bibliotheken findet und dort in der Anmutung sogar den Verlagsprodukten stark ähnelt.

2. Wie werden digitale Bücher geordnet und aufgestellt?

Eine weitere Frage, der sich die buchwissenschaftliche Forschung zukünftig widmen könnte, ist die, nach welchen Kriterien digitale Bücher in privaten Bibliotheken geordnet werden. Die feste Zuordnung von Büchern zu einem bestimmten Platz im physisch existenten Bücherregal entfällt, sodass Büchersammlungen auf verschiedene Weise zugänglich gemacht werden können. Interessant sind in diesem Zusammenhang Paratexte und Metadaten, die für die Ordnung im virtuellen Bücherregal herangezogen werden. In der *Kindle*-App etwa werden Bücher standardmäßig mit einer Coverabbildung, dem Autorennamen und dem Titel sowie einem Fortschrittsbalken, der anzeigt, wie viel von dem jeweiligen Buch bereits gelesen wurde, dargestellt.[37] Die Sortierung kann sowohl nach ›Aktualität‹, wie auch nach ›Titel‹ oder ›Autor‹ vorgenommen werden. Zu den verschiedenen Kategorien können in der *Kindle*-App jeweils Sammlungen angelegt werden. Ferner ist es möglich vom Kachel- in einen Listenmodus umzuschalten, sodass mehr Titel auf einmal angezeigt werden können. Ähnlich wie bei den übrigen *Kindle*-Titeln zeigt eine Fortschrittsanzeige an, an welcher Stelle die Rezeption des Hörbuchs unterbrochen wurde.[38] *Amazon* plant derzeit ein ›Library Management-System‹[39], das noch weitere Funktionen aufweisen dürfte. Hörbücher sehen in der Applikation Büchern sehr ähnlich, sie werden lediglich mit der Bezeichnung ›audio‹ markiert. Die Konvergenz von Medien wird also an dieser Stelle schnell sichtbar, wenn der gleiche Inhalt einmal zum Lesen

---

36 Johannes Haupt, »Instapaper for iPad: Die Killer-App?«, *lesen.net* (26. März 2011), http://www.lesen.net/ebooks/instapaper-for-ipad-die-killer-app-2702/ (12. Juni 2011).
37 *Benutzerhandbuch amazonkindle*. 5. Aufl. (Seattle: Amazon Technologies, 2010) 34. Online abrufbar unter http://kindle.s3.amazonaws.com/Kindle%20User%27s%20Guide,%205th%20Edition_German.pdf (27. Mai 2011).
38 Vgl. ebd.
39 Vgl. »Kindle for PC. New Features and Future Improvements«, http://www.amazon.com/gp/feature.html/ref=kcp_pc_menu?ie=UTF8&docId=1000436191, (7. Juni 2011).

und einmal zum Hören direkt in einer Bibliothek eingeordnet werden kann. Inwiefern sich die zunehmende Konvergenz auch in Medienverwaltungsprogrammen äußert, ist eine spannende Frage. Denkbar wäre an dieser Stelle etwa, dass derartige Programme die Verwaltung von weiteren multimedialen und/oder von Usern generierten Inhalten – z. B. bei *bookface*[40] –, die sich als multimediale Paratexte an Verlagsprodukte anlagern, nicht nur abbilden, sondern vielleicht auch für die wissenschaftliche Auswertung zugänglich machen könnten.

Ähnlich wie in der *Kindle*-App sieht auch die Darstellung der Bücher in *iBooks* aus. Das Anlegen von Ordnern ist nicht möglich, was den Transport von Büchersammlungen unübersichtlich macht.[41] Bemerkenswert ist, dass dort die Benutzeroberfläche der Buchverwaltungssoftware die Anmutung eines hölzernen Bücherregals aufweist – wie sich ja auch insgesamt die Darstellung und Benutzung von digitalen Büchern in *iBooks* stark an die traditionelle Buchnutzung anlehnt, was etwa auch am Umblättern der Seiten mit dem Finger deutlich wird. In der Studie *Couchpotato 2.0?* heißt es, dass die

> optische Umsetzung […] fast nahtlos an das reale Leseerlebnis anschließt […]. Nützliche Tools wie Einstellungen zur Helligkeit oder Schriftgröße sowie intelligente Bookmark-Funktionen machen das Lesen längerer Texte auf elektronischen Geräten erstmals im privaten Kontext attraktiv.[42]

Insbesondere die Gestensteuerung, die sowohl *iPod*, *iPhone* wie auch *iPad* bieten, wird als komfortabel empfunden und stellt deshalb eine Voraussetzung für eine Lean-Back-Nutzung dar.[43] Ähnlich wie auch in der *Kindle*-App ist auch in *iBooks* ein Wörterbuch hinterlegt, sodass während der Lektüre unbekannte Begriffe leicht nachgeschlagen werden können. In diesem Zusammenhang kann danach gefragt werden, inwiefern zukünftig eine stärkere Vernetzung verschiedener Bücher sinnvoll erscheinen kann. Hier wäre etwa denkbar, dass wissenschaftliche Fachtexte mit einschlägigen Lexika verbunden werden können, um so das Verständnis wissenschaftlicher Texte ohne langwieriges Nachschlagen von Begriffen in physischen Büchern zu erhöhen. Wissenschaftliche E-Book-Portale bieten z. T. bereits Verlinkungen der Literaturverzeichnisse, was die Grenzen zwischen den einzelnen Publikationen verschwimmen lässt. Anders als die *Kindle*-App ist *iBooks* bisher lediglich für Endgeräte aus dem Hause *Apple* verfügbar. Wer nicht über ein solches mit aktuellem Betriebssystem verfügt, kann die Applikation nicht verwenden.

Neben der Software, die von Content-Händlern angeboten wird, sind auch freie Angebote wie etwa die E-Book-Verwaltung von *Calibre*[44] oder *eLib*[45] in die Betrachtung einzubeziehen.

---

40 Vgl. »bookface – Gib Büchern (d)ein Gesicht«, http://www.bookface.de/cms/impressum/ueber-uns (27. Mai 2011).

41 Vgl. Matthias Jaap, »iBooks: Das iPad als PDF-Reader«, *Mac Life* (August 2010), http://www.maclife.de/appstore/tests/buecher/ibooks (27. Mai 2011).

42 *Couchpotato 2.0? Das iPad im Nutzertest. Erste deutschsprachige Studie zum Produkterleben des iPad* (Köln: phaydon research + consulting, 2010) 7.

43 Vgl. ebd. 7–9.

44 Vgl. »Calibre«, http://calibre-ebook.com/ (27. Mai 2011).

45 Vgl. »eLib«, http://ebooklib.50webs.com/index.html (27. Mai 2011).

Die eigene Bibliothek lässt sich bei *Calibre* nach Autoren, Formaten, Verlagen (die allerdings als ›Herausgeber‹ bezeichnet werden), Bewertungen, Nachrichten und Etiketten (›Tags‹) sortieren. Ferner ist es möglich, eigene Kategorien anzulegen. Über ›Plugins‹ können externe Entwickler den Funktionsumfang der Software erweitern (wie etwa bei den ›Plugins‹ zum Entfernen von DRM). Aus der E-Book-Verwaltung heraus kann über die Funktion ›Get Books‹ nach Eingabe von Titel und Autor das Netz nach E-Book-Stores durchsucht werden, die den gesuchten Titel in elektronischer Form anbieten. Ein anschließender Vergleich der Angebote ist danach problemlos möglich.[46]

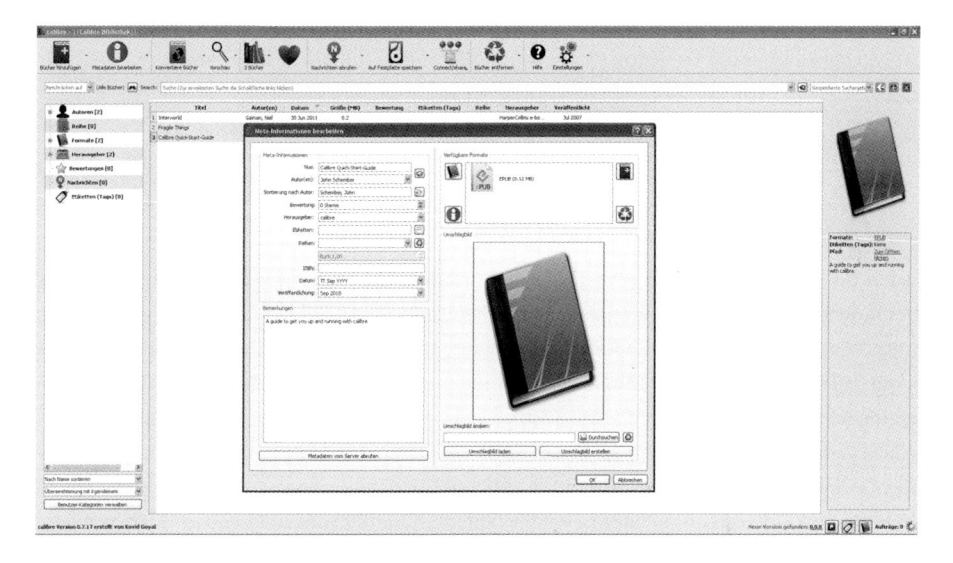

Abbildung 4: E-Book-Verwaltung *Calibre*[47]

Neben differenzierten Sortierfunktionen bieten Programme von weiteren Anbietern zum Teil auch hinsichtlich der Darstellung Vorteile gegenüber der Software der Big Player. PDF-Dateien werden beispielsweise in *iBooks* in ein separates Bücherregal einsortiert, die Darstellung von PDFs wird in einschlägigen Foren jedoch als defizitär beschrieben (z. B. wird die Qualität von Fotos verringert[48]). Programme wie etwa *GoodReader* leisten in dieser Hinsicht mehr, u. a. können Fotos in hoher Qualität dargestellt werden. Ferner ist es mit dem Programm möglich, Anmerkungen (etwa in Form von ›Popup Sticky Notes‹) in PDF-Dokumente

46 Falko Benthin, »E-Book-Verwaltung Calibre 0.8 mit Shopsuche«, *e-Leseratte* (6. Mai 2011), http://www.e-leseratte.de/2011/05/06/e-book-verwaltung-calibre-0-8-mit-shopsuche/ (27. Mai 2011).
47 Ebd. eigene Darstellung, Screenshot der Anwendung.
48 Vgl. z. B. Thema »iPad und PDF Dateien«, *apfeltalk community* (20. August 2010), http://www.apfeltalk.de/forum/ipad-pdf-dateien-t301634-6.html, (27. Mai 2011).

einzufügen. Diese können von verschiedenen Readern sichtbar gemacht werden. Darüber hinaus können Notizen und Zeichnungen im Sinne eines sozialen Lesens auch per E-Mail mit anderen Personen geteilt werden.[49]

3. Welche Informationen liefern digitale und digital abgebildete private Bibliotheken über ihre Besitzer?

Dass die ›Datamining‹-Aktivitäten von *Amazon* sehr umfangreich sind und einen Erfolgsfaktor für das Unternehmen darstellen, ist mittlerweile bekannt. Durch die zunehmende Verbreitung der *Kindle*-App bieten sich vielfältige weitere Optionen für das Datensammeln. So ist es etwa über die Funktion *Whispersync* theoretisch möglich, die Lesegeschwindigkeit eines Nutzers sowie markierte Stellen auszuwerten:

> *Whispersync* synchronisiert Ihre Lesezeichen und Ihre Leseposition automatisch zwischen den Geräten, die im selben Amazon.de Konto registriert sind. Wenn Sie ein Kindle-Buch öffnen, das Sie auch auf einem anderen Gerät lesen, erhalten Sie die Möglichkeit, zur letzten gelesenen Seite zu wechseln, auch wenn Sie auf dem anderen Gerät bereits weiter gelesen haben.[50]

Auch bei *iBooks* findet sich eine ähnliche Funktion, die in Besprechungen der Software besonders hervorgehoben und gelobt wurde: die zuletzt angesehene Seite wird gespeichert, sodass der Lesevorgang dort wieder aufgenommen werden kann. Ferner wurde die Verlinkung (z. B. von Kapiteln im Inhaltsverzeichnis) positiv bewertet.[51] Die *Kindle*-Anwendung ermöglicht es dem Leser, interessante Textpassagen zu markieren. Diese Markierungen werden von *Amazon* dahingehend ausgewertet, dass entsprechende Textpassagen automatisch in *Kindle*-Titeln hervorgehoben werden, wenn verschiedene Leser die Stelle markiert haben. In Form einer Liste kann sich der Leser alle beliebten Markierungen in einem Buch anzeigen lassen und jeweils auch einsehen, wie viele Personen dort eine Hervorhebung vorgenommen haben – die Privatbibliothek verliert an dieser Stelle also ein Stück weit ihre Privatsphäre.[52]

Neben den E-Book-Verwaltungen, die teilweise von Händlern zur Verfügung gestellt werden, können auch buchspezifische soziale Netzwerke wie etwa *Lovelybooks*[53], in welche die User – anders als bei den automatischen Auswertungen des Leseverhaltens – bewusst Informationen über ihre Buchbestände und ihr Leserverhalten einstellen, Anhaltspunkte enthalten, die auf den Umgang mit privaten digitalen und digital abgebildeten Bibliotheken schließen lassen. Ein besonderer Vorteil dabei ist, dass das Buchnutzungsverhalten öffentlich

---

49 Vgl. Matthias Jaap, »iBooks: Das iPad als PDF-Reader« (2010).
50 Vgl. Stichwort »Hilfe«, http://www.amazon.de/gp/help/customer/display.html?ie=UTF8&nodeId=200595870 (27. Mai 2011).
51 Vgl. *Couchpotato 2.0? Das iPad im Nutzertest. Erste deutschsprachige Studie zum Produkterleben des iPad* (2010) 25.
52 *Benutzerhandbuch amazonkindle* (2010) 16.
53 »Lovelybooks«, http://www.lovelybooks.de/ (27. Mai 2011). Alle Angaben in diesem Abschnitt folgen der *Lovelybooks*-Webseite.

dokumentiert wird und somit der Forschung zur Verfügung steht, wohingegen Händler, die allerdings über viel feinere und automatisiert (vom Nutzer unbemerkt) erhobene Daten verfügen, in der Regel kein Interesse daran haben dürften, die Daten ihrer Nutzer selbst auch nur in aggregierter Form zu veröffentlichen. Zwar enthält *Lovelybooks* derzeit keine E-Book-Dateien, sondern lediglich Katalogeinträge, anhand derer die eigene Bibliothek im Internet abgebildet werden kann, allerdings bietet die Plattform vielfältige Möglichkeiten der Datenverwaltung. Die eigene Bibliothek kann in unterschiedliche, selbst benannte Bücherregale untergliedert werden, wobei Titel gleichzeitig verschiedenen Regalen zugeordnet werden können. Die Titeldaten können dabei entweder aus dem Katalog von *Lovelybooks* oder aus dem von *Amazon* importiert werden. Danach können sie angereichert werden durch eine eigene Bewertung (in Form von bis zu fünf Sternchen), den Lesestatus (›noch nicht gelesen‹, ›lese ich gerade‹ oder ›schon gelesen‹) sowie eigene Rezensionen und Tags. In den erweiterten Optionen können darüber hinaus ›Tags‹ vergeben werden für Stimmung, Genre, Inhalte, Schauplätze, Zielgruppe, Personen, Sonstiges und Zeit. Zeitpunkt und Dauer des Lesevorgangs können über eine Datumseingabe festgehalten werden. Über ein ›Barometer‹ können auf einer jeweils elfstufigen Skala Bewertungen des Inhaltes vorgenommen werden. Dabei finden sich Skalen von ›Anspruchsvoll‹ bis ›Leichte Kost‹, von ›Lustig‹ bis ›Traurig‹, von ›Spannend‹ bis ›Entspannend‹, von ›Mystisch‹ bis ›Realistisch‹ und von ›Erotisch‹ bis ›Platonisch‹. Ferner bieten sich innerhalb von *Lovelybooks* vielfältige Möglichkeiten der Vernetzung zu verschiedenartigen Paratexten. So können etwa Videos zum Buch, die auf der Videoplattform *Youtube* eingestellt wurden, durch sogenannte Bibliothekare (von *Lovelybooks* als vertrauenswürdig eingeschätzte Nutzer) verlinkt werden. Zwischen *Lovelybooks* und dem sozialen Netzwerk *Facebook* kann durch den Nutzer eine Verbindung hergestellt werden. Diese ermöglicht es, Titel direkt aus *Lovelybooks* auf der eigenen Profilseite bei *Facebook* zu posten. Auch *Amazon* bietet mittlerweile seit einiger Zeit die Möglichkeit an, Katalogeinträge direkt im sozialen Netzwerk zu teilen. Als zukünftige Entwicklung wäre es z. B. denkbar, dass diese Posts mit entsprechenden ›One-Click-Buy-Funktionen‹ hinterlegt werden, um so die Erweiterung der eigenen Bibliothek aufgrund der Empfehlungen von Freunden und Bekannten noch stärker zu vereinfachen. Ferner stellt sich die Frage, ob es nicht auch für Contenthändler wie *Amazon* und *Apple* von Vorteil sein könnte, eine Funktion anzubieten, die es ermöglicht, Freunden und Bekannten die eigene virtuelle Bibliothek zu zeigen und somit die eigene Belesenheit zu demonstrieren. In dieser Funktion könnte auch der SUB (Stapel ungelesener Bücher), der in vielen buchbezogenen ›Social Media‹-Anwendungen zu finden ist und der anzeigt, welche Bücher eine Person in der Zukunft lesen möchte, integriert werden. Interessant wäre es im Sinne einer Buchwirkungsforschung, die Verbreitung von Inhalten und somit auch von Ideen in sozialen Netzwerken mit Hilfe einer ›Social Network Analysis‹ sichtbar zu machen. Nebenbei ließen sich so auch Persönlichkeitsstarke[54] identifizieren, die als Multiplikatoren für

---

54 Zum Begriff der Persönlichkeitsstärke vgl. Elisabeth Noelle-Neumann, »Die Identifizierung der Meinungsführer«, *Die soziale Natur des Menschen. Beiträge zur Kommunikationsforschung* (Freiburg/München: Verlag Karl Alber, 2002) 94–130.

das Bücherlesen stehen. Das Schwinden der Privatheit von Bibliotheken könnte im Sinne des Spruches »Zeig' mir Deine Bücher und ich sag' Dir wer Du bist!« nicht nur von Buchverlagen für Marketingzwecke ausgenutzt werden.

4. Fazit

Für die buchwissenschaftliche Forschung ergeben sich durch die Ausbreitung von elektronischen Lesegeräten und die zunehmende Verbreitung digitaler Buchprodukte, die das Entstehen privater digitaler Bibliotheken mit sich bringen, zahlreiche neue Ansatzpunkte. Wie sich der Umgang mit dem Buch vor dem Hintergrund der emergierenden Technologien entwickeln wird, kann und sollte in Echtzeit von wissenschaftlicher Forschung begleitet werden. Neben Befragungen von Nutzern digitaler Buchprodukte wären etwa auch inhaltsanalytische Auswertungen verschiedener Medien denkbar, die den Umgang mit digitalen Bibliotheken thematisieren. Das soziale Lesen, das sich in der Vernetzung von Lesern ausdrückt, scheint hier ein wichtiger Ansatzpunkt zu sein. Bedauerlich ist es, dass große Datenbestände (z. B. bei *Amazon*), die bereits heute viele Rückschlüsse über das Verhalten von Lesern digitaler Bücher liefern könnten, für die wissenschaftliche Analyse mit großer Wahrscheinlichkeit unzugänglich bleiben werden. Inwiefern etwa die Programmierung und der Einsatz von ›Plugins‹, welche den Umgang mit populären freien Buchverwaltungsprogrammen wie etwa *Calibre* für den Nutzer nach Einverständnis transparent dokumentieren und der wissenschaftlichen Auswertung zugänglich machen, eine Alternative darstellen könnte, müsste im Sinne von ›Computational Book Studies‹ noch detaillierter hinterfragt werden.

Vor dem Hintergrund der Befürchtungen in der Buchbranche, dass die sogenannte Piraterie die Existenz von Verlagsunternehmen bedrohen könnte, erscheinen weitere Forschungen zum ›Erwerb‹ digitaler Bücher dringend angezeigt. Aus der Erforschung der Motive für die Anfertigung und Verbreitung sowie den Download illegaler Kopien ließen sich im Rückschluss möglicherweise Strategien entwickeln oder mindestens realistische Chancen-/Risiken-Analysen für die Buchbranche erstellen. Aber auch eine gesamtgesellschaftliche Perspektive, die unvoreingenommen nach den Auswirkungen illegaler Kopien fragt, wäre hier zusätzlich einzunehmen. Der technischen Weiterentwicklung von Geräten, die der Vervielfältigung von Inhalten dienen können, ist dabei besondere Aufmerksamkeit zu schenken.

Inwiefern private digitale Bibliotheken die Funktionen physisch existenter Bibliotheken (z. B. als ›Kompetenztapete‹) übernehmen oder diese sogar erweitern können, muss in den kommenden Jahren kritisch begleitet werden. Insbesondere die zunehmende Vernetzung von (verlags- wie auch nutzergenerierten) Inhalten eröffnet neue Nutzungsmöglichkeiten und regt zu der Frage an, ob und wie das Buch bzw. der spezifische Modus der Buchkommunikation, der ohnehin definitorisch noch genauer bestimmt werden muss, erhalten bleiben wird.

Schöne neue Welt – Der Digitalismus und die Verlage Konsequenzen im 21. Jahrhundert

Dietrich Olms

Georg Olms Verlag, Hildesheim

1. Einführung

Mancher von Ihnen wird sich noch erinnern: Vor über zwanzig Jahren erschienen die ersten wissenschaftlichen Publikationen auf CD-ROM, und viele sahen darin eine Bedrohung für das Buch. Vor über 10 Jahren kamen die ersten E-Book-Reader auf den Markt – viele prophezeiten damals einen noch stärkeren Einfluss auf die Buchproduktion. Zehn Jahre später und mehrere Millionen frei zugänglicher Texte aus Büchern im Internet weiter, die vor allem von *Google* in Kooperation mit weltweit führenden Bibliotheken wie der *Harvard University Library*, der *Bodleian Library* in Oxford und der *Bayerischen Staatsbibliothek* digitalisiert wurden, befindet sich das gedruckte Buch noch in einer erstaunlich starken Position.

Heute gilt es innezuhalten, alle aktuell vorliegenden Fakten zum Nutzerverhalten bei digitalen und Druckproduktionen zu analysieren und mit Perspektive auf die kommenden zehn Jahre ein Szenario zu skizzieren. Man wird – bezieht man Meinungen von Experten, Lesern und besonders die der Gruppe der ›digital natives‹ ein – zu etwa folgendem Ergebnis kommen: Digitale Informationen dienen der schnellen und hochaktuellen Information. So werden Tagesnachrichten zunehmend am Bildschirm, und nicht mehr in gleichem Maße wie heute über die Zeitung, zur Kenntnis genommen. Informationen mit geringer Halbwertszeit bis hin zu wissenschaftlichen Lehrwerken aus Medizin, Technik, Natur- und Rechtswissenschaft werden primär ebenfalls online rezipiert. Monographien in den Geisteswissenschaften, Belletristik, Kinderbücher, weniger das Sachbuch, werden in einer Papierversion bevorzugt. Und dies – allen Auguren zum Trotze, die das Buch bereits heute als überflüssig erachten – möglichst in einer wohlfeilen und haptisch wie optisch ästhetischen Ansprüchen gerecht werdenden Ausgabe.

Dies war auch Tenor der Frankfurter Buchmesse 2010. Allerdings wurde dort bereits das ›enhanced‹ E-Book präsentiert, das mit Audioclips, Videos, Animationen sowie interaktiven Komponenten angereichert wird. Weitere Argumente für das E-Book sind: Mobilität, Platzersparnis, schnelle Verfügbarkeit, geringes Gewicht, Option zur Schriftvergrößerung, günstiger Preis, Suchfunktion, einfacher Einkauf. Bis zum Jahr 2015 soll die Zahl verkaufter E-Books von 1,5 Mio. in 2010 auf 60 Mio. steigen.[1] Wer aber soll die E-Book-Reader kaufen? Nutzer, die bereits Laptop und Smartphone besitzen, wohl kaum, da ein drittes Gerät ohne

---

1 So die Schätzung der Agentur Kirchner+Robrecht zur Entwicklung des Marktes für digitale Inhalte. Vgl. hierzu Michael Roesler-Graichen, Sandra Schüssel und Tamara Weisse, »Ein Hotspot der Extraklasse«, *Börsenblatt für den Deutschen Buchhandel* 41 (2010): 18–22, 20.

die Vorzüge der vorgenannten überflüssig scheint. Dies belegt auch die Einschätzung von *Weltbild*-Geschäftsführer Carel Halff, dass die meisten der 50.000 im vergangenen Jahr in Deutschland verkauften Lesegeräte offenbar nur herumstehen.[2] Neuesten Studien von *Nielsen BookScan* zufolge kannibalisierten digitale Bücher das Printgeschäft in den USA nicht. So gehören Klassiker zu den am meisten heruntergeladenen E-Books, die sogar zum Großteil kostenlos zu haben sind. Trotzdem büßten gedruckte Fassungen lediglich 0,3 Prozent an Verkäufen ein.[3] Verlage werden auch künftig gut beraten sein, Druckversionen ihrer Titel anzubieten – schon aus ökonomischen Gründen. Denn der Preisverfall bei den E-Books einerseits und der vermehrte Aufwand in den Verlagen vor der Veröffentlichung als Digitalisat andererseits stellen die Sinnhaftigkeit der schönen neuen Digital-Welt stark infrage.

2. Die Bedeutung des Lesens als Kulturtechnik

»Reading is to the mind what exercise is to the body« – mit diesen Worten hat bereits vor 300 Jahren der britische Publizist und Politiker Joseph Addison auf die hohe Bedeutung des Lesens, vor allem für Jugendliche, hingewiesen. Wie wichtig das Lesen von Gedrucktem auch heute noch ist und künftig sein wird, stand unlängst im *Börsenblatt für den Deutschen Buchhandel*:

> In der Tat kann man nicht lesen, ohne zu denken, mitzudenken und nachzudenken. Wenn wir also zur Information, zur Besinnung oder zum Vergnügen Bücher, Zeitschriften oder Zeitungen lesen, dann werden – so wie beim Sport die Kraft und die Beweglichkeit – beim Lesen der Verstand und die Sprache trainiert. Daher ist Lesekompetenz auch immer Denk- und Sprachkompetenz. Zusammen mit den beim Lesen gewonnenen Kenntnissen und Einsichten trägt diese Lese-, Denk- und Sprachkompetenz wesentlich zur Bildung der Persönlichkeit bei und ist zugleich eine zentrale Voraussetzung für den schulischen und beruflichen Erfolg.[4]

Mit dieser Erklärung zum Welttag des Buches am 23. April 2010 ist Politikern wie der breiten Öffentlichkeit vor Augen geführt worden, welche hohe Aufmerksamkeit wir der Lesekompetenz im Zusammenhang mit der derzeitigen Entwicklung des Internets und der digitalen Welt schlechthin widmen müssen, und dies gerade auch in Hinsicht auf eine qualitative Bildung und Ausbildung der jungen Generation.

Mit dem Rückgang der Vermittlung von Freude am Lesen, die in frühester Kindheit bereits mit dem *Vor*lesen beginnen sollte, zeichnet sich ein Dilemma ab: Die Mechanismen neuronaler Entwicklung im Gehirn setzen verzögert ein, wodurch die spätere Lernfähigkeit und Lernkompetenz gehemmt werden. Dieser Zusammenhang, der für die weitere Entwicklung

---

2 Georg Giersberg, »Die meisten Kunden kommen über das Internet«, *Frankfurter Allgemeine Zeitung* 236 (11. Oktober 2010): 18.
3 »E-Books: Kannibalisieren digitale Bücher das Printgeschäft?«, *boersenblatt.net* (14. Oktober 2010), http://www.boersenblatt.net/400865/ (22. September 2011).
4 »Erklärung zur Zukunft des Lesens«, *boersenblatt.net* (22. April 2010), http://www.boersenblatt.net/379961/?t=newsletter (22. September 2011).

unserer Gesellschaft hoch bedeutsam ist, wird jedoch weder von der Politik noch von vielen Wissenschaftlern in seiner Tragweite erkannt und angemessen berücksichtigt. Untermauert wird dieses Manko von einer im Februar 2010 erschienenen Untersuchung in der Zeitschrift *Journal of the Human Factors and Ergonomics Society* mit dem Titel *To Scroll or Not to Scroll: Scrolling, Working Memory Capacity and Comprehending Complex Texts*.[5] Hier wird dargelegt, dass Studenten, die mit dem Bildschirm arbeiten, ein wesentlich schlechteres Textverständnis und damit schlechtere Lerneffekte beim Scrollen von Inhalten haben als solche, die Texte von statischen Bildschirmseiten rezipieren. Andere Studien und Erkenntnisse über eingeschränkte Lernfähigkeit am Bildschirm liegen vor. Das Resultat bringt der Medienwissenschaftler Norbert Bolz auf den Punkt:

> Echte Probleme kann man nicht lösen, sondern nur managen. Das unsere lautet *Information Overload*. Immer mehr wissen wir immer weniger. Das einzig Nachhaltige ist die Ungewissheit. Beschleunigung und Informationsüberlastung sind die modernen Formen der Reizüberflutung. Man kann es auch so sagen: Das zentrale Problem der digitalen Kultur ist der Flaschenhals Mensch, der an der Aufgabe verzweifelt, die eigene Aufmerksamkeit zu managen. Dabei geht es um die so einfach klingende Frage: Was ist wirklich wichtig? Um hier überhaupt zu einer Antwort zu kommen, müssen wir Komplexität reduzieren. Auf der Suche nach Orientierung bietet die Medientechnik Filter, aber am Ende geht es doch um die menschliche Urteilskraft.[6]

3. Problemfelder der Digitalisierung

Bevor ich auf die Situation der geisteswissenschaftlichen Verlage und insbesondere die des *Georg Olms Verlags* zu sprechen komme, möchte ich einige Probleme aufzeigen, die derzeit diskutiert werden. In jüngster Vergangenheit wurden teils hitzige Debatten geführt, die einen gemeinsamen Ausgangspunkt haben: die Digitalisierung von Inhalten. Ich nenne als Stichpunkte nur ›Open Access‹, ›Urheberrecht‹ und ›Langzeitarchivierung‹. Hier spielen auch die wissenschaftlichen Bibliotheken weltweit eine wichtige Rolle.

Gerade ›Open Access‹ bewegt und erregt die Gemüter. Die Akzeptanz von ›Open Access‹ in den Geisteswissenschaften ist marginal – dies gilt mehr für die Rezipienten als für die Autoren – und Zeitschriftenartikel finden sich hier eher als etwa Monographien. Gespräche mit Bibliothekaren und Wissenschaftlern, die ich in den vergangenen zwei Jahren dazu befragt habe, belegen dies; ebenso wie ein Statement der Arbeitsgruppe ›Open Access‹ der *Deutschen Forschungsgemeinschaft* (DFG) auf dem *Deutschen Bibliothekarskongress* im März 2010 in Leipzig, in dem das Buch als Primärmedium gesehen wird. Dabei wird vermutet, dass

---

5 Christopher A. Sanchez und Jennifer Wiley, »To Scroll or Not to Scroll: Scrolling, Working Memory Capacity, and Comprehending Complex Texts«, *Journal of the Human Factors and Ergonomics Society* 51.5 (2009): 730–738.
6 Norbert Bolz, »Flow Control. Über den Umgang mit Informationen in einer Zeit der Sintflut des Sinns«, *Forschung & Lehre* 12 (2009): 872–874, 873.

›Open Access‹ in den Geisteswissenschaften auf lange Sicht ohne Bedeutung sein wird, und zwar aus folgenden Gründen:
- wegen des allgemeinen technischen und redaktionellen Mehraufwands seitens der Autoren und rechtlicher Unsicherheiten,
- wegen einer unzureichenden Vernetzung von Repositorien und
- des damit verbundenen geringeren Renommees bei Veröffentlichung in originären ›Open Access‹-Zeitschriften.

In diesem Zusammenhang sind die Vorträge von Brigitte Bulitta (*Stand und Folgen der Retrodigitalisierung des Althochdeutschen Wörterbuchs*) und von Gerhard Schneider (*Repositorien – Digitalmüll der Zukunft oder Zukunft digitaler Bibliotheken*) unbedingt erwähnenswert, die anlässlich eines Workshops der Arbeitsgruppe ›Elektronisches Publizieren‹ der *Union der deutschen Akademien der Wissenschaften* vom 4. bis 6. Oktober 2010 in Düsseldorf zum Thema ›Repositorien‹ gehalten wurden. Brigitte Bulitta von der *Sächsischen Akademie der Wissenschaften zu Leipzig* (SAW) geht auf die Retrodigitalisierung des *Althochdeutschen Wörterbuchs* ein, das durch verschiedene und aufwändige Arbeitsschritte technisch so aufbereitet werden muss, dass der Mehrwert auch dem Nutzer dient – unter anderem die Einpassung von Sonderzeichen an Unicode und die damit verbundene Einführung eines entsprechenden Textverarbeitungsprogramms. Fazit: Bis das *Althochdeutsche Wörterbuch* im Internet recherchierbar sein wird, ist noch ein weiter Weg zurückzulegen. Womit sich die Frage nach Nutzen und Aufwand stellt. Gerhard Schneider, Leiter des *Rechenzentrums der Universität Freiburg*, führt in seinem Vortrag aus, dass die langfristige Verfügbarkeit von Repositorien – also Datensammlungen mit einer mehr oder weniger definierten Verantwortlichkeit – den Streichungen der Finanzmittel durch die Geldgeber hilflos ausgesetzt sein wird. In diesem Zusammenhang erwähnt Schneider auch das Fehlen einer ordnenden Hand, die die digitalisierten Bestände sichtbar macht. Einst wurde das *Zentrale Verzeichnis digitaler Drucke* (ZVDD) von der DFG initiiert und fünf Jahre finanziert. Nach Auslaufen der Mittel vor zwei Jahren verblieb ein Torso, der rasch an Aktualität und somit an Bedeutung verlor. Da dieses Verzeichnis das Hauptrechercheinstrument für Bibliothekare und Wissenschaftler war, besann man sich, reaktivierte und aktualisierte es unter Federführung des *Göttinger Digitalisierungszentrums* (GDZ) der *Niedersächsischen Staats- und Universitätsbibliothek* Göttingen (SUB Göttingen).

Den Repositorien selbst droht durch Zentralisierung auf wenige Betreiber Reglementierung im Zugriff und schlimmstenfalls das Löschen oder Austauschen im Orwellschen Sinne störender Dokumente. In jedem Falle sehen sich Betreiber von Repositorien mit höheren Anforderungen konfrontiert als erwartet, wenn sie die Daten langfristig nutzbar halten wollen. Neben Betriebskosten und -kompetenz ist vor allem die Nachhaltigkeit von Kopier- und Migrationsvorgängen eine Achillesferse. Werden diese vernachlässigt oder unterbrochen, sind die gespeicherten Daten nur noch Datenmüll, weil niemand mehr sie zu interpretieren vermag.

Man muss nicht erst Uwe Jochums Schrift *Open Access. Zur Korrektur einiger populärer Annahmen*[7] studieren, um zu wissen: Diese vermeintliche Ideallösung des freien und kos-

---

7 Uwe Jochum, *Open Access. Zur Korrektur einiger populärer Annahmen* (Göttingen: Wallstein, 2009).

tenlosen Zugangs, geboren als Reaktion auf permanent steigende Zeitschriftenpreise – vor allem in den naturwissenschaftlichen Disziplinen – ist teuer, letztlich sogar wesentlich teurer. Und es ist alles andere als amüsant festzustellen: Gerade die preisbestimmenden Oligopolisten machen auch mit den neuen Medien wieder ihre Geschäfte.

Bezüglich des zweiten Punkts, dem Urheberrecht, steht vor allem *Google Books* im Zentrum der Kritik: Von diesem Giganten werden millionenfach die Urheberrechte von Autoren und Verlagen verletzt. Denn nicht nur rechtefreie, sondern auch geschützte Titel werden von *Google Books* ins Netz gestellt, mit dem Hinweis, der Urheber oder der Verlag möge doch protestieren – man würde dann das Werk zurückziehen, sollten die Rechteinhaber das wünschen. Das anhängige Settlement zwischen Verlagen und *Google* soll 2011 in die letzte Runde gehen. Der Ausgang ist offen, doch hat *Google* unter entsprechendem Druck Entgegenkommen signalisiert. Es ist an *Google*, die Rechteinhaber um Erlaubnis zu ersuchen, entsprechende Inhalte, Bücher und Dokumente online anbieten zu dürfen.[8] Das prominente Beispiel des bedenkenlosen Umgangs mit urheberrechtlich geschützten Texten hat Schule gemacht: Die Bequemlichkeit von Studenten führt oftmals zu einem unkontrollierten ›Copy and Paste‹ von Aufsätzen und Textpassagen, um sie in Seminar- oder Magisterarbeiten zu verwenden. Aus diesem Grund ist Anti-Plagiatssoftware bereits seit Jahren bei Lehrenden im Einsatz. Ob und wie lange das deutsche Urheberrecht dem Digitalfetischismus standhält, wird sich zeigen – gefährdet ist es allemal, nicht zuletzt auch durch die Forderungen der *Allianz der deutschen Wissenschaftsorganisationen zur Aufweichung des Urheberrechts*.[9]

Der dritte und meines Erachtens wichtigste Punkt ist die bereits erwähnte Langzeitarchivierung von Digitalisaten. Der Buchwissenschaftler und Anglist Bernhard Fabian bringt es auf den Punkt:

> Darf man das Problem so naiv und ungeniert an die Nachwelt weiterreichen? Gibt es nicht auch im Bereich der Kultur einen Generationenvertrag, der verbietet, dass wir uns aus der Verantwortung für unser Tun stehlen? Weit und breit sind die Bibliotheken – nicht nur in Deutschland – eher geneigt, in die Produktion von Surrogatformen zu investieren als in die Erhaltung der Originale. Ob diese Produktion sinnvoll oder notwendig ist, spielt keine Rolle. Man digitalisiert, um dem Fetisch der Zugänglichkeit zu huldigen. Was digitalisiert ist, gilt zugleich als bewahrt.[10]

Viel schlimmer ist noch folgender Tatbestand: »Wahrscheinlich wird die Informationstechnik selbst durch die voraussehbare Erschöpfung unentbehrlicher Rohstoffe wie Indium und

---

8 Richter Denny Chin entschied am 22. März 2011 in New York: Das Settlement ist abgelehnt. Als Grundlage für einen Vergleich soll eine ›Opt-In‹-Regelung vorausgesetzt werden, bei der die Rechteinhaber vor jeder Nutzung um ihr Einverständnis gebeten werden müssen. Vgl. hierzu Michael Roesler-Graichen, »Der Autor bestimmt die Spielregeln«, *Börsenblatt für den Deutschen Buchhandel* 13 (2011): 16–18, 16.
9 Vittorio Klostermann, »Die Allianz auf dem Durchmarsch. Zur Einschränkung des Urheberrechts für Wissenschaftler«, *Frankfurter Allgemeine Zeitung* 28 (3. Februar 2010): N5.
10 Bernhard Fabian, »Die gedruckte Überlieferung. Kulturgut in nationaler Verantwortung«, Rede beim Kolloquium *Die schriftliche Überlieferung bewahren. Zehn Jahre Landesstelle für Bestandserhaltung in Sachsen*, gehalten am 12. September 2008 in Dresden. Der Text der Rede wurde vom Autor freundlicherweise zur Verfügung gestellt.

Tantal in ihrem Fortbestand gefährdet.«[11] Ich wage mir nicht vorzustellen, wie viel höher die Bürde ist, die dem Steuerzahler durch die digitale Datenhaltung über einen Zeitraum von 100 Jahren (durch Migration von Inhalten, Kauf von Soft- und Hardware, sowie den damit verbundenen Energiekosten) auferlegt wird im Vergleich zur konventionellen Bereitstellung von Büchern. Und wie geht die Menschheit mit gefährlichen Computerviren wie z. B. mit dem kürzlich zur Manipulation von Atomreaktoren geschaffenen *Stuxnet* um? Das Ergebnis lautete in diesem Fall für alle relevanten Bibliotheksdaten: »data not found«.

4. Elektronische Publikationen in geisteswissenschaftlichen Verlagen

Dass geisteswissenschaftliche Verlage derzeit versuchen, mit neuen Publikationsformen dem Nutzerverhalten nahezukommen, ist nachvollziehbar. Gerade in den Geisteswissenschaften verlaufen diese Verfahren behutsam und immer auf Sicht, was heißen will: Autoren, Bibliothekare und Leser werden hinsichtlich der Vermittlung von Inhalten in Verbund mit den technischen Möglichkeiten regelmäßig nach ihren Wünschen befragt. Der traditionelle Buchdruck erfolgt weiterhin im Offset-Verfahren, der Digitaldruck gewinnt jedoch an Bedeutung, da seine Qualität wesentlich verbessert wurde. Vergriffene Titel werden zum Teil über ›Publishing-on-Demand‹ wieder zugänglich gemacht.

Etabliert haben sich in den vergangenen Jahren E-Book-Portale wie *Ciando*, *libreka!* und jüngst *PaperC* und *E-cademic*. Zurzeit ist die Nachfrage nach geisteswissenschaftlichen Publikationen in diesen Portalen gering. Gleichwohl bringen sich etliche Verlage mit ihren Inhalten bei diesen E-Book-Portalen ein, um nicht dem Zug, der schnell an Fahrt gewinnen könnte, hinterherlaufen zu müssen. Die meisten Portale bieten die Möglichkeit, nicht nur das gesamte Buch anzusehen und zum Download anzubieten, sondern auch kapitel- oder abschnittsweise die digitalen Fragmente zu beziehen. Auch Paketlösungen, meistens eingerichtet nach Fachgebieten oder größeren Themenstellungen, werden seitens der Verlage angeboten. In Deutschland wurden durch die DFG über sogenannte Nationallizenzen umfangreiche digitale Sammlungen von Verlagen angekauft und kostenlos über Bibliotheken und wissenschaftliche Institutionen zugänglich gemacht. Weniger interessant dürften für die geisteswissenschaftlichen Verlage die verschiedenen Formen des E-Publishings sein, die sogar das Lesen von Büchern auf Smartphones ermöglichen. Und: Es gilt abzuwarten, ob E-Book-Readers wie Notebooks oder Tablet-PCs im universitären Bereich eine sinnvolle Alternative darstellen.

In jedem Fall sind die Verlage künftig gehalten, verschiedenste Publikationsformen kritisch zu begleiten, was aufgrund des allgemeinen Kostendrucks mit der nötigen Vorsicht geschehen muss. Hinzu kommt, dass die wissenschaftlichen Bibliotheken häufig unter schwindenden Bibliotheksetats leiden und zusätzlich zum Bucherwerb die Kosten für den Unterhalt der Neuen Medien (die zwischen 30 bis 70 Prozent des Gesamtetats ausmachen) verkraften müssen.

11 Ebd.

(Hier handelt es sich unter anderem auch um die wiederkehrenden Subskriptionszahlungen für die bereits angeschafften Datenbanken und Konsortialvereinbarungen.)

In den vergangenen Jahren sind in den Geisteswissenschaften stets steigende Titelzahlen bei deutschen Verlagen zu verzeichnen gewesen, und zwar dank einer höheren Publikationsdichte an den Hochschulen. Die angespannte Etatlage der Bibliotheken verbietet es, die Werke in einer entsprechenden Breite vorzuhalten. Zudem ist die Politik, bestimmte Fachgebiete schwerpunktmäßig in den Bibliotheken zu sammeln, in einem hohen Maße einer *bedarfsorientierten* Anschaffungsphilosophie gewichen. Neben dem höchst bedauerlichen Effekt von lückenhaften Beständen verursachen die genannten Faktoren eine spürbare Senkung der Auflagenhöhen bei den Verlagen. Höhere Ladenpreise für Monographien lassen sich am Markt ebenfalls nur schwerlich durchsetzen, sodass einige Häuser mittelfristig in ihrer Existenz bedroht sein werden.

Die originäre Kompetenz von Wissenschaftsverlagen, Publikationen editorisch und redaktionell zu begleiten, ist eine wichtige, wenn nicht gar unabdingbare Voraussetzung für einen funktionierenden und nachhaltigen Wissenschaftsbetrieb. Ein Wegbrechen dieser Kompetenz, die dank gut ausgebildeter und erfahrener Lektoren in den gestandenen geisteswissenschaftlichen Verlagen Wissenschaftlern und anderen Autoren zur Verfügung steht, wäre fatal für die Qualitätssicherung wissenschaftlicher Publikationen, die im ›Open Access‹-Verfahren, wie wir wissen, kaum oder nur teilweise gewährleistet ist. Letztendlich sollen ja die meisten Werke über Jahrzehnte oder gar Jahrhunderte der Forschung und Lehre in Bibliotheken unverändert zur Verfügung stehen. ›Bücher ohne Verlage‹ können vor diesem Hintergrund kaum eine wünschenswerte Alternative zu professionell betreuten Verlagspublikationen darstellen.

5. Publikationsformen im *Georg Olms Verlag*

In unseren Verlagen *Georg Olms* und *Weidmannsche Verlagsbuchhandlung* (die letztere gegründet 1680) begleiten sechs Lektorinnen und Lektoren die Titelproduktion von ca. 200 Werken pro Jahr. Wissenschaftliche Erstveröffentlichungen machen im *Georg Olms Verlag* mit über 140 Titeln inzwischen das Gros der Produktion aus. Viele Herausgeber und Autoren schätzen die teilweise jahrzehntelange Kontaktpflege durch dieselben Lektoren in unserem Haus. Nur wenige Autoren haben bisher den Wunsch geäußert, ihre Werke parallel oder später als E-Book veröffentlichen zu lassen. Trotzdem stehen wir diesem Wunsch aufgeschlossen und technisch vorbereitet gegenüber: Einige Titel werden in Kürze auch als E-Book angeboten, um die Nachfrage bei Bibliotheken und deren Nutzern zu eruieren.

Das Hauptstandbein bildeten in den letzten 50 Jahren die Nachdrucke von Titeln aus dem 16. bis 19. Jahrhundert mit inzwischen über 6.000 lieferbaren Werken und über 11.000 Bänden. Etwa 500 Wissenschaftler und Bibliothekare haben an der Zusammenstellung des Subskriptionsprogramms in den 1960er Jahren mitgearbeitet. Damit konnten die Bestandslücken von Bibliotheken gefüllt und die Originale durch Benutzerexemplare ersetzt werden.

Dies gilt auch für Großeditionen auf Mikrofiche – ebenfalls Garanten der Bestandserhaltung, die der *Georg Olms Verlag* in den 1980er und 1990er Jahren vorlegte. Ein weiterer Vorteil dieses Mediums ist der geringe Platzbedarf in den Bibliotheken.

Die im *Georg Olms Verlag* erscheinende Reprint-Edition zur Wissenschaftsgeschichte, *Historia Scientiarum,* wird seit 14 Jahren von Professor Bernhard Fabian von der *Westfälischen Wilhelms-Universität Münster* sowie von weiteren namhaften Wissenschaftlern herausgegeben und von der *Fritz Thyssen Stiftung* gefördert. Mit ihren mehr als 300 Bänden, denen grundsätzlich eine wissenschaftliche Einleitung beigefügt wurde, erfüllt sie in hervorragender Weise die Bedingungen, die an die Bewahrung bedeutender wissenschaftlicher Werke gestellt werden: die nachgewiesene Langlebigkeit, die augenschonende Lesbarkeit längerer Texte sowie der dokumentarisch unveränderbare Charakter und die damit verbundenen urheberrechtlichen Schutzmöglichkeiten.

Seit 2007 ist der *Georg Olms Verlag* im Rahmen einer ›Public-Private Partnership‹ mit dem Land Niedersachsen auch als Anbieter von digitalen Inhalten über das Portal *Olms Online*[12] in Zusammenarbeit mit dem GDZ tätig und stößt damit auf reges Interesse. Es handelt sich dabei um die *Meßkataloge* der Frankfurter und Leipziger Buchmessen von 1594 bis 1860 sowie um 335 Standardwerke unserer Nachdrucke aus den Bereichen Philosophie und Germanistik, jeweils ergänzt durch Mehrwerte wie Vorworte, Indices, Register und Kommentare.

Neben den wissenschaftlichen und hippologischen Titeln sind vor zwei Jahren übrigens auch Kinder- und Jugendbücher in das Programm aufgenommen worden, und zwar mit dem Schwerpunkt auf frühkindliche Fremdsprachenerziehung durch bilinguale Sachgeschichten.

6. Fazit: Keine Sorge um das Buch

Um die Zukunft des Buches machen wir uns langfristig keine Sorgen, und ich betone noch einmal: Trotz aller aufgezeigten Gefahrenmomente für unser Kulturgut ist die Halbwertszeit der Information in den Geisteswissenschaften besonders lang; somit hat eine Monographie gerade in der Druckfassung eine hohe Berechtigung, vor allem unter dem Aspekt des ausgezeichneten Rezeptionspotenzials für den Leser. Für Monographien kann das Digitalisat in den Geisteswissenschaften letztendlich nur Sekundärform sein. Dies bestätigen uns auch Bibliotheksdirektoren und Erwerbungsleiter in den Universitätsbibliotheken, und sogar die *Harvard University Library* hat sich noch vor der Finanzkrise 2008 von zwei Online-Datenbanken in den Geisteswissenschaften verabschiedet, da die Nutzungsfrequenz zu gering war.

Im Zusammenhang mit einer der größten Herausforderungen unserer Zeit – dem Klimawandel – möchte ich zudem auf einen weiteren Aspekt der Digitalisierung von Texten hinweisen, der nachdenklich macht: Die Fertigung und der Einsatz von E-Book-Readern ist mit ungleich mehr CO_2-Ausstoß verbunden als die Fertigung und Benutzung des traditionellen

---

12 Vgl. »Olms Online«, http://www.olmsonline.de/ (18. September 2011).

Buches.¹³ Das Argument, Bäume müssten geopfert werden, sticht nicht. Im Gegenteil: Durch Papierrecycling und eine sinnvolle Forstbewirtschaftung wird die ständige Nachhaltigkeit für diesen nachwachsenden Rohstoff betrieben. Zudem müsste ein Nutzer 10 Jahre lang jährlich 16 E-Books auf demselben Reader lesen, um eine bessere Ökobilanz zum Buch zu erhalten.¹⁴ Und: Jeder Mausklick belastet das Klima. Der CO_2-Ausstoß des gesamten Internets ist inzwischen so groß wie der des weltweiten Flugverkehrs. Die *New York Times* hat 2007 den Stromverbrauch von *Google* untersucht. Ergebnis: Jede Suchanfrage braucht so viel Strom wie eine Energiesparlampe in einer Stunde.¹⁵

Um das Ganze auf den Punkt zu bringen: Das Internet kann Millionen von Textseiten verfügbar machen, es kann eine Vielzahl von Fragen schnell beantworten, es kann 24 Stunden am Tag verfügbar sein – aber es kann nicht das Buch ersetzen.

---

13 Vgl. hierzu beispielsweise den thematischen Schwerpunkt ›Nachhaltigkeit – kostbare Ressourcen‹ im *Börsenblatt für den Deutschen Buchhandel* 13 (2010): 37–42.
14 Stefan Hauck, »Nachhaltigkeit – Saubere Sache«, *Börsenblatt für den Deutschen Buchhandel* 13 (2010): 10.
15 Thomas Heuzeroth, »Das Internet heizt das Klima auf. Energiehunger des Datennetzes ist kaum zu stillen – CO_2-Ausstoß ist so groß wie beim weltweiten Flugverkehr«, *Die Welt* (22. September 2007): 12.

›Academic Journals‹ – die komplexe Tätigkeit von Wissensgenerierung und Distribution[1]

Bozena I. Mierzejewska

MMT Centre, Jönköping International Business School und MCM Institut, Universität St. Gallen

1. Einführung

Wissenschaftliche Publikationen haben eine Geschichte, die bis ins 17. Jahrhundert zurückgeht. Heute bilden die ›Academic Journals‹[2] (wissenschaftliche Fachzeitschriften) den Kern wissenschaftlicher Kommunikation. Mit der Verbreitung des Internets und der damit verbundenen ›Open Access‹-Bewegung traten massive Veränderungen in den Modalitäten der Journal-Erstellung und ihrer Distribution ein. Da 80 Prozent von insgesamt 24.000 existierenden ›Academic Journals‹ in elektronischer Form verfügbar sind[3], ist es essenziell, die Prozesse hinter dem profitablen Geschäft der Journal-Produktion einerseits, und dem Wissensaustausch und der Wissensverbreitung auf nicht-monetärer Basis andererseits, zu verstehen.

Die Produktion von wissenschaftlichem Wissen besteht nicht nur im Schreiben, Verteilen und Diskutieren von Forschungsergebnissen. Es handelt sich auch um ein Geschäft mit quantitativen Dimensionen: eine ca. 65 Mrd. US-Dollar Industrie mit rund 250.000 Arbeitsplätzen. Wie kann man nun ein solches Phänomen wie die Publikation von ›Academic Journals‹ analysieren – einen Markt, in welchem bei langfristigen Geschäftsentscheidungen nicht nur ökonomische Faktoren eine Rolle spielen? Dieser Beitrag präsentiert das Ergebnis einer Untersuchung über das gesamte Umfeld von direkten und indirekten ökonomischen Zusammenhängen bei der Publikation von ›Academic Journals‹. Institutionen, die an der Erstellung von akademischen Inhalten (Universitäten, wissenschaftliche Gesellschaften, aber auch informelle akademische Communities und Verlage) und an deren Distribution (Verlage, Intermediäre und Bibliotheken) arbeiten, haben bestimmte gemeinsame Grundsätze und ein ähnliches Ziel – durch die Verbreitung von Wissen zum Fortschritt der Wissenschaft beizutragen. Über die letzten Jahre wurden auf Konferenzen, auf Diskussionslisten, in Fachzeitschriften und in Büchern dem Thema ›Academic Journals‹ tausende von Wörtern gewidmet. Bibliothekare diskutieren die Herausforderungen, die sich bei der Publikation und

---

1 Bozena I. Mierzejewska, »Academic Journals – The Complex Business of Knowledge Creation and Distribution« (2011). Übers. Iso Feldmann. Der Beitrag basiert auf Bozena I. Mierzejewska, *The Ecology of Academic Journals* (Oxford: Chandos, 2012), im Druck.
2 In diesem Beitrag werden weitestgehend die englischen Fachausdrücke verwendet, da nicht für jeden Begriff ein eindeutiges deutsches Äquivalent existiert. Bei der erstmaligen Verwendung eines solchen Ausdrucks wird jeweils eine kurze Einordnung vorgenommen.
3 Michael A. Mabe, »Growth and Number of Journals«, *Serials* 16.2 (2003): 191–197.

Archivierung von Inhalten in elektronischer Form stellen[4], Wissenschaftler debattieren über Chancen des Internets und des ›Open Access‹-Ansatzes für freie Zusammenarbeit und freien Austausch neuer Forschungsergebnisse[5], Universitätsverwalter suchen nach neuen Lösungen für die Evaluation und den Vergleich von Leistungen wissenschaftlicher Untersuchungen[6], während Verleger sich in Zeiten von restriktiven Bibliothekbudgets um ihr Überleben im Wettbewerb sorgen.[7] Allerdings scheinen sich alle diese Diskussionen bisher nur mit einigen wenigen ausgewählten Aspekten zu beschäftigen. Jedenfalls wurden nur wenige Versuche unternommen, um alle wichtigen Aspekte zusammenzubringen und die erreichten theoretischen und empirischen Resultate zusammenzufassen. Mit diesem Beitrag soll nun eben diese Forschungslücke geschlossen werden. Präsentiert wird insbesondere ein Konzept zur Übersicht über die komplexen Beziehungen zwischen ›Stakeholdern‹ (Anspruchsgruppen) und Interessen innerhalb des Arbeitsgebietes der ›Academic Journals‹.

2. Kommunikation unter Wissenschaftlern: Definitorische Aspekte

2.1. Die Rolle von ›Academic Journals‹ in der wissenschaftlichen Kommunikation

In einer auf Wissen basierenden Wirtschaft werden die Innovationen und die Fähigkeit von Nationen, die neuesten wissenschaftlichen und technischen Informationen zu erzeugen und zu verbreiten, zunehmend wichtigere Determinanten des Wohlstands. Die Publikation von ›Academic Journals‹ ist existenziell im Prozess der Informationsverbreitung. Es sind Universitäten und Forschungsinstitutionen, die traditionellerweise als Hauptquellen von neuem Wissen angesehen werden. Aus diesem Grund spielt die wissenschaftliche Kommunikation

---

4   Stevan Harnad, »Self-Archive Unto Others As Ye Would Have Them Self-Archive Unto You«, *University Affairs* (2003): 41–45; Peter Brophy, *The Academic Library* (London: Facet Publishing, 2005); Marilyn S. Billings, *The Transformation of Scholarly Communication: Roles for Libraries* (Salem, MA: Massachusetts Commonwealth Consortium of Libraries in Public Higher Education Institutions, 2011). Online zugänglich unter http://works.bepress.com/marilyn_billings/39 (22. September 2011).

5   Sanna Talja, *Information Sharing in Academic Communities: Types and Levels of Collaboration in Information Seeking and Use* (University of Tampere, 2002) sowie Stevan Harnad, »Open Access to Research: Changing Researcher Behavior Through University and Funder Mandates«, *eJournal of eDemocracy and Open Government (JeDEM)* 3.1 (2011): 33–41. Vgl. auch Leslie Chan, »Research and Learning in an Open Access Environment«, Vortrag bei der Konferenz der University of Calgary *Libraries and Cultural Resources. Open Access Week*, gehalten am 23. Oktober 2009. Online zugänglich unter https://dspace.ucalgary.ca/bitstream/1880/47523/1/LeslieChan_UofC_OAweek.pdf (22. September 2011).

6   Stella M. Nkomo, »The Seductive Power of Academic Journal Rankings: Challenges of Searching for the Otherwise«, *The Academy of Management Learning and Education (AMLE)* 8.1 (2009): 106–112; Nancy J. Adler und Anne-Wil Harzing, »When Knowledge Wins: Transcending the Sense and Nonsense of Academic Rankings«, *The Academy of Management Learning and Education (AMLE)* 8.1 (2009): 72–95.

7   Suzanne D. Gyeszly, »Electronic or Paper Journals? Budgetary, Collection Development, and User Satisfaction Questions«, *Collection Building* 20.1 (2001): 5–10; Lorraine Busby, »The Business of Serials«, *The Serials Librarian* 61.1 (2011): 15–22.

eine Schlüsselrolle in der Verbreitung von Wissen und ist ein wichtiger Teil von nationalen Innovationssystemen.

Wissenschaftliche Kommunikation, und insbesondere ihre formelle Form, begründen ein Publikationssystem, das die sozialen Prozesse definiert, durch die Wissen entsteht. Die akademische und wissenschaftliche Kommunikation ermöglicht es, dass neue Ideen und Erfindungen zum bisherigen Wissen hinzukommen. Das Besitzrecht auf Ideen und Erfindungen wird gewährleistet durch deren schriftliche Veröffentlichung (Copyright) und Deskriptionen (Patente). Durch Zitieren, Paraphrasieren und Referenzieren kommt ein bestimmtes Teilwissen zum bestehenden gesammelten Wissen hinzu. Dies ist zusammengefasst der Entstehungsprozess von wissenschaftlichem Wissen, der durch die Publikation von ›Academic Journals‹ unterstützt wird. Journals gehören zu den Schlüsselmechanismen, durch die die Beobachtungen von einzelnen Personen zu gemeinhin anerkannten, universellen Fakten werden. Obwohl Journals primär dazu dienen, neue Forschungsergebnisse und aktuelle Ansichten an Wissenschaftler und professionelle Communities zu verteilen, beschäftigen sie sich ebenso mit dem Wissen zu den neuesten praxisrelevanten Errungenschaften. Gleichzeitig ist die Publikation von ›Academic Journals‹ auch ein Geschäft, das darauf abzielt, ökonomischen Profit zu machen.

Beschrieben als die ›harte Währung der Wissenschaft‹ erfüllt jedes ›Academic Journal‹ alle Funktionen, die für die wissenschaftliche Kommunikation notwendig sind. Von den meisten Forschern wird generell anerkannt, dass ›Academic Journals‹ üblicherweise vier Hauptfunktionen haben (die sogenannten primären Funktionen[8]). Diese sind identisch mit den Funktionen wissenschaftlicher Kommunikation und beinhalten:

- *Registration:* Intellektuelle Priorität ermitteln, kreative und innovative Ideen und deren Entwicklung durch andere festhalten.
- *Zertifizierung/Validierung:* Die Qualität/Validität von Forschungen bestätigen. Durch die Anwendung des sogenannten ›Double Blind Peer Review Systems‹ (anonymisiertes Verfahren zur Begutachtung wissenschaftlicher Artikel) wird bestätigtes, veröffentlichtes Material, das akademische Standards erfüllt, für die Forschungsgemeinschaft als wertstiftend betrachtet.
- *Bewusstsein/Verbreitung:* Die Erkennbarkeit von publizierten Forschungsarbeiten gewährleisten.
- *Archivierung:* Veröffentlichte Forschungsergebnisse für die zukünftige Verwendung bewahren.

---

8   Vgl. Ana Maria Ramalho Correia und Josè Carlos Teixeira, »Reforming Scholarly Publishing and Knowledge Communication. From the Advent of the Scholarly Journal to the Challenges of Open Access«, *Online Information Review* 29.5 (2005): 349–364; Michael A. Mabe und Mayur Amin, »Dr Jekyll and Dr Hyde: Author-Reader Asymmetries in Scholarly Publishing«, *Aslib Proceedings* 54.3 (2002): 149–157; Arthur J. Meadows, *Communicating Research* (San Diego, CA: Academic Press, 1998); Hans E. Roosendaal, Peter A. Th. M. Geurts und Paul E. van der Vet, »Developments in Scientific Communication. The Virtual Marketplace as a Prerequisite for Growth«, *A Century of Science Publishing*. Hrsg. Einar H. Fredriksson (Amsterdam: IOS Press, 2001).

Ein neuer Beitrag zum Verständnis der Funktionen von Journals im wissenschaftlichen Kommunikationssystem führt zu den Aspekten der wissenschaftlichen Community und der einzelnen Forscher (Autoren). Eine in diesem Zuge neu vorgeschlagene Gruppe von Funktionen (die sogenannten sekundären Funktionen[9]) kann in folgende Kategorien unterteilt werden:

- *Beurteilung und Anerkennung:* Die Mittel für die Beurteilung der Kompetenz und Effektivität von Autoren zur Verfügung stellen; das Karriereprofil von Autoren positiv beeinflussen und dadurch ihre Chancen auf zukünftige Forschungsverträge, Arbeitsplätze und Beförderungen erhöhen.
- *Vereinigung eines akademischen Feldes:* Eine Plattform für akademische Debatten zur Verfügung stellen; Diskussionen auf dominante Paradigmen lenken und über einen Konsens verhandeln.
- *Wissenschaftliche Communities aufbauen:* Die Beziehungen unter Experten fördern und die Kooperationen von Autoren unterstützen.
- *Preise verleihen:* Die besten Autoren würdigen und die Mitglieder des ›Editorial Boards‹ (Beirat des Herausgebers) mit Entscheidungskompetenz ausstatten.

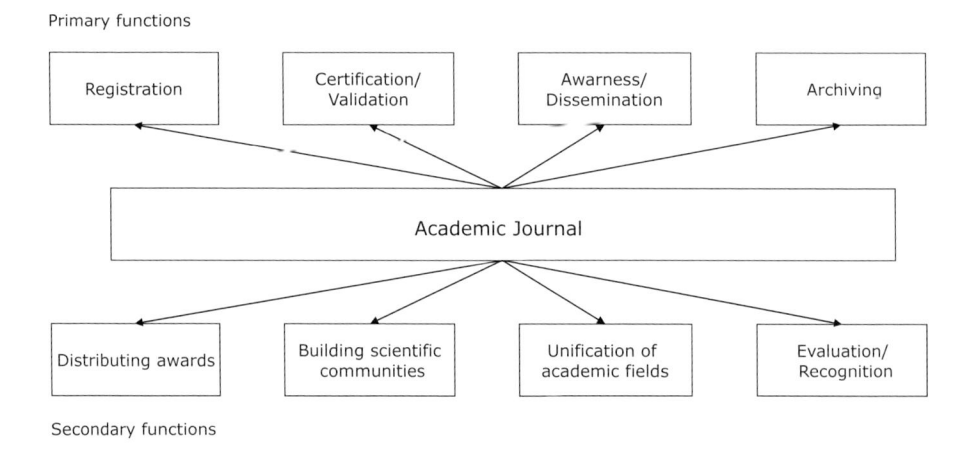

Primary functions

```
Registration    Certification/    Awarness/        Archiving
                Validation        Dissemination
                        ↑    ↑
                     Academic Journal
                        ↓    ↓
Distributing    Building scientific    Unification of    Evaluation/
awards          communities            academic fields   Recognition
```

Secondary functions

Abbildung 1: Primäre und sekundäre Funktionen von ›Academic Journals‹[10]

Die Identifikation dieser zwei Gruppen von Funktionen liefert ein entscheidendes Argument dafür, dass ›Academic Journals‹ nicht ausschließlich ein Instrument zur Kommunikation sind. Sie sind ebenso von Relevanz auch bei der Entwicklung von neuen Disziplinen, bei der Beurteilung wissenschaftlicher Arbeit und beim wissenschaftlichen Wettbewerb. Alle diese

---

9 Bozena I. Mierzejewska, *The Ecology of Academic Journals* (2012), im Druck.
10 Ebd.

Voraussetzungen lassen erkennen, dass man ein breites Spektrum von Aspekten berücksichtigen muss.

2.2. Die Rolle der ›Stakeholder‹ in der wissenschaftlichen Kommunikation
Auf jeder Stufe wissenschaftlicher Kommunikation werden verschiedene ›Stakeholder‹ erreicht, die unterschiedliche Rollen spielen und verschiedene Interessen haben – sowohl individuelle als auch institutionelle. Folgende Gruppen der ›Stakeholder‹ sind dabei von besonderer Bedeutung:

Forscher bzw. Inhaltsersteller: Die bekanntesten ›Stakeholder‹ im System der wissenschaftlichen Publikationen sind die ›Content Creators‹: Akademiker und Forscher, die die Autoren der Texte sind, die für eine Veröffentlichung in einem ›Academic Journal‹ angenommen wurden. Es handelt sich normalerweise um einzelne Wissenschaftler, die an Universitäten oder an privaten Forschungsinstitutionen angestellt sind. Sie erstellen wissenschaftliche Inhalte aus verschiedenen Gründen: beispielsweise um die Ergebnisse ihrer Untersuchungen zu präsentieren und zur Überprüfung durch Fachkollegen offenzulegen, oder um Anspruch auf die Originalität ihrer wissenschaftlicher Arbeit und ihrer Ergebnisse, das Recht auf geistiges Eigentum, zu erheben. Und manchmal handeln sie auch aus dem Wunsch heraus, einen Publikationsnachweis in einem bestimmten Forschungsfeld aufrecht zu erhalten, akademische Anerkennung zu erlangen und in der wissenschaftlichen Karriere weiter zu kommen. Forscher sind beides: Ersteller und Hauptkonsumenten von wissenschaftlichem Wissen. Als Inhaltsersteller hängen sie vom wissenschaftlichen Kommunikationssystem ab, um ihre Forschungsergebnisse verbreiten zu können. Als Konsumenten sind sie wieder stark von diesem System abhängig, um auf Forschungsergebnisse anderer aus der ganzen Welt zugreifen zu können.

›Gatekeeper‹: ›Gatekeeper‹ erhalten Informationen und filtern sie. Anschließend geben sie diese an andere Stellen in der Organisation oder an das wissenschaftliche System als Ganzes weiter – auf formelle und informelle Weise. Zu der Gruppe der ›Gatekeeper‹ zählen ›Editors‹ (Herausgeber), ›Members of the Editorial Board‹ (Beirat), ›Reviewers‹ (Gutachter), ›Tenure and Promotion Committees‹ (Anstellungs- und Beförderungskomitees) usw. Eine der Hauptaktivitäten des ›Gatekeepings‹ in der wissenschaftlichen Kommunikation ist die Funktion als Ersteller von Gutachten (›Peer Review‹). ›Peer Review‹ ist der Prozess, in dem ›Editors‹ eingereichte Artikel und Monographien von externen Experten bewerten lassen. Journal-›Editors‹ sind Wissenschaftler oder Fachleute aus der Praxis, die auf dem jeweiligen Gebiet arbeiten, das für den Titel des Journals relevant ist. Somit sind ›Editors‹ für die Inhalte der Journals verantwortlich. Der ›Editor‹ eines ›Academic Journals‹ übernimmt normalerweise diese Aufgabe ohne Bezahlung des ›Publishers‹ (Verlegers) oder er bekommt eine verhältnismäßig kleine Summe in Form eines Honorars oder eines Stipendiums. ›Editorial Board Members‹ und ›Reviewers‹ sind ebenfalls Wissenschaftler oder Fachleute, die im jeweiligen Forschungsfeld aktiv sind. Ebenso wie die Herausgeber erhalten sie vom Verleger höchst selten eine Bezahlung und verrichten ihre Arbeit stattdessen als integralen Bestandteil

ihres Jobs als Akademiker oder Forscher. Autoren, ›Editors‹, ›Editorial Board Members‹ und ›Reviewers‹ sind Teil der gleichen akademischen Community. Sehr oft übt eine Person alle vier Funktionen für verschiedene Journals gleichzeitig aus.

Publishers (Verleger): Da der Grundbestandteil der formalen Kommunikation von wissenschaftlichen Arbeiten in ›Academic Journals‹ und Monographien liegt – die sowohl durch kommerzielle als auch nicht-kommerzielle Verlage veröffentlicht werden – spielt der Verleger eine bedeutende Rolle in diesem System. Obwohl seine Beweggründe verschieden sein mögen, sind die Produktionsprozesse, die Kosten sowie die wirtschaftlichen Fragen und Gegebenheiten, mit denen er sich konfrontiert sieht, weitgehend identisch. Sehr häufig koordinieren die Verleger die Aktivitäten des Journals – den Rezensionsprozess, das Editieren des Textes, den Druck sowie das Abonnements-Management und die Distribution.

Distributoren und Bibliotheken: ›Subscription Agents‹ (Vertrags-Agenten), ›Consolidators‹ und ›Document Delivery Service Providers‹ (Dienstleistungserbringer für die Auslieferung von Dokumenten) sind die kommerziellen Einheiten, die die Distribution von ›Academic Journals‹ übernehmen. Forschungsbibliotheken spielen eine wichtige Rolle bei der Verbreitung und Distribution von Publikationen mit wissenschaftlichen Inhalten, und zwar durch die Bereitstellung von Infrastruktur und Inhalt, durch die professionellen Unterstützungsdienstleistungen sowie durch die Ausbildung und Training bezüglich Informationszugriff und -abfrage. Bibliotheken sammeln, verwalten und bewahren wissenschaftliche Publikationen in einem wissenschaftlichen Kommunikationssystem und dienen ebenfalls als ›Indexers‹ (Registratoren) und ›Pathfinders‹ (Auffinder) von Informationen, die bei ihnen selbst nicht vorhanden sind. Als die traditionellen Sammler und Verbreiter von Wissen erwarten Bibliotheken tiefgreifende Veränderungen ihrer Rolle im wissenschaftlichen Kommunikationssystem, insbesondere da sich das Konzept von Bibliothekssammlungen mehr und mehr von dem Prinzip der ›Ownership‹ (Besitzfunktion) zu dem des ›Access‹ (Zugriffsfunktion) wandelt. Bibliotheken sind die wichtigsten Aufbewahrungsorte für physische Aufzeichnungen (Bücher, staatliche Publikationen, Landkarten, Tonaufzeichnungen usw.). Gleichzeitig verwalten sie den Zugriff zu Ressourcen in elektronischer Form, die stark im Wachsen begriffen sind.

Einzelne Benutzer und Leser: Die Gemeinschaft der Nutzer wissenschaftlicher Forschung als ›Stakeholder‹ von ›Academic Journals‹ ist mannigfaltig. Sie schließt Studenten, Fachleute, politische Entscheidungsträger und generell die Öffentlichkeit mit ein. Diese Nutzer übersetzen die Forschungsarbeiten in neue Untersuchungsansätze, kommerzielle Produkte, öffentliche Dienstleistungen, in politische Maßnahmen usw. Die Hauptverwender von Forschungsergebnissen im wissenschaftlichen Kommunikationssystem sind jedoch die Forscher selbst. Neues Wissen wird stets auf existierendem Wissen aufgebaut und Forscher benötigen Zugang zu Informationen in ihrem Spezialgebiet, um innovative Forschung betreiben zu können. Aus ökonomischer Sicht sind einzelne Käufer und Abonnenten die unbedeutendsten ›Stakeholder‹; trotzdem sind es die Endverbraucher, die die treibende Kraft hinter der ›Open Access‹-Bewegung und ihren Beweggründen darstellen.

2.3. Nicht-Ökonomische Faktoren der Industrie der ›Academic Journals‹

Die ökonomischen Grundlagen der Publikation von ›Academic Journals‹ unterliegen normalerweise nicht nur marktwirtschaftlichen Prinzipien, sondern unterscheiden sich vielmehr durch folgende Punkte:

- Autoren stellen den Verlagen ihre Artikel kostenlos zur Verfügung. In einem konventionellen Markt würden die Anbieter (Autoren) für ihre gelieferten Güter finanziell entschädigt werden.
- Der Ort, an dem die ›Academic Journals‹ gekauft werden, stimmt nicht immer mit dem Ort überein, an dem sie verwendet werden. Bibliotheken kaufen die Journals im Namen ihrer Gemeinschaft von Benutzern ein. Dieses Marktcharakteristikum schirmt die Leser von den Konsequenzen allfälliger Fluktuationen der Journalpreise ab. Die Nachfrage bleibt dabei konstant und reagiert nicht auf diese Schwankungen (ihr Preis ist unelastisch).
- Die Substituierbarkeit fehlt auf diesem Markt. »Journal Artikel sind nicht austauschbar, ihre Einzigartigkeit ist eine ihrer grundlegenden Eigenschaften. Dadurch wird der Herausgeber zum Monopol-Anbieter der publizierten Artikel«.[11] Dies stellt einen weiteren Faktor dar, der zu einer Inelastizität des Nachfragepreises beiträgt.
- Bibliotheken sind untypische Konsumenten. Anstatt solange Güter einzukaufen, bis der Nutzen, den sie erhalten, durch die Kosten ausgeglichen ist, geben sie solange Geld aus, bis ihr Budget aufgebraucht ist. Diese Begrenzung durch Budgets führt dazu, dass die Herausgeber von ›Must Have Journals‹ (unverzichtbare Journals) ihren Anteil an den Ausgaben der Bibliotheken und am Markt erhöhen können, wenn sie ihre Preise erhöhen. Demgegenüber werden die als unwesentlich erachteten Journals aus den Bibliotheksbeständen gestrichen.

Hält man sich diese Charakteristika vor Augen, wird klar, dass man für das Verständnis aller Aspekte der Publikation von ›Academic Journals‹ eine Reihe weiterer Faktoren mit einbeziehen muss, die das Geschäft des Produzierens, Publizierens und Distribuierens von neuem Wissen maßgeblich beeinflussen.

3. Aufdecken der Komplexität

Das System des Publizierens von Journals ähnelt auf verschiedene Art und Weise den ökologischen Systemen: Jedes Mitglied spielt eine Rolle in einer Kette oder einem Netz, das den gemeinsamen Lebensraum ausmacht. Aber jedes ökologische System ist auch zerbrechlich und anfällig gegenüber Einflüssen von außen, neuen Spezies und Veränderungen der Umwelt. Das Ökosystem des Schreibens, Publizierens, Lesens und Editierens ist in der Tat zerbrechlich

---

11 The Wellcome Trust, *Economic Analysis of Scientific Research Publishing. A Report Commissioned by the Wellcome Trust* (London/Histon: SQW, 2003) 15. Übers. Iso Feldmann. Online zugänglich unter http://www.wellcome.ac.uk/stellent/groups/corporatesite/@policy_communications/documents/web_document/wtd003182.pdf (22. September 2011).

und wird gestört, oder gar zerstört, wenn drastische Veränderungen stattfinden. So werden beispielsweise die momentan stattfindenden Veränderungen in den Informations- und Kommunikationstechnologien einen tiefgreifenden Effekt auf das Ökosystem des Publizierens, Editierens, Schreibens und Lesens von ›Academic Journals‹ haben. Manche denken, dass der technologische Wandel den ganzen Prozess der Gutachtenerstellung (›Peer Review Process‹) und des Publizierens verändern wird. Andere prognostizieren, dass Verleger nicht mehr gebraucht werden – Akademiker können mit Hilfe der allgegenwärtigen Macht des *World Wide Webs* die Funktion der Verleger übernehmen, was teure Abonnements überflüssig macht. Gleichzeitig wird wahrscheinlich der Wunsch der Verleger, mit einer immer kleiner werdenden Gruppe von Abonnenten immer noch einen Gewinn zu erwirtschaften, Druck auf die involvierten Akademiker in diesem Ökosystem ausüben; wobei diese ihre Arbeit bereits heute für wenig oder ohne finanzielle Entschädigung verrichten.

Eine schematische Darstellung der komplexen Beziehungen innerhalb eines Ökosystems von ›Academic Journals‹ ist der Abbildung 2 zu entnehmen.

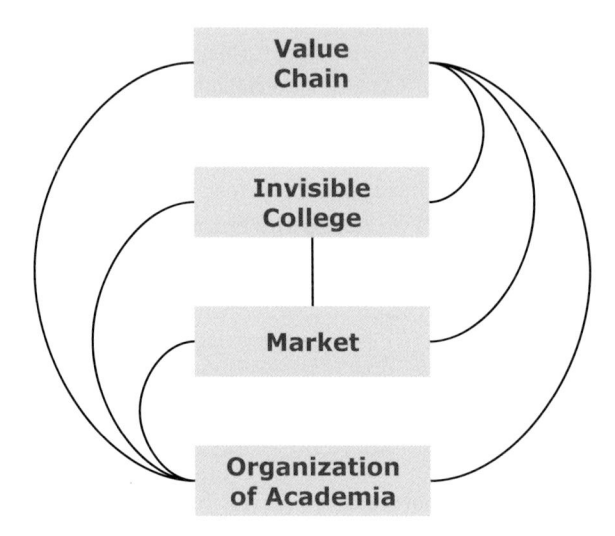

Abbildung 2: Das Ökosystem von ›Academic Journals‹[12]

Die ersten zwei Kontexte – die ›Value Chain‹ (Wertkette) und das ›Invisible College‹ – stellen die Grundlage für das Verständnis des Entstehens von Journal-Inhalten dar: von den Konzeptpapieren über die publizierten Artikel und die Belange des Journals selber bis zu der

---

12 Bozena I. Mierzejewska, *The Ecology of Academic Journals* (2012), im Druck.

Struktur von akademischem Prestige und den Hierarchien der akademischen Welt. Die zwei verbleibenden Kontexte – der ›Market‹ (Journal-Markt) und die ›Organisation of Academia‹ – zeigen sowohl die spezifischen ökonomischen Eigenschaften als auch die Diskussion des Evaluationssystems akademischer Produktivität auf. Diese vier Perspektiven helfen bei der Ermittlung wichtiger Faktoren und adäquater Strategie-Optionen für Journals und ihre ›Stakeholder‹. Die Anwendung dieses Bezugssystems[13] kann als ein Werkzeug für alle im Bereich der Publikation von ›Academic Journals‹ tätigen ›Stakeholder‹ dienen – Forscher, ›Gatekeeper‹, Distributoren und Leser.

3.1. Die ›Value Chain‹ (Wertkette) von Journals
In diesem Kontext wird der Transformationsprozess von akademischen Inhalten behandelt. Die Transformation beginnt bei den Untersuchungsergebnissen des Forschers (Entwurf). Es folgen die Auswahl, die Qualitätskontrolle, die Produktion und die Distribution dieser Inhalte, die die Endverbraucher, die Leser, erreichen sollen. Diese können wiederum die Inhalte als Beiträge für ihre eigene zukünftige Forschung verwenden. Jeder einzelne dieser Schritte trägt zu inkrementellen Fortschritten in der Präsentation und Verbreitung wissenschaftlicher Ideen bei und steigert damit den Wert dieser Ideen für die Leser. Die meisten ›Stakeholder‹ sind Teil der Wertkette dieser Inhaltstransformation. Die Autoren erstellen die Inhalte, die Editoren und Gutachter selektieren und garantieren die wissenschaftliche Qualität, die Verleger sichern die editorische und visuelle Qualität. Die Abonnements-Agenten, Verleger und Bibliotheken ermöglichen schließlich, dass die Inhalte ihr eigentliches Ziel erreichen – die Leser. Die einzelnen identifizierten Schritte tragen nicht in gleichem Maße zur Wertschöpfung von ›Academic Journals‹ bei – interessanterweise stellen die wichtigsten Wertschöpfungsschritte nicht die kostenintensivsten Posten ihrer Erstellung dar.

Der primäre Wert des Journals wird durch den Autor des wissenschaftlichen Artikels erbracht. Paradoxerweise ist dies fast nie ein direkter Kostenfaktor im Preis des Journals, da Autoren für ihre Beiträge nicht bezahlt werden. Folglich spielen die Zeit und der Arbeitsaufwand zur Ausarbeitung eines Journal-Manuskriptes quasi keine Rolle für die Produktionskosten des Journals. Die Entschädigung für das Engagement von Autoren bei der Produktion von Inhalten kommt häufig von Geldgebern, die die im Manuskript festgehaltenen Forschungsergebnisse (mit-)finanziert haben. Diese Geldgeber sind normalerweise Universitäten, ›Funding Bodies‹ (in Form von Forschungsgeldern) oder kommerzielle Akteure (Forschungspartner oder Unternehmensgründer).

Der nächste wichtige Beitrag zum Wert eines Journals ist die Inhaltsselektion bzw. die Qualitätskontrolle, bei der der Prozess der Gutachtenerstellung dem Journal Glaubwürdigkeit verleiht. Dies ist manchmal in Bezug auf die Kosten für das Journal von geringer Bedeutung, da der Editor und die Gutachter in der Regel unbezahlte Freiwillige sind, obwohl diese

---

13 Für eine ausführliche Darstellung der Bestandteile, der Verbindungen und der Anwendung des Ökosystems für Journals vgl. ebd.

Aktivitäten viel Arbeitsaufwand und Verantwortung beinhalten. Es sind die durch den Herausgeber erbrachten Leistungen zu Produktion, Edition, Druck und Distribution, die die kostenintensivsten und gleichzeitig die für den Autor am wenigsten wichtigen Elemente darstellen. Es sind die Kosten des Lektorats, das sich um die Vollständigkeit der Zitationen, der angeführten Literaturhinweise, der Tabellen usw. kümmert und das die Journals zur Publikationsreife bringt. Dieser Prozess erfolgt zunehmend elektronisch, aber im Gegensatz zum Rezensionsprozess wird er nicht von Freiwilligen, sondern von bezahlten Mitarbeitern des Verlags ausgeführt.

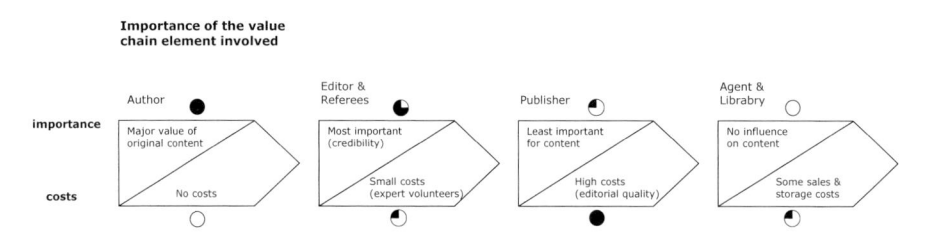

Abbildung 3: Die relative Wichtigkeit und Kostenintensität der einzelnen Elemente der Wertkette[14]

Einerseits erlaubt das Bewusstsein darüber, wie und bei welchem Schritt der Wert eines ›Academic Journals‹ generiert wird, allen ›Stakeholdern‹ ein besseres Verständnis der existierenden und der potenziellen Geschäftsmodelle. Andererseits hilft es, die relative Wichtigkeit der einzelnen Schritte im Wertschöpfungsprozess einzuschätzen.

3.2. Das ›Invisible College‹

Die Forschung ist eher ein vernetztes als ein isoliertes Unterfangen, das stark von sozialen Interaktionen wie Kommunikation und Kooperation abhängig ist. Informelle Netzwerke und ihre Kommunikationsweise – hier definiert als ›Invisible College‹ – haben einen beachtlichen Einfluss darauf, was in einem Forschungsfeld untersucht und publiziert wird. Obwohl der Ausdruck ›Invisible College‹ seinen Ursprung im 17. Jahrhundert hat, führte erst die Mitte der 1960er Jahre veröffentlichte bibliometrische Untersuchung von Derek J. de Solla Price dazu, die modernen ›Invisible Colleges‹ als Gruppen von ausgewählten, in gegenseitigem Kontakt stehenden produktiven Wissenschaftlern aus geografisch weit voneinander entfernten Orten zu identifizieren. Diese Wissenschaftler tauschen untereinander Informationen aus, um die Fortschritte in ihrem Forschungsfeld zu verfolgen.[15] Seither hat sich eine Anzahl von Forschern mit den gemeinsamen Charakteristika der ›Invisible Colleges‹ und mit ihren

---

14 Bozena I. Mierzejewska, *The Ecology of Academic Journals* (2012), im Druck.
15 Derek J. de Solla Price, *Little Science, Big Science* (New York: Columbia University Press, 1965).

mannigfaltigen Funktionen beschäftigt, die sie in einer Wissen produzierenden Gesellschaft besitzen. Die Unverwechselbarkeit des ›Invisible Colleges‹ ergibt sich hauptsächlich aus folgenden Merkmalen: Es handelt sich um ein Netzwerk von Forschern – mit einer internen Struktur, geleitet durch ethische Normen und verbunden durch informelle Interaktionsaktivitäten –, das sich um eine kleine Anzahl von Journals versammelt und durch das Streben nach Wissen zusammengehalten wird.[16]

Die Mitglieder des ›Invisible Colleges‹ (bekannte Wissenschaftler, Editoren, Rezensenten, Mitglieder der ›Tenure Evaluation Committees‹ oder der Anstellungsausschüsse) spielen eine wichtige Rolle bei den Entscheidungen darüber, was erforscht und publiziert wird, während die Mitgliedschaft im ›Invisible College‹ auf der Wahrnehmung anderer – bezüglich der Qualität der erbrachten Publikationen und Beiträge zu neuem Wissen – beruht. Die ›Sociology of Scientific Knowledge‹ (Soziologie des wissenschaftlichen Wissens) – die sich zum Ziel gesetzt hat, aufzuzeigen, wie wissenschaftliches Wissen entsteht, aufrechterhalten und modifiziert wird – hat den Einfluss der ›Invisible Colleges‹ nachgewiesen.[17] Es hat sich gezeigt, dass sie bestimmen, was sich in der Forschung abspielt und was die führenden oder die allgemein akzeptierten Themen des akademischen Diskurses sind. Diese Kontrolle wird hauptsächlich durch den Prozess der Gutachtenerstellung ausgeübt, bei dem die begutachtenden Forscher bzw. Fachleute ermitteln, ob eine bestimmte Arbeit in einem Journal publiziert, in das Programm einer Konferenz aufgenommen oder von der gewünschten Institution finanziell unterstützt wird. Um die beabsichtige Zielgruppe zu erreichen, muss die Forschungsarbeit viele ›Gates‹ (Türen) passieren, an denen die ›Editors‹, ›Editorial Board Members‹ und ›Reviewers‹ die ›Gatekeeper‹ sind. Obwohl das Erstellen von Gutachten ein unabhängiger Mechanismus der Qualitätskontrolle der zur Publikation eingereichten Artikel ist – und somit gleichzeitig auch der wichtigste Teil des Erstellungsprozesses eines Journals –, wird darüber (auch aufgrund der negativen Konnotationen des Wortes ›Kontrolle‹ in diesem Zusammenhang) intensiv diskutiert. Wenn auch die ›Invisible Colleges‹ nichts mehr sind als Gruppen von Leuten, die regelmäßig miteinander interagieren, können sie eine beachtliche Macht über das Fortkommen derer haben, die nicht Mitglieder der strukturierten Welt des ›Invisible Colleges‹ sind.

---

16 Vgl. hierzu Diana Crane, *Invisible Colleges: Diffusion of Knowledge in Scientific Communities* (Chicago, IL: University of Chicago Press, 1972); Tuire Palonen und Erno Lehtinen, »Exploring Invisible Scientific Communities: Studying Networking Within An Educational Research Community. A Finnish Case«, *Higher Education* 42.2 (2001): 493–513; Alesia Zuccala, *Revisiting the Invisible College: Case Study of the Intellectual Structure and Social Process of Singularity Theory Research in Mathematics* (Toronto: University of Toronto, 2004).

17 Vgl. hierzu Bruno Latour, *Science in Action. How to Follow Scientists and Engineers Through Society* (Cambridge, MS: Harvard University Press, 1987); Ann C. Weller, *Editorial Peer Review – Its Strengths and Weaknesses* (Medford, NJ: Information Today, 2001).

Neuere Untersuchungen über ›Invisible Colleges‹ zeigen, dass:
- Editoren und Rezensenten dahingehend planen, dass der bestehende Status Quo bewahrt wird und die Forscher zugleich davon abgehalten werden, in neue Forschungsgebiete vorzustoßen[18];
- ›Invisible Colleges‹ kleine Elite-Gruppen hervorbringen, was zu einer Kolonisierung des Wissensgenerationsprozesses der ganzen Diszplin führt[19] und
- Wissenschaftler dazu neigen, ›Citation Cartels‹ (Zitationskartelle) zu erschaffen (z. B. indem sie selbst nur aus Arbeiten eines kleinen Kreises von Forschungskollegen zitieren[20]).

Um das Ökosystem von ›Academic Journals‹ zu verstehen, ist ein bestimmtes Wissen darüber notwendig, wie wissenschaftliche Aktivitäten in die Aspekte der Community und in die Interaktion unter Forschern eingebettet sind. Das Wissen über das ›Invisible College‹ versorgt uns mit wertvollen Einsichten, die bei der Publikation von ›Academic Journals‹ relevant sind. Weil es bei Letzterer darum geht, Aufmerksamkeit zu erhalten, spricht man definitionsgemäß von einem ›Community-basierten‹ Phänomen.

Ein Journal ist das Produkt eines Kommunikationsnetzwerkes, das die Autoren, die Leser, die Verlagsleitung und die Bibliotheken zusammenbringt. Zudem sind Journals auch in andere sozio-technische Netzwerke eingebettet: ›Reward Networks‹ (Belohnungs-Netzwerke) von Institutionen, an denen die Autoren partizipieren, und die Bibliotheken oder Archive, die die Journals nicht nur lagern, sondern auch indexieren, zusammenfassen usw. Die Überlebensfähigkeit des Journals hängt wesentlich davon ab, wie es in diesem zweiten Netzwerk positioniert ist – d. h. inwiefern es fähig ist, die attraktivsten Autoren und Leser anzulocken.

›Invisible Colleges‹ von Journals haben nicht nur eine große Verantwortung als ›Gatekeeper‹ der Wissenschaft im formellen Sinn, sie scheinen auch als ›monetäre Institutionen‹ zu fungieren, die die Zirkulation der einzigen Währung regulieren, die der Akademiker kennt: Aufmerksamkeit. Die ›Academic Journals‹ sowie die am Aufbau und der Aufrechterhaltung dieser Institution beteiligten Personen sollten sich dieser gegenseitigen Beziehungen besonders bewusst sein.

3.3. Der Markt der Journals

›Academic Journals‹ können als eine Plattform betrachtet werden, die die Produzenten und die Konsumenten von Wissen verbindet. Als Plattform beeinflusst ein ›Academic Journal‹ nicht nur den Informationsfluss (Verbreitung von Forschungsergebnissen), sondern es bewertet auch die Artikel, die publiziert werden. Die Attraktivität eines Journals für neue Autoren erhöht sich proportional zur steigenden Anzahl an Zitation, die das Journal erhält. Für die

---

18 Derek Leslie, »Are Delays in Academic Publishing Necessary?«, *The American Economic Review* 95.1 (2005): 407–413.
19 Tom Lee, »The Editorial Gatekeepers of the Accounting Academy«, *Accounting, Auditing & Accountability Journal* 10.1 (1997): 11–30.
20 Behlül Üsdiken und Yorgo Pasadeos, »Organizational Analysis in North America and Europe: A Comparison of Co-Citation Networks«, *Organization Studies* 16.3 (1995): 503–526, 503.

Journal-Besitzer ergeben sich daraus erhöhte Netzwerkexternalitäten. Deswegen werben die Journals durch Gutachtenausschüsse, die die eingesandten Manuskripte filtern und auswählen, um die besten Beiträge. Unter Verwendung dieses Ansatzes haben bereits mehrere Forscher umfassende Modelle von Journal-Märkten entwickelt.[21] Die Resultate dieser empirischen Modelle bestätigen, dass die Zweiseitigkeit des Journal-Marktes eine Reihe von Parametern für diesen Markt liefert.

Die Autoren, Verleger und Bezieher/Abonnenten stehen auf dem ›Market of Ideas‹ (Markt der Ideen) und dem ›Market of Journals‹ (Markt der Journals) im direkten Wettbewerb. Der ›Market of Ideas‹ schließt physische und virtuelle Orte ein, an denen ein Austausch stattfindet (akademische Institutionen), an denen Vorschriften den Austausch regeln (redaktionelle Richtlinien) und Dinge gehandelt werden (z. B. Manuskripte). Der Markt der Ideen (auch Markt der Inhalte) repräsentiert den Produktionssektor (mit anderen Worten – das Angebot) für Journal-Produkte. Der Konsum dieser Produkte findet auf dem Markt der ›Academic Journals‹ statt. Journals erhalten wissenschaftliche Manuskripte kostenlos, da das kompetitive Verhalten auf dem ›Market of Ideas‹ nicht monetär getrieben ist. Der ›Market of Journals‹ (Produkte) beruht dagegen auf Bezugsentschädigungen, Subventionen und Werbung; hier ist der Wettbewerb eindeutig von ökonomischem Kalkül getrieben. Der Verleger vermittelt zwischen diesen beiden Märkten. Man kann sagen, dass er Repräsentant von ausgewählten Autoren auf dem kommerziellen Markt der wissenschaftlichen Journals ist.

Die Verleger stehen im Zentrum dieser Zusammenhänge: Sie sind die Empfänger sowohl der Ressourcen des Ideen-Marktes (in Form von qualitätsgesicherten Inhalten und Abgabegebühren) als auch der des Journal-Marktes (in Form von Abonnementsgebühren). Der Wettbewerb auf beiden Seiten dieses so definierten dualen Marktes ist unterschiedlich. Auf dem Markt der Ideen kämpfen die Wissenschaftler um Aufmerksamkeit, persönliche Reputation und Journal-Einträge, während auf dem Markt der Journals die Herausgeber nach Umsatz und Reputation streben. Der Verleger ist auf dem Markt der Ideen auf die frei zur Verfügung gestellten Dienstleistungen der Rezensenten, Editoren und Autoren angewiesen. Gleichzeitig ist er von den Bibliothekbudgets und von der Integration Journal-bezogener Metriken abhängig, also von den auf dem Markt der Journals vorhandenen Strukturen akademischer Beurteilung.

Die Hauptakteure auf dem Markt der Ideen sind die wissenschaftlichen Autoren (Forscher), die mit ihren in Form von Artikeln präsentierten Ideen im Wettbewerb um einen Platz in

---

21 Vgl. hierzu Pierre Dubois, Adriana Hernandez-Perez und Marc Ivaldi, *Market of Academic Journals: Empirical Evidence from Data on French Libraries*, IDEI Working Paper 416 (2006), http://idei.fr/doc/wp/2006/academic_journals.pdf (22. September 2011); Don-Shin Jeon und Jean-Charles Rochet, *Pricing of Academic Journals: A Two-Sided Market Perspective*, IDEI Working Paper 458 (2009), http://idei.fr/doc/by/jeon/pricing_journals.pdf (22. September 2011) sowie Mark J. McCabe und Christopher M. Snyder, »Academic Journal Prices in a Digital Age: A Two-Sided Market Model«, *The B. E. Journal of Economic Analysis & Policy* 7.1 (2007).

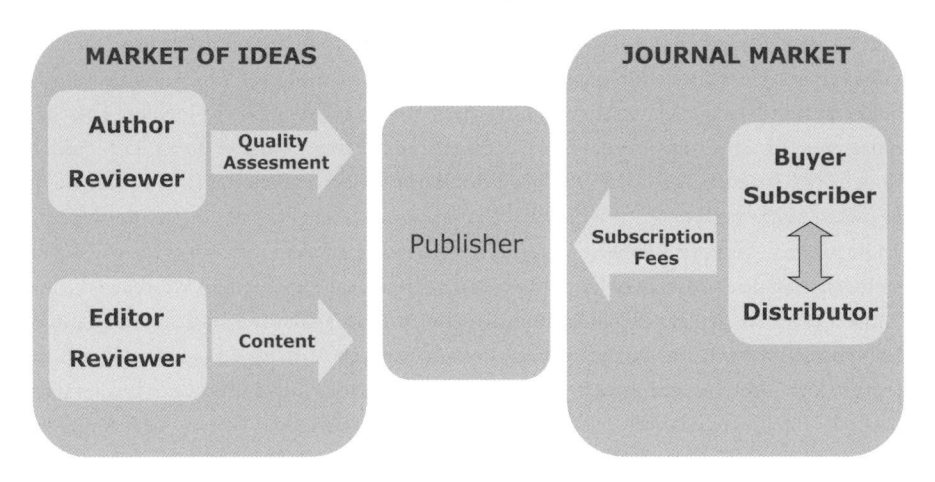

Abbildung 4: Der Markt der Ideen und der Markt der Journals[22]

›Academic Journals‹ stehen. Weil der Wettbewerb auf diesem Markt nicht durch monetäre Überlegungen, sondern durch das Streben nach der Aufmerksamkeit anderer Wissenschaftler (in Form von Zitationen) angetrieben wird, liefert die Identifikation der Beweggründe, Manuskripte zu erstellen und einzureichen weitere Einsichten über die Merkmale des Wettbewerbs auf dem ›Market of Ideas‹. Die Untersuchungen, die die Motivation der Wissenschaftler im Hinblick auf ihre publizistischen Aktivitäten hin analysierten, konnten zeigen, dass es die Leserschaft des Journals – eher die Zielgruppe als ihre Größe – und die wahrgenommene Qualität sowie die Positionierung des Journals innerhalb des jeweiligen ›Invisible Colleges‹ sind, die einen Forscher dazu bewegen, seine Gedanken beim gewählten Journal zu veröffentlichen.[23] Das Bewusstsein über diese Besonderheiten des Marktes der Ideen (die Ökonomie der Aufmerksamkeit und die Superstar-Theorie) und die Beobachtungen am stattfindenden wissenschaftlichen Wettbewerb liefern Grundlagen, um erfolgreiche Publikationsstrategien zu entwickeln. Akademische Autoren bringen ›Rohmaterial‹ für ein ›Academic Journal‹ hervor – es sind Manuskripte, die nach einer Begutachtung durch Experten zu akademischen Artikeln und zu Teilen von ›Academic Journals‹ werden. Sie liefern Werte und ›Produkte‹, ohne die die Publikationsindustrie von ›Academic Journals‹ aufhören würde zu existieren. Wenn Autoren ihre wichtige Rolle erkennen und koordiniert Schritte unternehmen, können sie Druck auf die Verleger ausüben, was zu beachtlichen Veränderungen auf dem Markt der Journals führen kann. Die ›Open Access‹-Bewegung kann als ein Beispiel hierfür angesehen werden.

22 Bozena I. Mierzejewska, *The Ecology of Academic Journals* (2012), im Druck.
23 Ian Rowlands, David Nicholas und Paul Huntington, »Scholarly Communication in the Digital Environment: What Do Authors Want?«, *Learned Publishing* 17.4 (2004): 261–273.

3.4. Die ›Organization of Academia‹

Unter der ›Organization of Academia‹ wird die Organisationstruktur verstanden, in der die Produzenten von akademischen Inhalten und ihre Benutzer (Forscher) operieren. Diese institutionellen Strukturen können die Muster wissenschaftlicher Kommunikation beeinflussen. Zudem legen sie fest, wie die Anerkennung, Belohnung und die Qualitätskontrolle akademischer Arbeit durchgeführt werden. Seit dem Beginn der säkularen Wissenschaft haben Publikationen (wissenschaftliche Arbeiten, Bücher und Artikel) den Karriereverlauf von Forschern bestimmt. Heute sind es die Journal-Publikationen, die in den meisten Disziplinen als wichtigste Instrumente zur Verbreitung von wissenschaftlichen Fortschritten dienen. Die Zitation der in ›Academic Journals‹ veröffentlichten Fachbeiträge gilt zudem als ein zentrales Kriterium für die Reputation von Universitäten sowie für die Innovationsleistung und die gesellschaftliche Entwicklungsfähigkeit von Volkswirtschaften.

Da das Publizieren in ›Academic Journals‹ bei der Bewertung von wissenschaftlicher Arbeitstätigkeit innerhalb akademischer Organisationsstrukturen so enorm wichtig ist, gilt diese Struktur als grundlegend für das Verständnis der wirtschaftlichen Leistung und der Strategien zur Positionierung einzelner Journals. Es ist anzunehmen, dass die organisationale Struktur der Akademie (mit der ganzen Breite ihrer Fragestellungen) die wahrgenommene Wichtigkeit (oder das Prestige) innerhalb einer bestimmten akademischen Gemeinschaft beeinflusst. Ebenso übt die ›Organization of Academia‹ einen Einfluss auch auf die Fähigkeit aus, Manuskripte von den angesehensten und berühmtesten Autoren in diesem Feld und gleichzeitig von institutionellen Beziehern zu akquirieren. Folglich kann die Frage gestellt werden, ob die akademischen Institutionen genauso auf die Journals angewiesen sind wie die Journals auf die Universitäten und andere Forschungseinrichtungen. Die Universitäten und Forschungsinstitutionen sind eng mit ›Academic Journals‹ verbunden, und zwar durch die implementierten Prozesse der Evaluation der wissenschaftlichen Arbeit sowie der Arbeits- und Beförderungssysteme. Die Forscher sind auf der einen Seite Leser, Autoren und Rezensenten von Journal-Inhalten. Auf der anderen Seite werden sie gleichzeitig innerhalb ihrer eigenen Institutionen durch ihre Publikationsaktivitäten selber beurteilt.

›Academic Journals‹ stellen also einen wichtigen Teil des akademischen Beurteilungssystems dar. Publikationen in den wissenschaftlich renommierten Journals sind nicht zuletzt die Grundlage für die Vergabe von Festanstellungen, Beförderungen, Gehaltserhöhungen und für andere Formen der Honorierung wissenschaftlicher Arbeit. Folglich ist es für Journals wichtig, nachhaltig für Transparenz in ihren Begutachtungsprozessen zu sorgen und mit anderen Journals dafür zu werben, nur innovative und der Reputation zuträgliche wissenschaftliche Beiträge zu veröffentlichen. Höhere Bildung, Forschung und die Existenz von ›Academic Journals‹ wären allerdings ohne Institutionen – wie beispielsweise Universitäten – nicht möglich, denn ohne sie wäre in der Wissensgesellschaft der Fortschritt unterminiert.

Die Zusammenhänge der ›Organization of Academia‹ zu verstehen ist für alle ›Stakeholder‹ aus unterschiedlichen Gründen von großer Bedeutung: Für Wissenschaftler, um Publikationsstrategien auszuarbeiten; für Bibliotheken und Universitäten, die Sammlungen und Archivierungsstrukturen aufbauen, um bei der Entwicklung von Maßnahmen zur Qualitätsbewertung beratend tätig werden zu können. Für die Verleger könnte die ›Organization of Academia‹ einer der wichtigsten Kontexte sein, da es Bibliothekare/Universitäten sind, die über den Kauf, die Archivierung und die Art der Verbreitung von Journal-Sammlungen entscheiden.

4. Einschränkungen und Ausblick

Es gibt einige Einschränkungen bezüglich des hier präsentierten Verständnismodells von ›Academic Journals‹, die berücksichtigt und festgehalten werden müssen. Die erste Einschränkung betrifft seine fachübergreifende Natur. Das Modell versucht ein sehr umfangreiches und komplexes Phänomen darzustellen und seine Wichtigkeit für verschiedene ›Stakeholder‹ zu reflektieren. Es ist klar, dass dies eine ausgesprochen herausfordernde Aufgabe ist, die selbst eine Beschränkung darstellt. Zweitens führt die breite Betrachtung und die konzeptionelle Herangehensweise dazu, dass es schwierig ist, die Validität zu bestätigen. Bis jetzt wurde das Modell mehreren Experten aus verschiedenen ›Stakeholder‹-Gruppen vorgelegt und mit ihnen diskutiert. Die Ergebnisse dieser Diskussionen ermutigen dazu, eine Operationalisierung des Modells und empirische Tests zu entwickeln. Drittens kann das Modell aufgrund fundamentaler Unterschiede zu anderen Sektoren des wissenschaftlichen Kommunikationssystems (wie z. B. zur Bücherindustrie) nicht auf andere Sektoren transferiert oder generalisiert werden.

5. Schlussbetrachtung

Was bedeutet dies alles? Es wurde gezeigt, dass ›Academic Journals‹ nicht nur tangible Produkte der Verlagsbranche, sondern auch Teile des komplexen Geschäfts der Generierung und Distribution von neuem Wissen sind. Journals und Bücher in gedruckter Form waren über die Jahrhunderte die Grundpfeiler der wissenschaftlichen Kommunikation und des akademischen Fortschritts. Durch den Einfluss von Informations- und Kommunikationstechnologien wird sich vieles in der nahen Zukunft grundlegend ändern, vor allem die Verhaltensweise der Forscher. Dabei geht es nicht allein darum, dass ein Wechsel zu elektronischen Formaten von Inhalten stattfindet, die neue Möglichkeiten der Navigation und Verlinkung bieten. Ebenso wenig geht es um die neuen Wege und Formen des Zugriffs auf die Journal-Inhalte wie beispielsweise den Verkauf des Zugriffs auf Sammlungen, die Erhebung von Gebühren für einzelne Zugriffe (›Pay Per View‹) oder die Beschränkung des Zugangs zu einzelnen Teilen eines Artikels. Vielmehr soll die Aufmerksamkeit auf die Frage gelenkt werden, inwiefern die Informations- und Kommunikationstechnologien den Prozess der wissenschaftlichen Kommunikation und die Methoden der Evaluation, Publikation und des Referenzierens von neuem Wissen transformieren. Wie ausgeführt wurde, könnten die primären Funktionen von Journals immer weniger wichtig werden. Manche Forscher erklären bereits heute, dass der Hauptgrund für die Publikation von Artikeln in Journals für sie darin liegt, von der Reputation des Journals zu profitieren oder eine Auszeichnung des Journals zu erhalten.[24] Auch wollen sie sicherstellen – und herausstellen –, dass sie Teil einer bestimmten wissenschaftlichen Community sind[25], während sie zur selben Zeit andere Mittel verwenden, um ihre Arbeit in ihrer Zielgruppe zu verbreiten (d.h. ihre eigenen Communities aufbauen und/oder zusammenführen).

Außer den Autoren und Forschern, die diesen Wandel antreiben, gibt es äußerst wenige Verleger, Editoren oder Universitäten, die einfallsreich auf die beschriebenen Entwicklungen reagieren. Die Entwicklungen neuer Formen und Instrumente, die den Arbeitsmustern der Forschungstätigen gerecht werden könnten, sind noch selten und zudem (noch) nicht in die entstehenden Formen der Evaluation wissenschaftlicher Arbeit integriert. Man sollte nicht davon ausgehen, dass die Journals von heute automatisch auch eine Rolle bei der wissenschaftlichen Kommunikation von morgen spielen werden.

---

24 Ian Rowlands und David Nicholas, *New Journal Publishing Models – An International Survey of Senior Researchers. A CIBER Report for the Publishers Association and the International Association of STM Publishers.* Ciber (2005), http://www.ucl.ac.uk/ciber/ciber_2005_survey_final.pdf (22. September 2011).
25 Roger C. Schonfeld und Ross Housewright, *Ithaka Faculty Survey 2009. Key Strategic Insights for Libraries, Publishers, and Societies* (New York/Princeton/Ann Arbor.: Ithaka S+R, 2010).